普通高等教育“十四五”规划教材



# 大学生职业生涯规划与发展

金志浩　王成家　孙晓静　主编

中国石化出版社

## 内容提要

本书通过对职业发展、职业探索、职业分析、职业修养和职业准备等方面进行系统讲解和分析，帮助学生认识职业生涯规划的重要性，充分了解自己，明确努力方向，以便更好地进行职业生涯规划。同时，引导大学生利用好大学时光，培养良好行为习惯，提高人际交往能力，提升综合素养，树立正确的价值观，不断提升职业发展能力。书中采用了比较多的案例，理论联系实际，深入浅出，拓展训练实践性较强，且贴近学生生活，意在强化学生的行动力和执行力。

本书可作为普通高等学校和职业高等学校学生职业生涯规划的教材。

**图书在版编目（CIP）数据**

大学生职业生涯规划与发展 / 金志浩，王成家，孙晓静主编 .—北京：中国石化出版社，2022.9（2024.8 重印）

普通高等教育“十四五”规划教材

ISBN 978-7-5114-6824-6

Ⅰ. ①大…　Ⅱ. ①金… ②王… ③孙…　Ⅲ. ①大学生 – 职业选择 – 高等学校 – 教材　Ⅳ. ① G647.38

中国版本图书馆 CIP 数据核字（2022）第 156155 号



**中国石化出版社出版发行**

地址：北京市东城区安定门外大街 58 号
邮编：100011　电话：(010) 57512500
发行部电话：(010) 57512575
http：//www.sinopec-press.com
E-mail：press@sinopec.com
北京艾普海德印刷有限公司印刷
全国各地新华书店经销

*

787 × 1092 毫米 16 开本 12.5 印张 290 千字
2022 年 9 月第 1 版　2024 年 8 月第 3 次印刷
定价：39.00 元

# 《大学生职业生涯规划与发展》
# 编写委员会

**主　编：** 金志浩　王成家　孙晓静

**副主编：** 谭　林　林　燕　刘　宁　焦　韦
孙　莉

**编　委：** 余海军　巩常军　王　莹　杨海霞
梁艳青　张　丹　高　冰　王瑛玉
曾祥福　马　林　王帮贺　金　鑫
李洪旭　杨　影

# 前　言

大学生职业生涯规划是一个探索的过程，在探索过程中，大学生会形成自己所特有的认识，例如：进入大学后如何规划学业，如何发展自己，毕业时是先就业再择业、创业，还是继续学习深造等观念，而这些良好的观念无疑也会对大学生自己周边的人产生积极的影响。每个人都渴望事业上有所建树，而这种欲望会激励人们去学习，向优秀的人看齐，追求自我超越，自然而然地营造出一种良好的竞争氛围，从而改善整个社会的就业观念以及就业风气。大学生职业规划与发展意在让每名大学生能够成为自己职业生涯的塑造者；能够发现自己的独特性并实现自身的价值，让自己的身心变得更加强大；能够适应不断变化的世界，在生活世界和职业世界中都能获得自信，逐渐接近或实现人生理想。

本书针对大学生的特点，结合职业规划与就业指导课程教学的需要，参考国内诸多职业生涯规划、就业指导的理论和成熟经验而编写。分为职业发展、职业探索、职业分析、职业修养和职业准备五章。职业发展能够帮助大学生认识大学，认识大学生生涯规划，迈出职业规划的第一步。职业探索主要介绍性格与生涯发展的关系，通过介绍MBTI测量工具帮助大学生充分了解自己的性格，更好地进行职业规划。职业分析包括了职业的分类、职业的发展等内容，目的是让大学生更好地认识职业。职业修养通过对价值观的探索，引导大学生利用好大学时光，培养良好行为习惯，提高人际交往能力，提升综合素养，树立正确的价值观。职业准备包括职业生涯目标概述、职业生涯决策概述、撰写职业生涯规划书，使大学生掌握一定的职业规划技巧。

当前我国高校的职业生涯教育已经引起社会各界极大的重视，然而职业生涯规划与发展不能仅仅就职业谈职业，而是要从根本上认识到职业生涯规划的重要性。大学生职业生涯教育面对的是几乎没有职业经验的在校大学生，如何让他们从当下的经验出发，建构和培养生涯规划的知识和能力，成为生涯教育的关键点。着眼于一生，成长在当下，这是贯穿本书的主旨。

为了帮助大学生更好地准备职业人生，我们力求使大学生在走上职业岗位之前，从观念、心态、知识、技能等方面做好应对职业挑战的全面准备。授人以鱼，不如授人以渔。大学生职业规划与发展是一门实践性很强的课程，是一门讲授方法学的课程。大学生是职业规划和求职就业的主体，开设这门课程的目的是让学生能利用一些方法及工具来规划和管理在校期间的生活，建立良好的行为习惯，不断提升就业能力。书中采用了比较多的案例，理论联系实际，深入浅出。拓展训练实践性较强，且贴近学生生活，意在强化学生的行动力和执行力。

本书的逻辑体系遵循了职业生涯规划的流程，但要提醒读者的是，这个过程并非单向线性，职业生涯规划也不能一步到位、一劳永逸，其起始于思考，前行于探索，验证于感觉……其中步骤循环往复，好像活水生生不息，没有绝对结束与停止的时候。而且，学习职业生涯规划，绝不仅仅是为了知道我是谁、外界信息是什么、职业生涯规划怎么做等，更重要的是将这些外部信息统一并整合到自己身上，以找到行动的方向并实现之。

本书在编写过程中，引用了众多专家、学者的研究成果，虽然编者尽可能列在参考文献中，但恐挂一漏万。在此，谨向有关作者和同行表示衷心的感谢！

由于编者水平有限，不足和疏漏之处在所难免，恳请各位专家、学者、同仁和读者批评指正。

# 目　录

# 第一章

# 职业发展·专业认知

## 第一节　认识大学

### 案例导读

1936年9月18日，浙江大学校长竺可桢先生在与新生的谈话会上，向学生问了两个非常经典的问题："诸位学生，有两个问题应该问问自己，第一，到浙大来做什么？第二，将来毕业后做什么样的人？"这两个发人深省的问题，其影响超出了浙江大学，激励着一代又一代学子成就学业、追求幸福人生，至今，它依然值得刚刚步入大学之门的新同学深入而持久地思考，并用自己的行动给出回答。当然，不同时代、不同学校的学生，给出的答案可能是有差异的，但是，它永远表达了对莘莘学子的殷切期待：每一个大学生从步入校门那一刻起，就应该珍惜大学生活的每一天，胸怀理想、志存高远、把握当下、成就未来。

大学，曾经是承载我们年少梦想的地方，它可能会使我们摆脱当前的生活，寻找到人生的知己，从而开始辉煌的事业，诚如《中国合伙人》里的三个青年；它也可能让我们放肆地去爱，尽管可能留有生命中不可磨灭的遗憾地方，就像《致我们终将逝去的青春》里的郑微和陈孝正。梦里那是个可以让我们任性地哭、放肆地笑、尽情地挥洒青春、自由地追求理想的地方。不管是不是真如这样，我们都在家长的美好期待中、老师的谆谆教导中做着这个梦，走过了枯燥、乏味、痛苦、煎熬的初中和高中岁月。如今，你已经踏进了这个梦中的殿堂，不管是不是你最向往的那一个，终归是到了梦里的那个地方，但是揭开了它神秘的面纱，却蓦然怀疑这是否就是梦中的它。

## 一、认识教育

### （一）什么是教育

这对大家来说，是一个非常熟悉的问题。我们几乎天天在受他人教育或教育他人，我们每个人都在教育中长大。终身教育的5个阶段——婴儿、幼少年、青壮年、中年、老年，涵盖了人的一生。那么，究竟什么是教育？

教育有广义与狭义之分。广义教育是指一切有意识影响人、培养人的活动，包括个体从出生到死亡所接受的一切有目的的社会生活影响的总和。狭义教育是指专门通过教育机构进行的有目的、有计划、有组织的教育过程。也就是说，教育者根据一定的社会需要与可能，根据受教育者身心发展的规律，在受教育者积极参与下，对受教育者施以有目的、有计划、有组织的影响，使其成为一定社会所需要的人的一种社会实践活动。教育有正规教育与非正规教育之分，正规教育主要指教育机构的教育。在校的大学生朋友们，你们今天踏进的是正规教育的最后一道门槛——大学。

### （二）教育的本质是什么

美国哲学家、教育家杜威说："教育即生活。"鲁迅先生说："教育是立人之事业。"著名的教育家舒新城说："教育是启进人生的活动。其目的在于为社会创造自立的个人，为个人创造互助的社会。"清华老校长梅贻琦说："学校犹水也，师生犹鱼也，其行动犹游泳也，大鱼前导，小鱼尾随，是从游也，从游既久，其濡染观摩之效，自不求而至，不为而成。教育即养鱼养水也。"德国哲学家雅斯贝尔斯说："教育是人的灵魂的教育，而非理性知识的堆积。教育的本质意味着一棵树摇动另一棵树，一朵云推动另一朵云，一个灵魂唤醒另一个灵魂。"爱尔兰诗人叶芝说："教育不是注满一桶水，而是点燃一把火。"我们常讲：要给学生一滴水，自己先有一桶水。教育绝不是"灌水"。如果我们把教育理解为给受教育者灌满知识之"水"，那我们不是在教育人，而是在制作知识"机器"。德国教育学鼻祖康德在《论教育》一书中说："人只能通过教育而成其为人。"我国学者杨自伍先生编译的《教育：让人成为人》一书，选编十八位近世纪以来西方重要思想家的教育文墨。在书中夏中义说："教育就是培养大写的人，舒展的人，使人的生命经教育而更加情韵悠长，光明磊落……"

对教育本质的认识涉及教育价值观。个体本位的教育价值观认为，教育要根据个体发展需要培养人；社会本位的教育价值观认为，教育要根据社会发展需要培养人。前者强调教育本身的内在价值和人的价值，充分认识和调动人的潜能，促进优势智能的充分发挥和提升人的自我实现度，培养全面自由发展的"人"；后者强调的是教育的外在价值，即工具价值，将教育置于从属于政治、经济的地位，培养服务于社会的"机器"。教育必须关注人的发展，引导人追寻生存价值、领悟生命的真谛、追寻生活的意义，这就是“以人为本”的教育观。教育的价值在于通过知识的传授、智慧的启迪、情操的陶冶，使个体生命的活力得以体现，进而提升个体生命的价值，从而促进人的全面发展。

教育就是让人成为“人”，即把一个自然人变成一个社会人。刚刚出生的人，仅仅是生理特征上具有人类特征的一个生物，而不是社会学意义的人。在社会学家看来，人是社会性的，是属于一种特定的文化，并且认同这种文化，在这种文化的支配下存在的生物个体。人必须经历一个社会化过程，以熟悉各种生活技能，获得个性和学习社会或群体的各种习惯，接受社会的教化，慢慢成人。并且，从个人与社会的关系来看，人的社会化也是个体吸收了社会经验，并由两者的分立走向两者的融合。这样讲好像不好理解，打个比方，社会就像一棵大树，个人就像树叶。树叶离开了大树，撒落在地上，要么会腐烂，要么会变成干草；大树离开了树叶，就不会有光合作用为自己制造养分，也不会有呼吸作用来满足生长的需求。也就是说，树叶离开了大树就不成为树叶，大树离开了树叶就不成为大树。同样，人离开了社会就不成为人，社会离开了人就不成为社会。

## 二、认识高等教育

教育可为两大类：基础教育和高等教育。基础教育包括学前教育、初等教育和中等教育三类；中等教育包括初中教育、高中教育、中专中职教育等。高等教育包括普通高等教育和成人高等教育。普通高等教育包括高职高专教育、普通本科教育、非普通本科教育（军事院校）和研究生教育（硕士学位和博士学位）。普通本科教育和非普通本科教育都称为大学本科教育。成人高等教育包括广播电视大学、干部学院、职工大学、农民大学、函授学院和教育学院等。

还有几个经常出现的概念：国民教育与非国民教育、学历教育与非学历教育、全日制教育与非全日制教育。简单讲，国家下达招生计划指标的是国民教育，否则是非国民教育；国家颁发毕业文凭的是学历教育，否则是非学历教育；脱产学习的是全日制教育，否则是非全日制教育。

大学学历与学位。大学学历就是毕业文凭，有大学专科（简称大专）、大学本科（简称大本）和研究生三种；大学学位有学士（工学学士、理学学士、文学学士、法学学士等）、硕士（工学、理学、工程硕士等）和博士三种。取得学历（毕业证书）不一定就取得相应的学位（学位证书）。各高校都有相应的学位授予条例，规定比较优秀的毕业生才能获得相应学位。反之，取得学位（学位证书），不一定就取得相应的学历（毕业证书）。例如成人在职研究生，毕业后一般只能取得学位（学位证书）而没有学历（毕业证书）。

## 三、认识高等学校

简单讲，实施高等教育的学校叫高等学校，或称高等院校，简称高校，包括大学、专科性大学、高等职业技术学院、高等专科学校（即通常讲的高职高专）等。专科性大学如医科大学、戏曲学院、音乐学院、美术学院等。教育部在《普通本科学校设置暂行规定》中对学校的办学规模、学科设置、校名变更等多个方面进行了细致的规定。

## 四、认识高校内涵

广义上讲，大学与高等学校基本通用，也包括高职高专、本科和研究生三个教育层次。狭义上讲，特别是在民间，大学一般指本科教育。例如，问："你们在干吗？"答："我在上大学，他在念研究生。"也就是告诉人们，你是本科生，他是研究生。

关于什么是大学，眭依凡在他的著作《大学的使命与责任》中有一段很有激情的描述，他讲：大学是以探索、追求、捍卫、传播真理和知识为目的，继而负有引导社会价值观、规范社会行为之使命，对人类素质改善和提高、社会文明发展和进步具有不可替代之重大公共影响力、推动力的教育机构和学术组织。大学是一个充满理想主义的所在，在这里，师生享有可以充分追求真理、激发思想、探索知识、发展能力的自由和空间；在这里，大学以其天然的庄重、理性、自律、智慧和负责，教人以庄重、理性、自律、智慧和负责；在这里，大学以理想主义的崇真、向善、求美、务实，教人并引导社会崇真、向善、求美、务实。正因如此，大学才能成为我们心之所往、情之所系、梦之所想的"心灵中的圣殿"。

大学还有单科型大学、多科型大学和综合型大学之分。单科型大学指具有单一学科的大学，如医学、音乐、美术、体育等。多科性大学指至少有三大学科门类，如文科门类、理科门类、工学门类，以及其他门类。综合性大学指拥有理、工、经、管、文、法、医、历史、教育等这些门类，例如北大、清华、浙大、上海交大、复旦等。

大学还有研究型大学、教学研究型大学、教学型大学之分。研究型大学具有很强的科学研究能力，研究生教育发达，为国家高层次人才培养基地。教学研究型大学具有一定的科学研究能力，研究生教育比较发达，至少具有若干硕士学位授权一级学科。教学型大学主要从事本科教育，一般没有硕士学位授权学科，不能从事研究生教育。

大学有四大功能，即：人才培养、科学研究、社会服务和文化传承创新。

第一，人才培养。人才培养是大学四大功能的核心，其他三个功能都是为人才培养服务的。大学人才培养需要解决两个问题：培养什么人和如何培养人。培养什么人取决于培养目标；如何培养人取决于培养思路和培养体系。

人才培养目标是：培养品德高尚、专业过硬、情商出众、强于实践、勇于创新的高素质应用型人才（即：德、专、情、行、创）。高素质应用型人才的内涵：具有优秀的思想品德和高尚的职业道德，坚实的专业知识和过硬的专业技能，突出的实践能力和强烈的创新意识，出色的沟通能力和优秀的团队精神。

人才培养思路是：育人为本、德育为先、文化为根、能力为重；需求导向、学以致用、知行合一、因材施教。人才培养思路的内涵是：育人为本、德育为先、文化为根、能力为重。育人为本，体现了教育的本质功能，坚持人才培养是学校的根本任务，教书育人是教师的基本职责。学校的全部工作都是为了培养人，科学研究、社会服务和文化传承与创新都应服务于人才培养，都要有利于学校人才培养功能的发挥。德育为先，体现了教育的价值取向，坚持立德树人，把社会主义核心价值观融入教育的全过程，把德育工作放在优先地位，并贯穿教育教学活动的全过程。文化为根，体现了教育的本质属性，教育本身属于文化范畴，教育的本质是人与文化之间的双向建构；坚持文化育人，在文化传承与创新的过程中，引导学生进行正确的文化选择，使社会文化转化为个体文化，从而实现人的自我完善与自我超越；要站在文化的高度，遵循文化的规律，运用文化的方式，探索文化育人的有效途径。能力为重，体现了教育的内在要求，坚持优化知识结构，丰富社会实践，强化能力培养，着力提高学生的学习能力、实践能力和创新能力。需求导向、学以致用、知行合一、因材施教，是教学的基本方略。需求导向，体现了教学的改革方向，教学设计、教学实施以及教学评价，都以是否满足国家、社会、企业、学生的需求为标准，特别要立足地方，因地制宜。学以致用，体现了教学的价值取向，强调工学结合、学用一致，强调有用之学、能用之学，强调学了能用、学了会用，强调学用一体、学用相长。知行合一，体现了教学的基本策略，实践是认识之源、创新之根；认识来源于实践，又在实践中应用、发展和验证；能力在实践中形成，又由实践表现与衡量；创新在实践中孕育，创新过程就是实践的过程。要牢固树立实践育人的理念，强调学中思、思中学的“主动性学习”，强调学中做、做中学、做中思的“主动性实践”。因材施教，体现了教学的基本原则，强调尊重学生的个性，注重发挥学生的主体性，为学生提供可供选择的多元化培养途径和学习机会，使每一名学生都得到充分的发展。

构建“113”人才培养体系：“1个理念”，即成果导向教育理念；“1种模式”，即CDIO人才培养模式；“3化举措”，即合作化育人、家庭化培养、个性化指导。

成果导向教育理念。摒弃传统的基于学科知识逻辑结构的传统课程导向教育，采用先进的成果导向教育理念，突出教学设计和教学实施的目标是学生通过教育过程最后所取得的学习成果（即培养目标），强调如下5个问题贯穿人才培养全过程：①我们想让学生取得的学习成果是什么？②我们为什么要让学生取得这样的学习成果？③我们如何有效地帮助学生取得这些学习成果？④我们如何知道学生已经取得了这些学习成果？⑤我们如何保障学生取得这些学习成果？

CDIO培养模式。摒弃传统的倾向于解决确定的、线性的、静止的、封闭问题的科学模式，按照《CDIO教学大纲》和《CDIO标准》，以实际产品和系统的“构思－设计－实施－运行”全生命周期为背景，建立一体化的相互支撑和有机联系的课程体系，让学生以主动的、实践的方式进行学习。实施重点包括如下5方面：①明确专业培养目标：依据社会需求、学校定位、专业特色，明确适合本专业的培养目标。②制订专业培养标准：

根据本专业培养目标，从社会、企业、校友和在校师生等各方面进行深入调研，制订出具体的、可操作的专业知识、能力和素养的“学习成果”目标，并形成一个目标集合。③重构课程体系：依据专业培养标准的学习成果目标集合，整合课程，制订设计项目等实践环节，编写每门课程或设计项目的课程大纲和课堂教案，并明确各课程与设计对专业培养标准的贡献（即教学目标达成矩阵），最终形成一体化的课程体系。④改革教学模式：实施主动学习和实践的教学方法，积极采用并探寻符合教学规律、符合人才成长规律的教与学的方法，比如基于项目的学习、基于问题的学习、探究式学习等，目的就是为了实现专业培养标准所要求的培养目标。⑤建立质量保障体系：即监督、控制、评价、反馈与持续改进体系。监督、控制、评价整个培养计划的实施过程、软硬件条件和最终的学习效果，并将人才培养相关各方的意见反馈到学校，促进学校对培养方案进行持续改进。

合作化育人。针对学校在一定程度上只管学生培养、不管学生使用的现状，改革育人机制，促进校企协同育人。校企双方按照“资源整合、文化融合、产学结合”的协同育人模式，共建校内外生产实训、技术服务与产品开发、技术应用与技术创新一体化的实践教育基地。校企共同组建CDIO教学团队，开发满足CDIO培养模式的教学项目。通过课程内容与职业标准、教学过程与生产过程的融合，推动专业人才培养与岗位需求衔接、人才培养链和产业链相融合，使人才培养更加符合企业需求。探索与行业共建二级学院，实施定向培养、定点实习，通过工学结合，使学生在学习期间接受企业训练，获得工作经历，顺利进入职业生涯。

家庭化培养。针对专业在一定程度上只管老师、不管学生的现状，改革专业育人机制，实施以专业为主体的家庭化培养。推进专业人才培养的招生–就业–培养“三位一体”改革，将招生、就业纳入专业整体建设，成立以专业为单位的“家庭”组织，建立专业负责人制度，对学生实施家庭化的全过程培养。专业通过课内与课外教育教学过程和家庭化管理，完成对学生的知识传授、能力培养及品格养成。通过长期积累的行业声誉、产学研合作形成的技术联盟，为知识、能力、素养达到行业标准的学生开拓更广阔就业市场。通过优势特色专业建设及校友形成的影响力，多渠道、多方式吸引优秀生源，为下一轮向社会输送更好的人才奠定基础，以此形成人才培养的高质量循环，助推专业品牌塑造。

个性化指导。针对教师在一定程度上只管教书、不管育人的现状，改革教书育人机制，建立依据学生特点及意愿的教师个性化指导制度。强化教师在人才培养中的主导地位和教书育人的首要职责，建立教师伴随学生成长全过程机制。组建由教师、学生组成的学生成长导师团队，根据学生发展意愿，为每位学生配备伴随其四年大学生活及未来职业生涯的导师团队。导师团队对在校学生在思想、心理、生活、专业、科研、职业规划等方面给予个性化指导，为毕业学生的职业发展充当坚强后盾，以此增强教师育人责任感，增加学生归属感与认同感。建立了导师团队工作机制，明确责任、任务、考核办法，从制度上规范导师工作。

大学是按专业培养人的，因为大学教育是专业教育。所谓专业，是指根据社会分工需要而划分的专业类别，是以就业为指向、以行业为背景的课程体系。教育部颁布的《普通高等学校本科专业目录》是专业教育的依据，它规定了专业门类、专业大类和专业。目前设有12个专业门类，即：理学、工学、农学、医学、管理学、艺术学、哲学、经济学、法学、教育学、文学、历史学。设有92个专业大类，506个专业。例如工学门类包括：力学类、机械类、仪器类、材料类、能源动力类、电气类、电子信息类、自动化类、计算机类、土木类、水利类、测绘类、化工与制药类、地质类、矿业类、纺织类、轻工类、交通运输类、海洋工程类、航空航天类、兵器类、核工程类、农业工程类、林业工程类、环境科学与工程类、生物医学工程类、食品科学与工程类、建筑类、安全科学与工程类、生物工程类、公安技术类等31个专业大类。

专业教育针对不同的专业需要构筑不同的知识结构，具备某个专业的知识结构才能从事这个专业的工作。知识结构主要体现于培养方案的课程体系，这个课程体系按知识的递进关系（先修与后修关系）安排在四个学年里，就形成教学计划。教学计划中的每一门课程对你的专业知识结构都有贡献，如果学不好甚至不学，就会影响你将来从事专业工作。培养方案还提供了许多选修课，原则上你可以任意选学，但建议选课时最好咨询一下专业老师，避免知识的碎片化，更不要以“好不好通过”作为选课标准。建议大一不要过多选课：一是适应大学学习需要一段时间；二是大一的基础课很重要，一定要花功夫学好。大一主要是公共基础课，大二主要专业基础课，大三、大四主要是专业课。大学的课程是递进式的，前序课程为后续课程打基础，如果大一的基础课学不好，大二的专业基础课就很难学好，大三、大四的专业课更难学好。

第二，科学研究。如果培养人才主要是传承知识的话，那么科学研究主要是创新知识。大学老师除了做教学工作外，一般还要做科研工作。本科生主要是教学活动，研究生除了教学活动外还要参加科学研究。学校也为本科生提供了一些科研实践活动，例如大创计划项目，建议学有余力的同学积极参加。

在大学，教学活动是按专业进行的，科研活动是按学科进行的，学科与专业是不同的。学科是根据学问性质而制定的学术类别，是以研究为指向、学术为背景的知识体系；专业是以人才培养为目标，满足社会对人才的需求。学科是以学术成果为目标，为社会提供科学与技术的支撑；专业是以人才培养为目标，为社会输送专门人才。学科分学科门类、一级学科、二级学科。学科门类基本相当于专业门类，一级学科基本相当于专业大类，二级学科基本相当于专业，但都不是一一对应的。本科生教育依据的是专业，研究生教育依据的是学科。例如，过程装备与控制工程专业，属于机械专业大类、工学专业门类；但相应的二级学科是化工过程机械，属于动力工程及工程热物理一级学科、工学学科门类。研究生（硕士、博士）培养所依托的一级学科和二级学科，通常称之为一级学科点和二级学科点。

第三，服务社会。大学服务社会主要有三种方式：提供人才、提供智力、提供技术。为社会培养各种专门人才，是大学服务社会的重要方式。同时，大学汇聚了各种人才，是经济社会发展的智囊团。大学科研与技术创新，支撑企业技术更新和产品升级改造。

第四，文化传承创新。传承文化是大学的基本功能之一，创新文化是高校的崇高使命。大学要处理好文化传承、文化创新和文化引领的关系，为文化进一步成为民族凝聚力和创造力的重要源泉、成为经济社会发展的重要支撑承担起应尽之责。

## 五、读好大学

### （一）大学学什么

首先要搞清楚的一个问题是：为什么要上大学？前面讲了“大学干什么”，讲了大学有四大功能，但最核心的功能是“培养人才”。国家办大学是为了培养人才，而你们上大学是为了什么？当然是为了成为人才！那么，什么是“人才”？人才，既要成“人”，也要成“才”。那么，大学学什么？学习如何成“人”，学习如何成“才”。

如何成人？“以德立人”，即道德是立人之本，人无德不可立于世。古人有言：“太上有立德，其次有立功，再次有立言。”即首先是“做人”，其次是“做事”，再次是“动嘴”。也就是说，要少说，多做，更要做好人。

人才培养，以德为先。有德无才不成器（只是好看，那是花瓶），无德无才不成事（干不了事，那是废物），有才无德是祸害（既有坏点子，又有坏本事，尽干坏事），德才兼备是人才（有本事，干好事）。司马光曾说：“君子挟才以为善，小人挟才以为害。”也就是说：君子有才了就做好事，为人民服务；小人有才了就干坏事，祸国殃民。著名教育家吕型伟先生提出：“欲成才，先成人，不成人，宁无才。”我们培养的人才，首先要“明明德”，要知道“何可言，何不可言；何可为，何不可为；何可取，何不可取”。也就是说：要清楚什么是该说的，什么是该做的，什么是该要的。

下面举几个具体例子来判断一下，什么是“有德”，什么是“失德”或“缺德”。

上课铃声响后，教室里已沉浸在知识的海洋中。老师用娓娓的声音揭示着科学的奥妙，学子们全神贯注地汲取着知识的营养。就在此时，“咯吱”一声教室门被推开，一同学在众目睽睽之下，大摇大摆地进入教室，环视一周，选了一个空位，用手中的书“啪啪”地拍去桌上的灰尘，“咯吱”一声坐在了那里。然后，先从书包中掏出一瓶雪碧，随后一袋热包子，再后一个热茶蛋。不一会儿，茶叶蛋和肉包子的香气飘荡在整个教室，毫不吝啬地刺激着每个学子的味觉器官。

同学们，为了能坐在教室里，学子们苦熬了12年寒窗，经历了多少个大考，从幼儿园考到小学，从小学考到初中，从初中考到高中，从高中考到大学。为了能站在讲台上，老师们付出了一生辛劳。请尊重他们吧！他们的劳动、他们的追求与渴望。

我们再把这个镜头拉得近一点，在每年学校迎新的时候，总有些现象和画面看起来并不舒服。有的爸爸、妈妈、爷爷、奶奶全家四五口来送行，爸爸扛着行李，妈妈背着背包，爷爷抱着个整理箱，奶奶拎着个水果袋，唯独我们的学子，两手空空，晃悠在他们中间。

如果我们大学培养的人才，连这最起码的道德都不具备，不能不是一种悲哀。试想，一个不尊重他人、不关心他人、不热爱集体的人，会有什么社会责任感，能成为社会有用的人才吗？因此，高等学校培养人，必须把德育放在首位。

什么是才？才就是做事的本领；成才就是具有做事的本领，成为有“才”之人。说到才，必然联系到知识，但才不等于知识。光有知识，那是计算机，是“书呆子”。提到才，还要联系到能力，但才也不等于能力。光有能力，那是机器，充其量是个“工匠”。那么，什么是才？简单地讲，才＝知识＋能力。也就是说，不仅要有知识，而且还要有应用知识的能力。或者说，才者，不仅要有学问，而且还要会做学问。那么，什么是知识？什么是能力？

知识是人类在社会实践中积累起来的经验。知识有间接知识和直接知识之分。间接知识是前人的积累，需要我们通过学习来继承；直接知识是我们自身的经验，需要我们通过实践来探索。通过学习来继承已有的知识，是大学的主要任务；通过研究和实践来发现新的知识，是大学的重要功能。在中学时，我们获得的主要是间接知识，而在大学里，我们不仅要继承间接知识，而且要探索直接知识。也就是说，在大学，我们不仅要学习，而且要实践、要研究，在研究和实践中获得直接知识。在中学，我们获得知识的途径主要是课堂、书本和老师，而在大学，除了课堂、书本和老师外，还有图书馆、实验室、研究室和实习实训基地等。在这里，要特别强调实践教学在大学教学中的重要性。在大学，你会看到设备先进、设施齐全的实验室，这是一种非常难得的教学资源。说难得，在你进大学门之前难以想象，在你出大学门后难以再求。学校每年投入数百万元进行实验室建设，同时花大力气进行实验教学改革。通过设置不同类型的实验，提高实验教学水平，强化实验教学效果。例如，通过验证型实验，你可体会到“噢！果然如此”；通过研究型实验，你会体会到“啊！原来如此”；通过设计型实验，你会体会到“嗨！也是如此”；通过综合性实验，你会体会到“哇！终于如此”。通过自己的体验，来理解知识、探索知识、发现知识，不仅丰富自己的知识积累，还会为人类知识宝库做出贡献，这是一件多么振奋人心的事。可惜的是，有个别同学并不能很好地利用这一教学资源，抄袭别人的实验报告，甚至找他人替做实验。你上大学是为什么？难道说就是为了混一张文凭吗？

能力是多方面的，包括学习能力、思维能力、实践能力、创造能力、表达能力、社交能力等。有了能力才能会学知识，有了能力才能会用知识。有了高尚的品德才能学好知识，有了高尚的品德才能用好知识。也就是说，能力解决的是会不会的问题，而品德解决的是好不好的问题。

我们先看看学习能力。“学会”与“会学”是两个概念。前者是结果，后者是能力。在中学，强调的是学会知识；而在大学，更加注重会学知识，即学会学习知识的知识，或“学会学习”。“授人鱼，不如授人渔”，就是这个道理。美国未来学家托夫勒有句名言：“未来的文盲不是目不识丁的人，而是没有学会怎样学习的人。”当今世界，科技发展日新月异，知识、信息量爆炸式膨胀。据权威人士预测，未来30年人类科技知识总量将会增加100倍。随着知识总量的迅速扩张、知识更新的加快，一个大学生在校所学的知识可能仅占其一生中所需知识的10％左右，而其余90％的知识需要在工作中不断学习获得。随着传统产业向新兴产业的发展，对知识的需求量越来越大，知识劳动将是绝大多数人谋生的基本手段，知识将成为人们最基本的消费品，知识的占有量将是富裕程度的基本标准。也就是说，将来你是不是富有，不是看你银行有多少存款，而是看你肚子里有多少墨水。因此，时代要求人们从阶段式的学校学习走向终身学习。“终身学习是21世纪生存的概念。”那种一次性学校“充电”，一辈子工作中“放电”的时代将会成为历史。从这种意义上讲，“学会学习”就等于“学会生存”。可见，学习能力是何等重要。

我们再来看思维能力。孔子讲：“学而不思则罔，思而不学则殆。”意思是说，学习如果只知死记硬背，而不加以思考消化，那就毫无收获。思维在认识世界和创造世界过程中具有重要作用。一个人从接受知识到应用知识的过程，实际上是一个记与识、学与思的过程。首先，学是思的基础，思是学的深化。正如人吃饭一样，只学不思，就等于不加咀嚼，食而不化，真正的营养无法吸收，所学的知识就成了穿肠的垃圾，犹如过眼烟云，转瞬即逝。其次，思是学的动力。“思竭学必勤。”对学习中碰到的难点、疑点，苦思冥想而无所获，必然迫使勤奋学习。这就是孔子所说的“吾偿终日不食，终夜不寝，以思，无益，不如学也”。再次，思考是创新的关键。牛顿思考苹果落地发现了万有引力定律，波义耳思考紫罗兰发明了指示剂，门捷列夫在梦中思考钾钠镁铁钙发明了元素周期表。

我们正在大力提倡创新教育，创新教育十分重视优秀的思维品质。严密的逻辑思维能保证思维的正确性，开放的形象思维能保证思维的原创性。数学能培养逻辑思维品质，而物理和化学可为形象思维展开丰富多彩的空间。人文教育和科学教育相融，不但能陶冶、净化、升华人的精神境界，更重要的是能丰富、活跃、开拓人的思维，形成逻辑思维与形象思维相统一的优秀思维品质。因此，在我们的科学教育中，要充分体现人文教育的重要作用，同时还要把培养独立思考能力贯穿于教育的始终。

我们再来看看实践能力。学习是基础，思考是关键，实践是根本。学得如何，思考得如何，都必须通过实践来判断。什么是成功，什么是失败，只有待实践来回答。没有实践，怎么会成为“能干”；没有实践，怎么会认为“能干”。“实践是检验真理的唯一标准。”大家听过“庖丁解牛”的故事吗？有位叫庖丁的厨师，对着一头全牛，落刀哗哗，有如音乐；动作翩翩，有如舞步。一会儿，一头牛被分解开了。庖丁解牛的“道”与“艺”，来自实践。开始解牛时，他眼中是一只全牛，苦练三年后，在他眼中，已经没有牛了，他只是用精神来体察而不用眼睛去观察。看山是山，是低层次；看山不是山，是高层次；看山还是山，那是高层次。他凭着感觉，将刀劈入肌肉骨骼的大空隙，从不使刀与骨头相碰。一般的厨师一个月要换一把解牛刀，而他一把刀用了19年，依然锋利如初。这就是所谓的“游刃有余”。我们一定要勇于实践、善于实践，在实践中得到“道”，在实践中得到“艺”，成为“一把好手”。

我们再来看看创新能力。建立创新型国家，是我国提出的战略目标。培养高素质创新人才，是我们的根本任务。哈佛大学著名教授伯顿提出了培养学生创造力的10个要点：①创造一种气氛，使每个学生被作为一个人来看待，使他受尊重，并作为小组的一员受到重视；②使每个学生懂得自信并学会提出自己的想法和看法；③每个学生应当获得自己去创造成就的勇气和信心，并应当许可他进行长期的尝试；④学生需要有发挥其能力的自由环境，以激起更充分的探求；⑤学生需要有人对他的新奇念头、想象力和别出心裁进行称赞和鼓励；⑥好问的态度是教育的主要目标；⑦教师对学生应当做到能够倾听、观察和沉默；⑧应当竭力避免引起学生害怕的压力，害怕会阻碍学生通向新的思想，而敢于认知可导致探索；⑨大力鼓励学生去探索、选择新途径处理问题，不停留在已经明白的问题上；⑩应当避免在评价学生中迷信权威的做法。

我们再来看看表达能力。这里我们所说的表达能力主要指语言表达能力。语言表达能力包括书面表达能力和口头表达能力，即通常说的“文笔”和“口才”。语言表达能力反映人的思维能力、社交能力，以及性格、风度。语言表达能力主要表现在语言的分量、语言的逻辑性和语言的幽默感三个方面。语言的分量是由词意和态度两个因素构成。词意是指语言的本意，态度是指表达时的轻重缓急和所持的表情、情绪。语言的词意要求语言能准确地表达思想，不要词不达意、废话连篇。语言的逻辑性，就是要使语言严谨、有条有理、无懈可击、令人信服，要做到前后呼应，因果联系紧密，紧扣听众的心弦。语言的幽默感，能使一个人更好地感染群众，营造亲切、愉快的气氛，促进与别人思想、感情的交流，使别人容易接受自己的观点、主张和意图。

有一种说法，你要想让你的老板接受你的一个建议（proposal），你必须准备好“1分钟、10分钟和30分钟”的语言表达。1分钟干什么用的呢？一天上班，你和老板正好同乘一电梯，“早上好！老板。我们公司目前××有一点问题，我有一个建议，如果将××这样处理，就可使××提高1.5倍，使××降低21%”一分钟到了，电梯门开了，“老板，再见！”10分钟干什么用呢？又一天在你的办公室里，老板打来了电话，“××

先生，你那天在电梯里讲的那个proposal，你能谈得更详细些吗？”“好的，老板，这个建议主要是……因此，就可以解决此问题。”10分钟到了，说一声：“谢谢老板对此建议感兴趣，再见！”30分钟干什么用呢？又一天，你在办公室接到老板秘书打来的电话，要你在下午4点半去老板办公室谈你建议的事。“老板，您好！这是我的建议书，具体地讲，就是……因此，此建议的实施效果是非常显著的。”30分钟到了，老板说：“OK，请你负责尽快形成一个策划书，并担任该项目主管。”成功了！这就是语言的魅力。

我们再来看看社交能力。人是社会性的人，只要在社会中生存，就会面临如何与人交往，与人协作的问题。社交能力对一个人事业的成功是非常重要的，要参与和适应社会生活，就必须具备一定的社交能力，不仅要善于与自己有共同利益的人进行沟通和交流，而且也要善于与自己利益不一致的人进行沟通和交流。如果你要有较强的社交能力，那么在今后的工作和生活中就可以少碰壁、少走弯路。相反就很有可能人为地在自己与周围环境之间筑成一道心理屏障，既不利于自身的全面发展，又妨碍了个人参与社会生活的广度和深度。

### （二）大学怎么学

主要围绕解决以下四个方面问题：目标、态度、差别和方法。

第一个问题：目标。

为何而学，为了父母？为了文凭？为了成为人才？同学们，在你上小学时，你父母给你确定的目标是考上重点中学，上了中学干什么，你自己想了没有？在你上中学时，你父母给你确定的目标是考上重点大学，考大学后干什么，你自己想了没有？在你上大学后，你父母给你确定的目标又是什么？考研还是出国？考研或出国去干什么，你自己想过没有？你的一生就这样让别人来安排，什么时候才能够说一声，我的事我做主！什么时候才能真正找到你的“自我”、你的“存在”。你们的成长环境，在一定程度上扼杀了你们的独立性，你们变成了父母和老师手中的一件作品，完全失去了自我和个性。遇到问题，可以直截了当地找父母或老师获得帮助，用不着自己去想办法。只习惯“你说怎么办”，用不着想“我该怎么办”。一切都是依附于别人、依附于环境，完全失去了自我，过着“被动人生”。这里并不是鼓励你们不要去听你父母及老师的话，而是希望你们将别人要你们做的，变成你们自己想做的。即把“要我做”变成“我要做”。为了别人设定的目标去奋斗，这种奋斗是被动的，而且往往是痛苦的；为了自己设定的目标去奋斗，这种奋斗是主动的，会找到快乐。丢掉拐杖，放弃靠山，为自己设定一个目标，变被动为主动，走自己的路吧。没有目标，就没有追求；没有追求，就没有动力；没有动力，就没有吃苦精神；没有吃苦精神，就不能埋头苦干，只会坐享其成，等着天上掉馅饼，结果一事无成。当然，目标一定要切实可行，不能异想天开。今天要做企业家，要创业，要做中国的比尔·盖茨；明天要做大作家；后天要做银行家；等等，每天都在幻想中生活。要给自己确定一种长远目标，然后将其分解为中期和近期目标。例如：当科学家，这是长远目标。那么，考硕攻博，奠定坚实的学术基础，就是中期目标。学好每一门课，使其成绩达到优秀，就是近期目标。目标确定了后，就要有计划，计划就是要用什么样的行动来按期实现目标。没有计划的目标是“海市蜃楼”，是一场空。有目标、有计划，还要有毅力，要有百折不挠的精神执行计划。要从今天做起，一步一步地朝着目标前进。不要给自己找借口，为不能按期完成计划做辩解，这是对自己的不负责。另外，一定要百折不挠，要坚持。执行中一定会遇到很多困难、挫折甚至失败，要能挺得住，要能咬紧牙，千万不要在困难面前退缩，在挫折面前低头，在失败面前倒下。有人问一位企业家：“现在创业的人很多，而你成功了，别人没有成功，奥妙在哪里？”这位企业家答：“因为我10年挖一口井，别人1年挖10口井。”你的目标是水，不见水决不罢休，你总能挖到水。如果你挖两下，见到一块石头，碰个硬，就没信心了，就想换个地方，那你总也挖不出水。我国北宋时期有一名伟大改革家王安石，著有名篇《游褒禅山记》。他游褒禅山，探山之石洞，欲寻其幽，观其奇，穷其深，但远未果。于是他有三叹。一叹：“非有志者，不能至也。”没有理想，没有抱负，怎能到达险峰。志就是理想，就是抱负，有志就有了目标。二叹：“有志矣，不随以止也；然力不足者，亦不能至也。”力就是本事，没有本事，你也不能到达险峰。三叹：“有志与力而不随以怠，至于幽暗昏惑，而无物以相之，亦不能至也。”物就是客观条件，是环境资源，要有物“相”之，要“善假于物”，就是要善于利用客观条件和环境资源来实现自己的目标。同学们，请记住：有志、有力、善假于物，这是成功的三要素。只要有志、有力、善假于物，你就能登上险峰，你就能享受到“无限风光在险峰”的奇境。

第二个问题：态度。

态度分三类情况：第一类，目的很明确——学；第二类，目的很明确——玩；第三类，没有目的——既不想玩，也不想学。不想学，你来大学干什么？

建议同学们应该算算两本账。第一本账是时间账，你们现在是十八九岁，就算是二十岁，即使六十岁退休，还要40年。在大学里只有4年，4年将决定你今后的40年、60年。也就是说，现在的4年等于今后的40年，那么4天等于40天、4小时等于40小时。4小时就是一上午，40小时就是8天（指有效时间），也就是说，如果你在大学里浪费一上午，就等于浪费了一星期的有效时间。这么宝贵的时间、这么重要的时间，花在玩上，你吃不吃亏？你至少能活到八十岁吧，你有的是时间玩，为什么非得抢在这4年里？第二本账是良心账。进入大学后人均每学期学费、住宿费、生活费、零用钱等，怎么得一万几千元吧，大学四年下来近十万元，甚至更多。再往前算，中考、高考，这个补习班、那个辅导班，各种各样的参考书，花了多少钱？你父母一年能挣多少钱。

学校培养人和工厂制器是不同的，学校的加工对象是活生生的人，他们有思想，有自主的行为。所以学校的加工是“主动加工”，而工厂是“被动加工”。一个病人，你给他治病，他如果不与你合作，不按时吃药，你有什么办法。同样的教学条件，有人利用得好，就学得好；有人不会利用，就学得差；有人不利用，就什么也学不到。从这种意义上讲，大学就像一个高级“超市”（学习环境），这里货物（可学的东西）琳琅满目、应有尽有，关键看你能否能用有限的钱（学习年限）购（学）得尽可能多的好货（知识）。例如，学校为同学们准备了大量选修课，但遗憾的是，有不少同学不是从自己的知识结构和专业发展需要出发利用这些教学资源，而是为了凑学分、图省劲，致使有些非常重要的高水平专业选修课无人问津，而一些简单的、欣赏型的选修课门庭若市。

第三个问题：差别。

在中学，学习有一套固定程式，学什么、怎么学、什么时候学、学多少，老师都给你做好了细致的安排；在大学，学习有很大的自主性，在很大程度上，学什么要自己选择，怎么学要自己主张，什么时候学要自己安排，学多少要自己确定。在中学，有老师和家长逼着学，是被动地学；在大学，只有自己逼自己，要主动地学。在中学，老师就像一位船夫，想方设法把你“渡”到知识的彼岸；在大学，老师就像一位游泳教练，千方百计让你自己“游”过去，告诉你对岸就是“花果山”，然后一把将你推下水，你乘风破浪，中流击水，胜利到达彼岸，但也有个别人会沉入水底。在中学，可以饭来张口，衣来伸手；在大学，衣、食、住、行等全靠自己处理。在中学，进了校门有老师管，进了家门有家长管；在大学，想什么、说什么、做什么，只要不违法违纪，别人无权干涉。因此，进了大学门，你首先要学会学习上自主、生活上自理、言行上自律。

第四个问题：方法。

有些同学也不玩，拼命学，但考试就是不及格，什么原因？不会学，没有掌握大学的学习方法。

如何听课。这似乎是一个不能再简单的问题，你们从小学到中学，天天都在听课，几乎是在课堂上长大的。但就是这么简单的一个问题，不是每个人都能处理得好。刚听大学课时，整个50分钟就像游荡在云雾之中，不知道应该听什么，也不知道听了些什么，这样的人并非个例。为什么会这样呢？因为没有搞清楚大学课堂与中学课堂的区别：中学课堂是“喂食”，大学课堂是“吊胃口”；中学课堂是“句号”课堂，大学课堂是“问号”课堂。

在中学，老师会把书逐字逐句地讲透讲烂。一道题，左一个解法，右一个解法，归纳总结，条理分明，中学上课就像喂食，你只需张开口，老师就会将嚼得稀烂的“食物”填进你的肚里。大学上课就是“吊胃口”，像介绍一桌丰盛的大餐，告诉你每道菜有多么好吃、营养多么丰富、对身体多么有益，使你垂涎三尺、食欲倍增；再告诉你每道菜应该如何制作、如何调配，使你摩拳擦掌、跃跃欲试。下课后，你会迫不及待地一头钻进图书馆或实验室，为自己准备这顿“大餐”。这里有一个是授“鱼”还是授“渔”，何者为重的理念。在大学，老师没有时间反复强调，教材的内容也不可能全讲。可以这么说，一个大学老师，上了一堂课，把该讲的内容全没讲明白，这肯定不是一个好老师；但一个大学老师，上了一堂课，把所讲的内容全讲明白，这也不是一个好老师。这就是大学和中学的区别。大学老师主要讲解概念、思路和方法等，其中一些引申、推论、技巧等，往往要留作“家庭作业”，需要你自己课外解决。

中学老师注重的是“句号”，直到你将所讲的内容完全掌握为止。“同学们听懂了没有？”“没有！”“好，再讲一遍。”“同学们听懂了没有？”“没有！”“好，再讲一遍。”“同学们听懂了没有？”“听懂了！”“好，下一个内容。”他是不画句号誓不罢休！这样的课堂，你是不是很有成就感？没有听不懂的内容！大学老师注重的是“问号”，回答你原来的疑问，形成你新的疑问。大学课堂的节奏是：为什么是这样呢？噢，原来是这样。为什么是这样呢？噢，原来是这样。前一个问号是老师给你们的，后一个句号是你们自己画上去的。因此，在大学，听课之前要会准备“问号”，听课时要会记下“问号”，下课后要会自己解决“问号”。这就形成了听课三部曲：预习、听讲和复习。上课之前必须预习，借此对老师要讲的内容有所了解，找出难点和疑点来，形成“问号”。听课时，以此为重点，把这些“问号”一个个地打开。课堂上还可能产生新的疑点和难点，对这些新的“问号”，如果当时打不开，就把它们记下来，千万不要停留在那里“琢磨”起来，这样会错过后面老师讲授的内容。举例说，当你对老师讲的“1+1>2”有疑问而且一时又解不开时，就把它记下来，千万不要停在那里，老师已经讲到1+1>3了，你还在那里想1+1怎么会大于2。结果，一堂课下来，你别的什么都没留下，只留下了“1+1怎么会大于2”。有句话是这么讲的：“聪明人找问题，普通人等问题，愚昧人没问题。”听课一定要紧跟老师的思路，记笔记会使听课不“卡壳”。通过笔记，把新的重点、疑点和难点记下来，等课后解决，实质上是一种对课堂内容进行扩充和引申，对课堂时间进行延长，从而提高听课效率的有效手段。遗憾的是，有的同学不记笔记，有的同学不会记笔记，要么跟着老师抄黑板，要么跟着老师画书，这样的笔记有何用？课后复习非常重要，通过它来解决课堂笔记中的所有问题，使所学的内容得到加深、扩充、总结、升华。作业更具有针对性、目的性和引导性，一定要认真对待，独立完成。总之，预习、听课和复习，是课堂学习的三个重要组成部分，它们之间相辅相成、缺一不可。

大学学习与中学学习为什么有这么大的差别呢？这里讲三个问题：教学本质、教学理念和教学原则。

教学本质回答的是教学是什么。传统的认识是：教学是“教师把知识、技能传授给学生的过程”。这种传统认识有5个局限：教学局限于教书，教书局限于课程，课程局限于课堂，课堂局限于讲授，讲授局限于教材。我们理解的教学就是“教学生学”，教学生乐学、会学、学会。其中会学是核心，要会自己学、会做中学、会思中学。

教学理念回答的是教学为什么。传统的认识是：“教”是为了“教会”，“学”是为了“学会”。我们提倡的教学理念是“教为不教、学为学会”。“教为不教”有两层含义："教"的目的是"不教"，"教"的方法是"大教"。"教，是为了不教"是我国当代著名教育家叶圣陶先生的名言。这种"教"是教学生"学"，这种"大教"是"善教"。施教之功，贵在引路，妙在开窍。叶圣陶先生曾讲："教师之为教，不在全盘授予，而在相机诱导。必令学生运其才智，勤其练习，领悟之源广开，纯熟之功弥深，乃为善教者也。"

"教主于学"，这是我们应该遵循的教学原则。教主于学在于：教之主体在于学，教之目的在于学，教之效果在于学。钱穆曾言："孔子一生在教，孔子之教主于学。"教师天职为教，其责为学。"教之主体在于学"就是教学要以学生为主体，这是教主于学的核心。"施教"不同于"制器"，它是一个主动"加工"过程。授而受之，才会有成效。"教之目的在于学"即前述的教学为什么，它有三层含义：一是为了乐学、二是为了会学、三是为了学会。"教之效果在于学"是如何评价教学。要放弃传统的"以教论教"，坚持"以学论教"评价原则。也就是说，"教得怎么样"要通过"学得怎么样"来评价。

大学学习的关键是第一年。第一年你紧张不起来，以后你就很难再紧张起来；第一年上不了路，以后你就很难再上路；第一年跟不上去，以后你就很难再跟上去。因为大学的学习连贯性很强，一环套一环，环环紧扣。遗憾的是，我们好多同学，偏偏就把握不好第一年，就在第一年里栽跟头，放松，是第一年出问题的祸根。这个祸根来源于许多方面。例如，冲刺终结。为了考上一所好小学、好中学、好大学，你们一路冲刺，连闯三关，已经是伤痕累累，疲惫不堪。考上了大学，完成了任务，该歇一歇了吧！甚至有些中学老师还这样鼓励你们，考大学是人生的最后一拼、最后一搏，错了！考上大学，才是你们人生的开始。从一个偏僻小镇，来到如此繁华的世界，没听过的、没见过的、没玩过的很多，试一试吧，结果陷了进去，越陷越深。有这样一句话，请记住："一年看四年，四年看四十年。"

## 第二节　生涯规划

### 案例导读

⊙ 小文是某大学社会学专业的一年级学生，高中时小文是理科生，文科向来是他的弱项。因为高考成绩不理想，小文被调剂到社会学专业就读。入学后，小文面对社会学知识学习很吃力。且他对专业缺乏兴趣，因此他学习没有动力，身边的同学都在为了学业向前努力，而小文觉得没有方向，也很焦虑，他不知道接下来的大学四年应该如何度过。

⊙ 小新进入大学后，感觉很自由，再也没有父母、老师整日盯着自己学习，每天很多自己可以安排的时间。喜欢网游的他除了上课，大部分时间都是在宿舍玩游戏。小新发现，宿舍里面经常只剩下他一个人，问了室友后他发现同学们课后都在忙着复习功课、参加校园活动等，他认为现在才大学一年级，好不容易自由了，就该享受生活。

➤ 开学后小慧就要上大学三年级了。进入大学以来，她每天都过得很充实，上课、参加班团活动、听讲座、参与团委组织学生工作……通过努力，小慧的大学生活丰富多彩，可有时候她也觉得很迷茫，想到再过一年，她就要面临大学毕业，那她究竟是要考研继续深造，还是找工作就业，她不知何去何从。

上面三个案例，你是否感觉很熟悉？同学们进入大学后，有人对以后的发展会有自己的想法，把自己的大学生活安排得井井有条；有人却对未来没有规划，走一步算一步，一心想着到大四时再考虑今后发展的问题；还有的人对未来发展有些想法，却不知该如何实现。综合这些情况，同学们之所以产生这些困惑，就是因为他们缺乏对大学生涯的规划。

大学是我们步入社会前的最后一个阶段，有人将其比作一个小社会，在这个小社会中充满了机遇，但我们还必须清楚和明确地是，在这个小社会中同样存在另一个词语——挑战。大学生要学会生活自理、学会挑战自我，从而让自己变得更加有条理、更加成熟、更加优秀。我们只有始终明确自己的目标，才能更加迅捷、有效、充实地度过自己的大学生涯。而要完成这个目标，就需要我们制订一份符合自身实际情况的大学生涯规划。

## 一、什么是大学生涯规划

大学生涯规划是指我们进入大学以后，对自己今后的整个人生发展进行的规划，可以分为大学阶段的学业及学习规划、学习以外的生活规划、与学业及未来发展密切相关的职业规划等。

大学是连接学校和社会的桥梁，是大学生工作前储备知识的重要阶段，因此大学生要早点做好学业规划。大学生学业规划，就是大学生根据自身情况，结合现有的条件和制约因素，为自己确立整个大学期间的学习目标，并为实现学习目标而确定行动方向、行动时间和行动方案。换言之，就是大学生通过解决学什么、怎么学、什么时候学等问题，以确保自身顺利完成学业，为成功实现就业或开辟事业打好基础。对于在校大学生来说，只有及早设计自己的学业规划，明确自己的学业目标，提高自身的综合素质，才有可能在未来激烈的竞争中把握住机会，获得成功。大学生学业生涯规划属于一种短期性的规划，它的期限只有四年或稍长一些。大学生可以按照大一、大二、大三、大四的不同学习要求或自身情况制订相应的学习计划。如果有读硕士或博士研究生的打算，那么学业规划的期限则会相应地延长一些。

在现代社会中，职业在人们的生活中起着越来越重要的作用，并在人们的人生历程中占据了相当长的时间，它是一个人投入时间和精力最多的人生组成部分。我们应该充分地、合理地利用职业生涯这一时段，使个人得到进步、成长，并有所成就，从而实现人生价值。

## 二、大学生涯规划的特点

处在生涯发展不同阶段的人，自身素质能力的积累程度不同，所面对的职业发展环境也不同。大学生处在职业发展的积累和起步阶段，与那些已经踏入职场的人的职业生涯规划相比，大学生在制订职业生涯规划时的内容与侧重点均有所不同。

### （一）规划的目标明确

职业人的职业发展规划的目标一般是为了获取更好的职业定位或取得更好的职业成就，在规划目标的阶段划分上并不怎么严格和明确，而是视个人的目标与现实的差异而定。

大学生的职业生涯规划，最基本、最现实的目标是成功地初次就业，找到一份与自己的兴趣、性格、能力、价值观等匹配的职业岗位。大学生涯规划的总体目标和阶段性目标可以非常明确。比如，大一应该达到什么要求、大二应该完成什么计划、毕业时要实现什么目标，等等。

### （二）多为中期规划

一般来说，职业人的生涯规划可以根据自身状况、客观环境与目标的实际情况，制订期限可长可短的职业生涯规划。

大学是个相对完整和固定的时间阶段，其时间维度的划分就是大学的学制，一般为4年，这样的时间段正好是典型的中期规划。尽管有些大学生将自己的生涯规划制订为长期规划或人生规划，但并不具有代表性。

### （三）实施策略与学校环境相关

一般的职业生涯规划，其实施策略主要是根据职业发展目标，制订一定职业范围内的学习培训、专业技能提高、职场人际关系沟通等行动计划。

大学生处于职业的准备阶段，其生涯规划的实施策略主要是了解和探索职业，完成与未来可能从事职业相关的学习、培训任务，提高职业生活的基本能力和素质，行动计划必须与大学生本身的学习任务和校园活动联系起来。

## 三、大学生进行生涯规划的意义

现实生活中我们不难发现，同一个班的毕业生，工作若干年后，发展情况大不相同。据有关资料显示，对自己的职业有规划的人，其发展明显好于其他人。大学生普遍存在着诸多的成长困惑：渴望今后有一个好的职业，但不知从何入手；渴望自己今后有大的作为，却信心不足、目标模糊；渴望别人理解自己，但自己都不了解自己；往往有大的抱负，却不知从何处下手实现。所有这些问题产生的原因，都可归结为缺乏职业生涯的科学规划。

合理的职业生涯规划，是个人在分析了解了自我特点、组织和社会环境之后，制订个人的事业奋斗目标。有助于个人弄清楚自己的人生目标，平衡爱好与工作、家庭、亲友之间的需求，有助于个人更好地选择职业，恰当地调整工作需求关系、环境变化与个人需求的关系，更加有计划、有目的地发展职业生涯。具体来说，制订生涯规划对大学生来说主要有以下几方面的价值。

### （一）认识自我，理性选择

在职场竞争中，为什么有的人能够成功，而有的人却屡战屡败呢？这就是因为成功者选择了一条适合自己发展的职业道路。在职业选择与发展中，做到“人－职”匹配是个人成才的基础。在现实生活中，有些人之所以能在平凡的岗位上做出不平凡的事情，为社会创造出巨大的物质或精神财富，其根本原因在于他们与所从事的工作匹配度很高，从而使他们爱业、敬业、乐业。只有做到“人－职”匹配，人才能适应工作，才能更好地创造价值，但在现实生活中，很多大学生在面临职业选择时，往往存在两种倾向：一是升学惯性，比较盲目地选择继续深造；二是盲目攀比，找工作时与他人比待遇、比工作环境。因此，对个人进行一番职业生涯规划，将使自己的职业选择更加理性。因为职业生涯规划能够帮助我们认识自我，懂得和掌握职业生涯开发和管理的知识与技能，从而帮助我们在遵循自身个性特点和能力优势的基础上结合社会需要，选择一条真正适合自身发展的职业道路，我们只有选择了适合自己的职业发展路径，才有可能将个人的能力和优势充分发挥出来，对社会的贡献才会更大，将来成才的概率才会更高，成才的速度才会更快。

### （二）了解社会，主动发展

在职业发展过程中，满足动态的社会需要是个人成才的另一个非常重要的要素，这是由职业的内涵和特点所决定的。职业是社会分工的结果，一种职业的产生和发展是社会需要的结果。随着企业的不断发展，企业所有者需要专人为自己的企业提供专业服务，因此有了“职业经理人”的产生；有人怕被商家“宰”，需要他人帮助自己与商家讨价还价，因此有了“砍价人”的出现。总之，没有社会需求，没有被他人需要，职业也就不可能产生。如果某种职业活动不能满足他人的动态需要，那么这种职业很快就会从世界上消失。同样，如果我们的工作成果不能满足客户的需要，不能被客户所认可，那么我们的职业生涯也不可能获得成功。

大学生的学习目标是使自己成为社会需要的优秀人才，而要成为社会需要的优秀人才，大学生在大学期间就要勇于走出校门，参与社会，掌握社会需要的专门知识和专门技能，提高自身综合素质。当前，随着用人单位对大学毕业生提出工作经验的要求，很多大学生都认识到，在校期间要多参与社会实践以增加工作经验。但是，我们也发现，目前很多大学生在进行社会实践时不够深入，效果不佳，究其原因是进行社会实践的目的不明确，缺乏针对性，而职业生涯规划则有利于我们采取正确的方法，在职业发展目标的指引下有针对性、有计划地进行社会实践，了解社会需求，对自己在大学期间的学习起到反馈作用，加强自身知识结构以及能力素质与今后社会需要的对接，提高个人学习知识和培养能力的主动性。

### （三）明确目标，优化行动

英国前首相丘吉尔曾经说过："一个人看不到未来，就把握不了现在。"一个人要想获得成功，确定一个明确的发展方向是非常重要的。因为目标引领未来，目标促进行动。如果没有明确地奋斗方向和阶段性目标，今天向这个方向发展，明天又朝那个方向发展，无论是对企业还是对个人而言，都是不可能取得成功的。哈佛大学曾经做了一个非常著名的关于目标对人生影响的跟踪调查，对象是一群智力、学历、环境等条件都差不多的年轻人，调查结果如下：27％的人没有目标；60％的人目标模糊；10％的人有比较清晰的短期目标；3％的人有十分清晰的长期目标。25年的跟踪调查发现他们的生活状况十分有意思。有十分清晰的长期目标的人25年来几乎都不曾更改过自己的人生目标，他们始终朝着同一个方向不懈地努力，25年后，他们几乎都成了社会各界顶尖的成功人士，他们中不乏白手创业者、行业领袖和社会精英；有比较清晰的短期目标的人大都生活在社会的中上层，他们的共同特点是，那些短期目标不断地被达到，生活质量稳步上升，他们大多成为各行各业不可缺少的专业人士，如医生、律师、工程师、高级主管等；目标模糊的人几乎都生活在社会的中下层，他们能安稳地生活与工作，但都没有什么特别的成绩；而没有目标的人几乎都生活在社会的最底层，他们的生活都过得很不如意，常常失业，需要社会救济，并且常常抱怨他人、抱怨社会。

### （四）寻求提升，增强自信心

生涯规划是个人积极、主动地对自己的发展进行思考与计划，而当个人的改变是来自其内在动机，反映个体内在的需求时，才能有最好的改革。生涯规划的过程也是逐步挖掘个人需要，明确奋斗目标的过程。当一个人的目标具体而不含糊时，才会促使个体采取更加有意义、积极、高效的行动。

这种主动且高效的行动常常会带来成功的经历和体验，将促使大学生不断学习、积累和提升。随着知识的积累、培训和教育的增多，以及对自己和职业工作认识的加深，大学生的自信心也会逐渐建立起来。

### （五）扬长避短，提高职业竞争力

当今大学生就业面临着异常激烈的竞争，在这样的市场环境下，要想在竞争中立于不败之地，必须设计好自己的生涯规划。由于每个人的兴趣、价值观、个性力、动手能力、社交能力、组织管理能力都有所不同，只有通过生涯规划，才能更加了解评估能力，找出自己的特点，明确自己的优势及缺陷，使自己更有针对性地学习、提高，把内在优势和外在优势整合起来，从而有效增强自己的核心竞争力。

在职业生涯规划的过程中，对就业市场、就业机会、行业、岗位的分析，能够帮助大学生审视自己的目标和选择是否符合现实、是否适合自己、有多少风险、能否从职业中获得自己想要的回报等。大多数人因为没有职业生涯规划，对职业的理解往往停留在想象的层面上，或仅仅从一个旁观者或消费者的角度来理解一份职业，导致自己做出草率的职业选择。

职业生涯规划是一个力争实现人职匹配、实现自我价值的过程。通过职业生涯规划，会使一个人定位一个最适合自己特点、最能发挥特长的职位，从而最大限度地实现自我价值。同时，对个人来说，职业生涯规划的过程也是了解自我的过程，个人可以通过规划职业生涯了解自己哪些部分需要提升、哪些部分需要锻炼、哪些部分比较有竞争力。有了对所从事职业的认知会更加主动地投入工作，成就更大的事业。

在大学校园里，我们常常发现下面这样两种人，而且数量还不少：一是游手好闲、无所事事者；二是忙忙碌碌、缺乏针对性者。这两种人的共同特点是缺乏一个明确的学习目标。前者因为没有目标而造成学习动力、发展动力不足；后者因为目标不明确而造成眉毛胡子一把抓，学习缺乏目的性和针对性。明确职业发展目标将有利于激发我们在大学期间的学习动力并优化我们的学习行为。

那么什么是目标呢？目标一定要是具体的、看得见、摸得着、感觉得到的东西。比如，有的同学说："我今后想成为一个对社会有用的人才。"这不是目标，而仅仅是美好愿望。如果换成"我今后想当一名电气工程师"，这就是目标了。在明确了职业发展目标之后，还要对目标进行分解，分解成若干阶段性目标。一个一个阶段性目标完成了，实现总体目标也就水到渠成了。对大学生而言，在分解目标的过程中非常关键的一点是：理性地选择大学生涯发展目标。大学生涯发展目标不同，在大学期间学习的侧重点就会有所差异。

大学生涯是大学生整个人生的重要阶段，是职业发展的准备期。大学学习生涯往往为个人的人生发展奠定了坚实的基础。在大学选择某一专业进行学习是为今后做职业准备，因而大学生涯可称为职业准备阶段或职业准备期。这是个人职业生涯的起步阶段，也是决定能否赢在起跑线上的重要阶段。

职业没有高低贵贱之分，但社会职位是有高级低级之别的。从社会职位的分布来说，低级职位在社会上的分布最多，而职位层次越高，相应的职位也就越少。任何职业对从业者来说都是有从业要求的，而各级职位也要求从业者具备相应的能力。人的本性是追求更高层次的发展。通过上大学，我们能够在较短的时间内系统地学习适合于自己未来发展的相应领域内前人的成果，然后将这些知识转化为自己的职业能力，在就业时能为个人将来的职业生涯发展创造一个比较高的起点。而且，大学里系统的专业教育会使我们更能适应社会分工的需要，大学所强调的“学会学习”会使我们具备更强的学习能力，在未来的职业发展中，这种学习能力能使我们与时俱进、及时更新知识、培养新的工作技能，从而使我们具备持续的职业发展力。另外，我们也不得不面对这样一个事实：当今社会对文凭是非常看重的。虽然高文凭并不一定意味着高能力、高素质，但是从概率上来说，高文凭者较低文凭者而言，确确实实有更高的能力与素质。因此，用人单位在招聘时为了降低用人风险，往往还是会青睐高文凭者。

总之，大学虽然还不是个人职业生涯阶段，但大学生涯是个人职业生涯发展中的准备阶段，是个人人生发展中的黄金期，是个人为自己未来的职业生涯发展奠定坚实基础的时期。我们在大学阶段的学习、生活和社会实践情况，直接或间接地决定了我们未来职业生涯的发展方向与高度。

## 四、大学生涯发展目标

### （一）直接就业

每年，绝大多数大学毕业生选择直接就业。大多数毕业生是根据国家建设的需要、家庭经济生活的需要和个人职业发展的需要选择工作单位。现在国家就业政策是“双向选择”，单位选择毕业生，毕业生也选择单位，只有双方都同意才能签订协议。从每年职场求职的情况来看，由于高等教育的改革，大学毕业生人数越来越多，用人单位对人才要求也越来越高，因此竞争十分激烈。在求职竞争的背后，谁的学习成绩好、能力强、素质高，谁就能找到理想的工作单位；反之，求职就困难。这一结果最终反映的是大学期间每个大学生的学习与生活情况。今天不努力学习，明天就要努力找工作；今天刻苦学习，明天单位就会找你。许多同学为了找到理想工作，在校学习期间做了如下准备：

1. 提高学习成绩

在每个毕业生的求职书中，都会有一份由学校教务处盖章的学习成绩表。表中详细记载了你在大学所学的课程与成绩。这些成绩反映了你掌握知识的程度，是大学教育的核心部分，也是对高层次人才的基本要求。用人单位比较注重的是理论课成绩和专业技能成绩，这是毕业生求职的第一封而且是最重要的一封介绍信。

2. 获取有关证书

在许多学生的求职书中，都有在校学习期间经过自己的努力获取的各种证书。这些证书有奖学金证书，英语四、六级证书，计算机编程等级证书，科技竞赛证书，职业资格证书等。这些证书反映的是毕业生在某一个专业领域掌握知识的深度和专业技能，用人单位也十分关注。这些资格证书考试种类繁多，但是学生一定要理性对待，切忌盲目。要分析清楚自己的需要，在自己职业发展目标的框架下，有意识、有计划地参加与目标职业相关的活动，参加相关的职业资格考试，并作为个人职业生涯规划的一部分。这是毕业生求职的第二封介绍信。

3. 辅修第二专业

随着社会对复合型人才的青睐，如今越来越多的大学生根据个人的兴趣和发展需要，选定本校或外校的某一专业作为自己的辅修专业，以丰富自己的专业知识，提高就业竞争力。选择第二专业的原则是根据自己的爱好与兴趣，结合学校教学管理和课程安排，采用文理交融的办法来辅修。

一个毕业生有两个专业的知识，一方面，用人单位看到了该学生的学习能力，只有学习能力强的学生才能采取主修与辅修相结合的办法来提高自我、增加知识、扩大视野；另一方面，用人单位也看到了该学生的知识面宽、适应性强等优点，工作好安排，一般用人单位会优先录用这样的毕业生。所以，辅修第二专业是毕业生求职过程中的第三封介绍信。

### （二）攻读研究生

随着社会的需要和教育程度的提高，每年报考研究生的人数越来越多。根据统计，2019年全国硕士研究生的报考人数规模达到290万，2020年考研人数达到341万，2021年考研人数达到377万，2022年考研人数达到457万。考上研究生，上升一个平台后，你会发现你得到的不只是一张文凭，而是更大的平台、更广阔的视野、更包容的环境，最重要的是你有了重新认识自己的机会，有无限未知的前途等着你。今后，我国研究生教育的重点将放在培养质量，特别是创新意识和创新能力的培养上，研究生培养要从扩大规模向提高质量转变。

研究生教育是我国高等教育的最高层次，担负着培养高素质人才和发展科学技术的双重任务，是我国培养高层次创新人才的主渠道和知识创新的重要力量。按学习方式分为两种：全日制研究生、在职研究生。

对个人来说，通过读研究生可以进一步加深对专业知识的理解和掌握，获取高文凭，提高就业起点。但是，直接读研并不是所有同学最好的选择，需要我们综合多方面的因素做出理性的选择。具体而言，需要我们重点考虑以下几个因素：①个人职业发展目标；②专业特点；③家庭经济条件；④直接读研究生的机会成本。

综合考虑之后，如果决定要读研究生的话，可以通过两种途径实现：①保送研究生；②报名参加全国硕士研究生入学统一考试。

攻读研究生要早做准备，从进校开始就要拟订学习计划，特别是外语、数学等基础课，更要早做准备。在大学生涯发展规划中，进校就要树立一个阶段目标——本科毕业了就攻读硕士研究生。大学一、二年级的数学、外语是考研的必考课，这样，你就会用心学习，不放过任何疑难问题，并长期坚持对知识和内容的学习、复习和巩固；大学三、四年级准备专业课的备考内容，这样，时间和精力都比较充足而且有保障。

### （三）自主创业

最近几年，随着大学生就业形势的加剧，国家在鼓励大学生自主创业方面出台了一系列优惠政策，社会各方面也为大学生创业大开“绿灯”。学校为帮助在校学生打好创业知识基础，还面向大三学生开设了大学生创业指导课程。应该说，外部环境对大学生创业是十分有利的。有了良好的外部环境还不够，大学生创业还必须过好四关，而这四关必须在大学生涯发展中得到锻炼。

1. 选项关

选择既适合自己又符合市场需求的创业项目，这是大学生创业者必须过好的第一关。一般来说，大学生创业应立足于技术项目，尽量选择技术含量高、自主知识产权明确地项目，并在技术创新的基础上做好产品市场化工作。此外，在创业过程中一定要注意保护好自己的知识产权，这是大学生创办企业的核心竞争力之所在。

2. 经验关

经验不足，缺乏从职业角度整合资源、实施管理的能力，这将大大降低大学生创业的成功率。因此，大学生创业不能“纸上谈兵”，而应具备一定的企业管理及市场运作的知识和经验。即使是两三个人的“办公室式”小企业，也必须有明确地财务、人事制度。有条件的话，可聘请有管理经验的人把关。

3. 团队关

在风险投资者看来，再出色的创业计划也具有可复制性，而团队的整体实力是难以复制的，因此，他们在投资时，往往更看重有合作能力的创业团队，而不是那些徒有想法的单干者。对打算创业的大学生来说，强强合作、取长补短，要比单枪匹马更容易聚集创业优势。

4. 心态关

大学生创业除了要有好的技术外，还要有好的心态，不能视野狭窄、过于自负，而应虚心接受别人的意见，并敢于直面挫折和失败。此外，时刻保持创业激情也是突破创业瓶颈不可忽视的精神力量。

## 五、大学生涯规划的制订与实施

大学阶段是我们职业生涯发展中的重要准备阶段，需要我们在职业发展目标的引领下当好学生，积极自主地为今后顺利进入社会做好各种知识、能力、素质等方面的储备。人生需要规划，大学生涯也需要规划。对大学期间的学习、生活进行科学、合理的规划，有助于我们顺利走向社会、进入职场，从而谋求职业发展与事业成功。

大学生涯规划是一个周而复始的连续过程，基本步骤包括：认识自我，评估环境，确定职业发展目标，设定职业生涯发展路线，制订大学生涯发展计划，实施、评估与修正计划。

1. 认识自我

认识自我相当于评估内在条件。自我评估的目的是认识自己、了解自己。因为只有认识了自己，才能对自己的职业发展做出正确的选择，才能选定适合自己发展的职业道路，才能对自己的职业生涯目标做出最佳抉择。自我评估内容包括自己的兴趣、特长、性格、学识、技能、智商、情商、思维方法、道德水准以及社会中的自我等。比如，你的兴趣可能是搞理论研究，那么，你就应该考虑自己如何在理论研究方面发展自己，而没有必要拼命地向比较热门的技术和管理方向去发展。如果你发现自己没有哪一方面的能力可以傲视群雄，但也没有明显的短处，那你就应该尝试一下在一些需要综合能力的方向上发展自己。当然，专业也是一个不能不考虑的问题。如果你学的是一个理论性比较强的专业，而你在理论研究方面的能力并不突出，那么一方面你应该努力加强自己的理论思维能力，把它作为自己在大学阶段重点要解决的问题；另一方面，你也应该寻找一些在该专业中对理论素质要求不是很高的领域，如学物理的，可以多关注一下实验物理领域；学数学的，可以去搞应用数学。同样，如果你学的是很强调应用的工科，而你在理论研究方面的能力很强，动手能力却比较弱，你可以考虑在该专业的基础理论研究方面有所发展。总之，你要客观地分析自己的特点，搞清楚自己应该努力的方向。

2. 评估环境

评估环境相当于评估外在条件。职业生涯环境的评估主要是评估各种环境因素对自己职业生涯发展的影响。每一个人都处在一定的环境之中，离开了这个环境便无法生存与成长。所以，在制订个人的职业生涯规划时，要分析环境条件的特点、环境的发展变化情况、自己与环境的关系、自己在这个环境中的地位、环境对自己提出的要求以及环境对自己有利与不利的影响等。只有对这些环境因素充分了解，才能做到在复杂的环境中趋利避害，使职业生涯规划具有实际意义。

3. 要考虑国家和社会的需要

国家办大学的目的是要为社会主义现代化建设培养合格的建设者和可靠的接班人，

而作为学生，我们上大学的目的却是多种多样的。在社会主义市场经济条件下，这是一种正常的情况。但是，经验证明，真正能够有所成就的是那些能够把国家和社会的需要同个人的追求有机结合的人。出国固然令人羡慕，经商、从政也不失为一种出路，但真正要想做大事，还是要为国家服务、为社会服务、为人民服务，所有有成就的人几乎都离不开这样一条成长道路。祖国终将选择那些选择了祖国的人。当然，这个问题不是在大学一年级就能解决的，我们对国家和社会的需要也有一个认识的过程。但是我们应该这样去考虑问题，去规划自己的人生。

4. 全面发展，有所侧重

全面发展是我们的目标，大学要培养的是德、智、体、美、劳全面发展的中国特色社会主义合格建设者和可靠接班人，也就是说，坚定正确的政治方向、扎实的专业知识和技能、强健的体魄和健康的心理及一定的文学艺术修养，都是大学生必须具备的。但是，人的精力是有限的，全面发展不是全能发展，不是要使大学生成为无所不能的“万金油”。如果一个人什么都想去做，那他可能什么也做不好。所以，总的方向是全面发展，但也要有所侧重。提高主要是与自己过去相比的提高，而不是所有的事情都要做得很精。比如，体育锻炼，主要目的是健身，但不一定非要达到专业运动员那样的水平；学习音乐，也不一定非要学会一种乐器的演奏，能够欣赏也是不错的，关键是要对自己将来走上社会以后的发展有利。

5. 确定职业发展目标

职业发展目标的确定是职业生涯规划的核心。一个人事业的成败很大程度上取决于有无正确的目标，没有目标如同驶入大海的孤舟，四野茫茫，没有方向，不知道自己该漂向何方。同时，职业发展目标也是我们制订具体大学生涯发展计划的向导。说到职业发展目标，有的人会说：“我的目标是事业有成。”这不是目标，仅是美好愿望而已。有人会说：“我的目标是成为优秀的人力资源工作者。”这也不是目标，仅是职业发展方向而已。还有的人会说：“我的目标是成为优秀的机械工程师。”这就是看得见、摸得着的职业发展目标了，值得注意的是，职业发展目标是以自己的最佳才能、最优性格、最大兴趣和最有利的环境等信息为依据而设定的，通常可分为短期目标、中期目标、长期目标和人生目标。大学的短期目标。一般为1~2年，短期目标又分日目标、周目标、月目标、年目标；中期目标一般为3~4年；长期目标，一般5~7年（读研究生）。

6. 设定职业生涯发展路线

个人现在所处的位置与总体目标总是有距离的（距离的大小要视总体目标的大小而定），个人不可能一步就能完成总体目标。要完成总体职业发展目标，就必须将总体目标进行分解，分解成一个一个的阶段目标去逐步完成。

7. 制订大学职业生涯发展规划

大学生还没有真正进入真实的职业世界，因此要做一个真正意义上的职业生涯规划是有一个过程的。大学阶段只是为即将从事的职业做能力和知识准备，真正的职业发展规划必须同自己所从事的职业内容联系在一起，但这并不是说大学生不能做职业发展规划。大学生的职业发展规划不同于职业人士的职业发展规划。大学生在职业发展目标的指引下，放眼未来，着手当前，重点对大学生涯进行规划。具体而言，大学生的职业生涯规划应该重点对大学期间的学习、生活、社会兼职、社团活动等方面进行规划。大学阶段的职业生涯规划包括：

（1）大学一年级

在这一阶段，要完成从高中生到大学生的角色转变，熟悉环境，建立全新的人际关系，对大学有一个基本的了解，对专业有一个初步的认识，接触职业和职业生涯的概念，特别要重点了解自己未来所希望从事的职业与自己所学专业的关系。积极参加社团活动，提高沟通能力，锻炼组织和管理能力。培养良好的学习习惯，加强外语、数学、计算机等基础课的学习，打好专业基础，扩大知识面，拓宽自己的兴趣，掌握现代职业者所应具备的能力。

（2）大学二年级

在这一阶段，要通过英语四级和计算机二级，达到获得学位证书的基本要求，争取通过计算机三级和英语六级，拓宽专业基础，为大三、大四的发展减少障碍。根据自己的需要与兴趣，并结合专业，初步进行职业生涯设计。积极参加有关科技竞赛和社会实践活动巩固基础知识，培养实践能力。通过担任学生干部，积极参与学校的各种活动，提高自己的综合素质。

（3）大学三年级

在这一阶段，要学好专业课，全身心地投入到专业骨干课的学习中，把掌握好专业理论和技术作为本学年的主要任务。可以根据自己的专业方向，参加有关资格认证证书的考试，检验学习结果。同时，了解本行业当前发展态势以及就业信息，搜集公司资料，学习写简历、求职信，掌握求职技巧，为就业做准备。准备考研究生的同学开始确定专业方向并进行准备。

（4）大学四年级

在这一阶段，学生在顺利完成课程学习和毕业论文（毕业设计）、保证如期毕业的基础上，对近四年的学习做一个小结，看自己的职业目标是否明确，摆正求职心态，强化求职技巧，开始求职。考研究生的同学进入冲刺阶段。

## 六、大学职业生涯规划的实施

### （一）加强执行力

规划制订好了，最重要的是要去实施。在实施的过程中，一个人的执行力如何就显得非常重要了。执行力相当于心理学中所说的毅力。有些同学经过精心策划，给自己制订了发展规划，可是，一旦遇到困难或挫折就放弃了。没有执行的规划相当于什么也没有发生。“性格决定命运，细节决定成败。”这句话讲得非常有道理。经常听一些大学生讲：“我要考研。”可是没过多久，他就改变主意了。还有的大学生说：“从下周开始，我要好好学英语。”大家可能会问：为什么非要从下周开始，而不是从今天、从现在开始呢？

### （二）牢记心中目标

一位老师曾经给学生讲了这样一个故事：有三只猎狗追一只老鼠，老鼠钻进了一个树洞。这个树洞只有一个出口，可不一会儿，居然从树洞里钻出一只兔子，三只猎狗又去追兔子。兔子飞快地向前跑，并爬上另一棵大树。兔子在树上，仓皇中没站稳，掉了下来，砸晕了正仰头看的三条猎狗。最后，兔子终于逃脱了。故事讲完后，老师问大家：“这个故事有什么问题吗？”同学们说：“兔子不会爬树。”“一只兔子不可能同时砸晕三条猎狗。”……“还有呢？”老师继续问。直到同学们再也找不出问题了，老师才说：“可是还有一个问题，你们都没有提到，老鼠哪去了？很多同学第一次听这个故事的时候，都会把老鼠给忽略了。”

每个人在生活中都有自己的许多目标。不难想象，人若没有生活目标，就好像在大江大海中没有舵手的船，生活没有目标，人生就会失去本来的意义，丧失生活的活力，以致虚度人生。不幸的是，在我们追逐人生目标的过程中，我们又不时会被一些细枝末节和毫无意义的琐事分散精力，扰乱视线，以致中途停了下来，或是走上岔道而放弃自己的既定目标，有时候可能并不是出于我们的本意，只是一种惯性思维。究其原因还是由于我们没有牢记心中的目标。因此，在人生发展过程中，一定要时刻提醒自己：“我心中的目标哪去了？”

### （三）做好时间管理

有时候，个人预先制订的规划之所以不能得到有效实施，就是因为没有做好时间管理。时间本身是不可以管理的，它是指对自我的管理，以使个人利用好有限的时间，从而高效地实现个人的目标，有效使用时间的习惯一旦形成，它就会永远帮助你。成功人士拥有的时间与一般人是一样的，他们之所以能够在有限的时间内发挥出更多的能量，良好的时间管理技巧是非常重要的因素。

1. 制订计划

把当年所要做的每一件事情都列出来，并进行目标切割：①把年度目标切割成季度目标，列出清单，每一季度要做哪些事情；②季度目标切割成月目标，并在每月初重新再列一遍，碰到有突发事件而更改目标的情形便及时调整过来；③每一个星期天把下周要完成的每件事情列出来；④每天晚上把第二天要做的事情列出来。

2. 区分轻重缓急

事情按照重要性和急迫性两个不同的程度进行划分，可以分为四个等级：既紧急又重要（如学习任务、四六级考试等）、重要但不紧急（如建立人际关系、新的机会等）、紧急但不重要（如电话铃声、不速之客进入等）、既不紧急也不重要（如客套的闲谈、无聊的信件、个人的爱好等）。最重要的时间管理理念是把主要精力放在处理那些重要但不紧急的事情上，这样做既可以把握事情的主要方面，又可以避免将来成为“救火员”。

3. 集腋成裘

生活中有许多零碎的时间很不为人所注意，其实这些时间虽短，但却可以充分利用起来做一些事情。比如等车时可以思考下一步的工作、翻翻报纸乃至记几个单词；运动时可回想遇到困难的事和亟待解决的事等；在疲劳时休息片刻，既避免了因过度疲劳导致的超时休息，又可使自己始终保持较好的“竞技状态”，从而大大提高工作效率。

4. 学会说“不”

“计划赶不上变化”是经常遇到的情况，但是对临时出现的情况，我们可以说“不”。例如，朋友拉你打牌或喝酒等。不要被无聊的人和无关紧要的事情缠住，也不要在不必要的地方逗留太久，不要将整块的时间拆散。一个人只有学会说“不”，他才会得到真正的自由。但是，说“不”要讲究技巧，不要直截了当、语气生硬，而是要委婉，要用他人觉得确实是合理的理由来拒绝。

5. 评估与修正

影响职业生涯规划的因素很多，有的变化因素是可以预测的，而有的变化因素则难以预测。

在此状况下，要使职业生涯规划行之有效，就必须不断地对职业生涯规划进行评估与修正。修正的内容可以包括：职业的重新选择、职业生涯发展路线的变化、人生目标的修正、实施措施与计划的变更等。评估与修正并不是随意改变目标，而是因客观环境的变化，使规划更具有可操作性。同时，评估与修正的结果还可以作为下一轮规划的参考依据。其实，评估与修正过程也是个人对自我、对社会认识不断加深的过程。

## 问题思考

薛某，26岁，现任国内某知名品牌手机华北区首席代表。看了他的资料，你一定会觉得他不是名牌大学毕业就是具有很高的学历，要不然以他的年龄和资历怎么能做到首席代表这个位置呢？事实上，薛某只是大专毕业。他22岁大专毕业后，便进入一家国有单位做营业员，两年后他跳槽到该手机公司做销售员。凭借吃苦耐劳的精神和聪明才智，他的销售业绩每次都是公司前三名。一年后，薛某被公司提拔为销售部经理。又一年过后，他再次被公司破格提拔，担任该公司华北区首席代表。

如果你有机会看到薛某，你一定不会相信他就是带领大华北区600名销售人员创造出该品牌在华北区骄人业绩的人。因为从他的身上的确看不出性格外向、开朗、善于表达等这些销售人员所必备的特质，公司内许多人也都曾认为他不适合做销售，管理类岗位可能更适合他，但薛某并不这样认为。同时，以他的学历和经历，也很难想象26岁能做到大区首席代表，但是，他成功了。仔细分析一下原因，他的成功绝不是偶然。用他自己的话说："我的职业发展目标就是要在对自己最有挑战的销售领域做出成绩，做到公司的销售总监，为此我制订了具体的职业规划，正是这一职业目标和具体的职业规划才让我坐到了今天的这个位置。"

也许有同学会说，即使不做职业生涯规划也能成功啊。你看那些处长、局长、经理、专家，有的也不明白职业生涯规划为何物。是的，不做职业生涯规划可能也会获得事业的成功。但是，如果我们做了职业生涯规划，懂得促进职业发展的道理，我们的事业就会取得更快的发展、更大的成就。

举个例子来说，假如你现在住着平房，想盖间厨房，当你确定了盖厨房的计划后，就会注意收集砖块、瓦片等材料。你走在街上就会注意哪里有砖块、哪里有瓦片，见到砖块、瓦片就会捡回来。用不了多长时间，你就会把原料备全，小厨房也就盖起来了。如果你没有盖厨房的计划，走在街上就不会注意砖块，也不会注意瓦片，甚至他们摆在你的面前，你也不会认为他们有用。这就是说，两个人在同一条街上走过，一个做了规划的人和一个毫无目标的人，其收获是大不相同的。

Career Planning

# 第二章

# 职业探索·定位自我

## 第一节　性格探索

**案例导读**

➢ 小吴，某高校英语专业大一新生，高考报志愿时果断选择英语作为他的第一专业。经过一个学期的学习，他发现对于英语的兴趣越来越浓厚，而且学习成绩也非常让人满意。但他依然产生了很多困惑，他认为自己不善言辞、性格内向，可是自己选择的英语专业在以后肯定面临着与人交流沟通，需要开朗阳光的性格，那么自己的性格会不会成为以后职业生涯的阻碍呢？因此，小吴不知道自己是否适合继续向英语专业方面发展。

➢ 小琳很聪明，从小到大成绩优异。上大学后，更是每年都拿奖学金。但是，大三时，她面临了一个选择，到底是找工作还是考研呢？按理说她的学习成绩很好，考研应该不成问题，可是她内心又向往自己早日接触社会，开启自己的新生活；她不善沟通交际，甚至还有些过于内向，她对自己能否找到满意的工作以及是否可以适应工作环境充满着困惑。

小吴和小琳的问题是现在大多数大学生产生的疑惑。一方面，他们没有很好地了解自己的性格，因此不知道是否能与自己的专业相匹配。另一方面，他们也会考虑自己的性格是否会影响职业的发展。想要更好地解决这个问题，就要找到性格与职业之间存在的内在关联。

### 一、性格与生涯发展的关系

#### （一）什么是性格

周围的人通常会怎么形容你的性格？活泼还是沉静，内敛还是外向？关于性格，心理学家们有多种定义，但其中有两个基本概念是一致的：独特性以及行为的特征性模式。具体来说，性格也称为人格特质，是一个人在生活中对他人、对事、对自己、对外在环境所表现出来的一致性适应方式，每个人在其成长经历中可能受到生理遗传、家庭教养、文化学习、经验等因素的交互作用，从而形成自己的独特个性，在不同的情境中表现出特定的气质。

### （二）与生涯发展的关系

**课堂实践**

**写　字**

请拿出一张空白纸，分别用左手和右手在纸上写下同一个字；仔细观察两个字，有什么不同感受？请用几个词来形容一下。

我们会发现，用习惯的那只手写字的时候，几乎不用思考，感到得心应手，充满自信；而当我们用另一只手写字时，就感到不习惯，要考虑落笔顺序，而且字也写得歪歪扭扭，不过我们也还是可以用这只手写字的。

通过游戏我们发现，当展示自己擅长的一面时，我们是非常有自信的。但当我们去做其他不擅长或者不习惯的事时，就会有畏难情绪，虽然也能达成目的，但是会感觉在做事过程中总是不尽如人意，不如擅长的事那样得心应手。

其实，职业也和手一样没有好坏之分，只有是否与自身的性格和才能相匹配。在适合自己的职业岗位上工作才能够充分调动自身的才能。

如果我们能够清楚地认识自己性格上的“左右手”，并了解与之相适应的职业和环境，继而就能做出适合自己性格的职业选择，最终就能达到人职匹配的最高境界。

## 二、通过 MBTI 了解性格

### （一）MBTI 介绍

MBTI以瑞士心理学家卡尔·荣格划分的8种心理类型为基础，后来由布莱格斯和她的女儿迈尔斯研究发展成为心理测评工具，因此称作Myers-Briggs Type Indicator（即MBTI）。

### （二）MBTI 中的四个维度

MBTI测评的是个人的性格倾向。所谓倾向（即偏好），是一种天生的、特定的行为和思考方式，他们没有好坏对错之分，但是能够显示出异质性。他们可以作为认识人类行为的准则，也可能成为偏见和误会的原因。MBTI用四维度偏好二分法来评估一个人的类型偏好，每个维度偏好二分法均由两级组成，具体如表2-1所示。

在MBTI测评结果中，一个人在每个维度上只能有一种倾向，但是这并不意味着他就不具备其他类型的表现。举个例子，如果你的惯用手是右手，难道你的左手就毫无作用吗？同样的道理，如果你是内倾的，只是代表你大多数时候的表现为内倾类型的特征，但是在某种情况下，也会表现出外倾的特征。所以，测评结果的类型所指并不绝对，而是主要表现。

**表 2-1　四维度偏好二分法**

<table>
<tr><td colspan="2">能量倾向：你更喜欢将自己的注意力集中于何处？你从何处获得活力？ E–I 维度</td></tr>
<tr><td>□外倾 Extroversion（E）<br>注意力和能量主要来自外部世界的人和事，从与人交往和行动中得到活力</td><td>□内倾 Introversion（I）<br>注意力和能量集中于自己的内心世界，从对思想、回忆和情感的反思中得到活力</td></tr>
<tr><td>喜欢人多的场合<br>热情洋溢，善于表达<br>通过谈话形成自己的意见<br>用实际操作或讨论的方式能学得最好<br>兴趣广泛<br>语速快、嗓门高<br>听、说、想同时进行<br>在工作和人际关系中都很积极主动</td><td>关注自己的内心世界<br>稳重，不愿意主动表达<br>通过思考形成自己的意见<br>用思考、在头脑中“练习”的方式<br>兴趣专一<br>安静而显得内向<br>先听、后想、再说<br>当情境或事件对他们具有重要意义时会采取主动</td></tr>
<tr><td colspan="2">接受信息：你如何获取信息？ S–N 维度</td></tr>
<tr><td>□感觉 Sensing（S）<br>用自己的五官来获取信息。喜欢收集实实在在的、确实已出现的信息。对于周围所发生的事件观察入微，特别关注现实</td><td>□直觉 Intuition（N）<br>通过想象、无意识等超越感觉的方式来获取信息。喜欢看整个事件的全貌，关注事实之间的关联。想要抓住事件的模式，特别善于看到新的可能性</td></tr>
<tr><td>着眼于当前的实际情况<br>留心细节、现在<br>以客观现实为依据<br>观察敏锐，并能记住细节<br>经过仔细周详的推理一步步得出结论<br>喜欢从事实际性的工作<br>相信自己的经验</td><td>着眼于未来的可能<br>关注总体、未来<br>习惯比喻、推理和暗示<br>当细节与某一模式相关时才能够记得<br>靠直觉很快得出结论<br>喜欢从事创造性的工作<br>相信自己的灵感</td></tr>
<tr><td colspan="2">处理信息：你是如何做决定的？ T–F 维度</td></tr>
<tr><td>□思考 Thinking（T）<br>通过分析某一行动或选择的逻辑后果来做出决定。会将自己从情境中分离出来，对事件的正反两方面进行客观地分析。从分析和确认事件中的错误并解决问题中获得活力。目标是要找到一个能应用于所有相似情境的标准或原则</td><td>□情感 Feeling（F）<br>喜欢考虑对自己和他人来说什么是重要的。善于“共情”并试图理解别人的感受，然后在此基础上根据自己的价值判断做出决定。从对他人表示赞赏和支持中获得活力。目标是创造和谐的氛围，把每一个人都当作一个独特的个体来对待</td></tr>
</table>

续表

| | |
|---|---|
| ⊙行为冷静、公事公办<br>⊙运用因果推理<br>⊙遵照客观逻辑推理<br>⊙寻求一个合乎真理的客观标准<br>⊙坚定、自信<br>⊙语言平实、生硬<br>⊙关注事情的客观公平 | ⊙善于体贴他人、感同身受<br>⊙受个人价值观的引导<br>⊙倾向主观想法和道德评判<br>⊙尽量避免争论和矛盾<br>⊙犹豫、情绪化<br>⊙语言友善、委婉<br>⊙关注个人感受与价值观 |
| 行动方式：你如何与外部世界打交道？ J–P 维度 | |
| □判断 Judging（J）<br>喜欢将事情管理得井井有条，过有计划的、井然有序的生活。做出决定完成后，再继续下面的工作。按照计划和日程安排办事对他们来说很重要。从完成任务中获得能量 | □知觉 Perceiving（P）<br>喜欢灵活自由的生活方式，不喜欢被束缚。愿意对新的信息和选择保持开放，直到最后一分钟。足智多谋，善于根据场合调节自己，以便适应需要，并从中获得能量 |
| ⊙正式、严肃<br>⊙保守、谨慎<br>⊙条理清楚、计划明确<br>⊙急于完成工作<br>⊙习惯做决定、有决断<br>⊙遵守制度、规则与组织<br>⊙喜欢确立目标，然后努力实现 | ⊙随意、自然<br>⊙开放、灵活<br>⊙缺乏条理、保持弹性<br>⊙喜欢开始新工作<br>⊙做事拖沓、不愿意做决定<br>⊙常常感到被束缚<br>⊙经常改变目标，偏好于新体验 |

我们会通过一些活动来帮助大家理解和判断自己的倾向（这里是指与生自来的偏好），同时了解每个具体的维度。举个例子，复杂的社会环境要求我们要多与人沟通交流，形成一种规律性、和谐性的方式生活，但实际操作起来会面临很多困难。就好像大多数人都习惯于使用右手作为自己的惯用手，但有时候又需要我们用左手一样。因此，当我们想要清楚自己属于哪种情况时，要明确自己的行为哪些是属于自己本身的内在倾向，哪些受到外部环境的影响。

1. E–I 维度

**◎ 小测试：讨论**

请同学各自组队，6人一组，找到自己的小组成员各自说出自己是内倾、外倾中的哪种偏向。

请同学们根据自己选择的倾向，同样倾向的坐在教室的同一侧，说说对彼此的印象是什么，和自己有什么不同，如何更好地与彼此相处。

根据自己的判断，你认为这些同学分别属于哪种倾向。（如果你没有在一个团体学习的环境中学习本课程，那么请找个与你相反维度倾向的朋友讨论上述几项内容。）

外倾的人表现得开朗、阳光，他们愿意与人沟通交流，寻找话题，能够很好地应对各种社交。而内倾者则享受自己一个人的独处时光，表现得过于安静、内敛，表2–1列出了具体差异。外倾的人一般是通过与人相处，通过外界的人际交往来获取能量，而内倾的人通常是从自己的内心世界寻求能量。例如，外倾者通常喜欢率先发言，表达自己的很多想法，可能思维还会有些跳跃，因为他们听、说、想同步进行。内倾者则是在倾听大家发言后再陈述自己的意见，且主题单一，他们更习惯于先听、后想，然后再说。以下是一些典型示例：

外倾者：

“我总是精力充沛，随时准备帮助有困难的人。我喜欢交朋友。我不喜欢独自工作。我喜欢和朋友待一起。”

“正常情况下，如果有人突然问我对某人或某事的看法，我可能会给出一个非常宽泛的答案，甚至没有答案。因为我真的没有这个想法。我通常是在交谈中形成自己的观点。”

“我喜欢有人气的生活，即使是和一群人交谈也乐在其中。所以在生活中，通常我不会独自去购物，除非我急需这些东西。”

内倾者：

“在很大程度上，我更关注自己内心的想法和感受，我可以一整天待在自己的世界里，而对周围的世界没有任何感觉。同学们常常抱怨我在路上遇到他们时不予理睬。我不得不反复解释，我在想别的事情，最终他们半信半疑。但这并不意味着我忽视了别人。我也会从别人的角度考虑事情，关心他们的快乐和悲伤，容易受到他们的影响。只不过你在路上遇到我时，你总会看到一张看起来平静无表情的脸。”

“我不喜欢参加社团活动，我只想和宿舍里的两三个好同学聊聊天。其实这时候的我也可以表现得合群友善。但我想遵循内心的真实想法，以旁观者的姿态来审视自己的内心活动，我清楚地意识到我喜欢安静，讨厌热闹，喜欢一对一的交流，厌恶多对多的聚会，喜欢独处，不需要陪伴。”

工作中，外倾的人在与人交往中往往更有活力。内倾者则是在安静状态下从自己身上获取能量。在进行讨论时，外倾者往往率先发表意见，内容宽泛、主题丰富，而内倾者则是在倾听大家发言后反复思考、深思熟虑之后再发表自己的看法和见解。内倾者通常不在第一时间发言，常常给人留下他们没想法的印象。这会让一些内倾的人觉得他们缺乏表现的能力，从而缺乏自信。事实上，由于性格的差异性，各自的表达方式和习惯有很大的不同，这时就需要组织管理者给发言人充分的时间，会最大限度发挥每个人的能力，达到预期效果。

需要注意的是，MBTI中的内、外倾与大家所理解的内、外向是有区别的。人们认为外向的人善交际，表达能力强；内向的人封闭、不善言辞。MBTI中通过能量朝向的思维来辨别内、外倾向，外倾的人不是不能够安静地一个人相处，而是他们的日常表现更多地面向外部环境。所以，在进行内倾、外倾探索时，应当注意区别这些不同。

2. S-N 维度

我们生存在社会当中，每天都在接受大量的信息。感觉型与直觉型就是在接收信息的方式不同中区分开来的。感觉型注重事实本身和细节，直觉型注重基于事实的意义、关系和结论；感觉型的人相信五官感知到的真实信息，而直觉型的人注重“第六感”和“话外音”。直觉型的人的许多结论在感觉型的人看来可能是模糊和不现实的。

感觉型和直觉型的人在工作中也会因为各自的行为习惯出现意见碰撞：感觉型的人可能认为直觉型的人过于幻想和不现实，而直觉型的人可能认为感觉型的人过于保守，抗拒创新。其实这两者在工作上各有优势，能够很好地配合：直觉型的人更注重全景，适合做规划；感觉型的人注重细节和现实，适合去执行。

3. T-F 维度

## 课堂实践

### 该如何决策

某学校规定，学生旷课三次以上就要取消期末考试资格。假如你是这所学校的辅导员，有一名大四的学生已经两次旷课了，你和他认真地谈了一次话，警告他如果再有第三次将影响他正常毕业。现在，这名学生在即将毕业的时候第三次旷课被抓。你会怎么办？为什么？

请同学们认真发表自己的意见，认真倾听每个人的观点，并根据所有同学的发言，讨论这些同学是属于思考型还是情感型。

接受和处理信息是思维和情感的两个功能。思考型的人善于通过理智来分析思考事情，从而做出理性的判断和决定；而情感型的人则习惯于根据主观想法，以价值观念为指导做决定。但是需要关注的是，这里的情感型的人并不是说他们比较情绪化，他的决定和选择也是有依据和逻辑的。具体说明如表2-1所示。通过多次的测试，有这样几种典型的回答：

（1）“不能迁就他。我已经和他谈过了事情的严重性，但他一犯再犯，制度就是制度，一定要依规办事，否则再出现类似的事情就没法管了，这样做对其他学生也是一种公平。”

（2）“我会再找他谈谈，问问他再次逃课的原因是什么。考虑到他马上就毕业了，这时候处理他有点可惜，对前途的影响比较大，所以我会和他谈谈问题的严重性，并告诫他以后类似的事情不要再犯，但是最后还是决定不处理他。”

（3）“处理他。虽然他马上就毕业了，现在处理他对他影响很大，但是如果这次不给他教训，让他有了侥幸的心理，下次他遇到类似的事情还可能会犯错，这容易让他养成对自己行为不负责任的习惯，不利于他的成长，所以宁可痛一时，强于痛一辈子。但在这之前我会好好和他谈谈这里面的原因，希望他能够吸取教训。”

对上述三种回答进行简单分析可知：1和3的回答得到了相同的结论，但是所考虑问题的角度存在差异性。第一种回答的侧重点在于制度本身的公平性；第二种回答则是站在学生的角度考虑问题；第三种回答在意对学生的个人影响问题。因此，根据不同的回答结果，我们可以看出第一种回答是属于思考型的人，第二种和第三种回答是情感型的人给出的。

思考型和情感型的区别在于，在做决策时前者以事为主，后者以人为主。例如，小李作为一名员工，为公司做出了很多贡献。最近，公司接到了一个很有前景的项目，如果交给小李负责，那么对于小李的职业生涯来说将会取得一定的进展。小李为此向公司表达了想要负责该项目的意愿。可是，公司让一个刚入职不久、能力好于小李的新员工负责。公司此次做法考虑的是能力是否可以更好地匹配工作，没有将小李对公司的付出考虑进去。如果小李是思考型的人，他会站在公司决策的角度上理解公司的做法，即便自己内心遗憾，但也会出于理性考虑不会过多在意；但如果小李是情感型的人，他可能认为公司的做法缺乏人性化，没有感受到公司对老员工付出的关怀与理解，会对公司产生疏离感。因此从以上例子就可以看出，思考型和情感型的人侧重点是不一样的，前者是解决存在的现实问题，后者则是注重人际关系的建立。在工作中，思考型的人喜欢分析、解决问题，找到客观的价值标准是他们的原则，而情感型的人侧重于追求精神方面的共振。

4. J-P 维度

**课堂实践**

**你会去吗**

假如现在是周五的下午，而周日你需要参加英语四级考试，想要利用晚上和周六的时间做最后的复习冲刺。不巧的是，你的一个好朋友从外地回来，你们关系不错且很久没有见面，他晚上邀请你一起出去吃饭、逛街。你会去吗？说明理由。请每一位同学认真发言并倾听他人的发言，由此判断每一位同学是判断型还是知觉型。

判断型和知觉型的人本质的区别是当自己和外界发生联系时，应该依据什么为自己的行为和选择做出正确的决定。判断型的人通过思想和情感来组织、计划和控制自己的生活；而知觉型的人则习惯于凭借自己的直觉和感受做出决定。判断型的人注重自己生活中的事情能否按照自己设想的进行着，他们会考虑不同的意见分析不同的结果去做某一项决定；而知觉型的人侧重于随心而为，他们比较喜欢顺其自然。更具体的解释如表2-1所示。

在众多练习中，有以下两种典型回答：

“当然去，好朋友难得一见，自然很重要。英语考试周六还可以有一天复习时间，更何况应对这种考试，临时抱佛脚的复习也不见得有多大用处。”

“不会去。即使复习好了也不会去，因为那样就找不到考试的感觉了。朋友虽然很重要，但以后肯定还会有机会，可是考试就最后一次机会了。”

第一种是知觉型人的回答，他们喜欢身处不同事件中去体验生活；第二种是判断型人的回答。他们讨厌计划中出现意外，喜欢按部就班、精力集中地做好一件事。知觉型的人比较随性，好奇心强、随遇而安，他们喜欢变化同时考虑许多可能的变化因素，也会不断关注新的信息，追求灵活、随意、开放的生活方式；而判断型的人则往往目的性较强，工作有计划、生活有规律，喜欢循规蹈矩、井然有序的生活。

在工作中，知觉型的人可能会超出能力范围去接手许多工作，但他们通常敏锐，能够及时捕捉机会。他们侧重于分析、适应新的问题与环境；而判断型的人则会习惯按计划行事，不喜欢计划被打乱。

在完成了MBTI四个维度的练习后，同学们可以对自己的倾向有一个初步的了解，对照表2-1中的具体解释，写下自己的MBTI类型。

### （三）16种MBTI类型

为了便于理解，前面已经将MBTI的每个维度都单独做了介绍。但是，由于人们复杂的个性，这里的每个维度都是相互作用、相互影响的，所以，我们要去真正理解一个人的时候，需要将四个维度结合起来。在MBTI中，四个维度的两极被精确地组合成16种人格类型，如表2-2所示。

表2-2　16种人格类型

| ISTJ | ISFJ | INFJ | INTJ |
|---|---|---|---|
| 沉静、认真，贯彻始终、得人信赖而取得成功。讲求实际，注重事实，能够合情合理地去决定应做的事情，而且坚定不移地把它完成，不会因为外界事物而分散精神。以做事有次序、有条理为乐——不论在工作上、家庭上或者生活上，重视传统和忠诚 | 沉静、友善，有责任感和谨慎。能不遗余力地承担责任。做事贯彻始终、不辞辛劳和准确无误。忠诚、替人着想，细心；往往记着他所重视的人的种种微小事情，关心别人的感受。努力创造一个有秩序、和谐的工作和家居环境 | 探索意念、人际关系和物质拥有欲的意义和它们之间的关系。希望了解什么可以激发人们的推动力，对别人有洞察力。尽责，能够履行他们坚持的价值观念。有一个清晰的理念以谋取大众的最佳利益。能够有条理地、果断地去实践他们的理念 | 抽象思维能力强、有很大的冲劲去实践他们的理念和达到目标。能够很快地掌握事情发展的规律，从而想出长远的发展方向。一旦做出承诺，便会有条理地开展工作，直到完成为止。有不服输精神，独立自主；无论为自己或为他人，有高水准的工作表现 |
| **ISTP** | **ISFP** | **INFP** | **INTP** |
| 容忍、有弹性；是冷静的观察者，当有问题出现，便迅速行动，找出可行的解决方法。能够分析哪些东西可以使事情进行顺利，又能够从大量资料中，找出实际问题的重心。很重视事件的前因后果。能够以理性的原则把事实组织起来，重视效率 | 沉静、友善、敏感和仁慈。欣赏目前和他们周遭所发生的事情。喜欢有自己的空间，做事又能把握自己的时间，忠于自己所重视的人。不喜欢争论和冲突.不会强迫别人接受自己的意见或价值观 | 理想主义者，忠于自己的价值观及自己所重视的人。外在的生活与内在价值观配合。有好奇心，很快能判断事情的可能与否，能够加速对理念的实践。试图了解别人、协助别人发展潜能。适应力强，有弹性；往往能包容他人 | 对任何感兴趣的事物，都要探索一个合理的解释。喜欢理论和抽象的事情，喜欢理念思维多于社交活动。沉静、满足、有弹性、适应力强。在他们感兴趣的范围内，有非凡的能力去专注而深入地解决问题。有怀疑精神，有时喜欢批评，常常善于分析 |

续表

| ESTP | ESFP | ENTP | ENFP |
|---|---|---|---|
| 有弹性、容忍；讲求实际，专注即时的效益。觉得理论和抽象的解释非常无趣，喜欢积极地采取行动解决问题；注重当前，自然不做作，喜欢主动与别人交往。喜欢物质享受和时尚的生活方式。能够通过实践达到对新事物最佳的学习效果 | 外向、友善、包容。热爱生命、热爱生活、热爱物质上的享受。喜欢与别人共事。在工作上，讲究常识的实用性，注意现实的情况，使工作富趣味性。富灵活性、即兴性，易接受新朋友和适应新环境。与别人一起学习新技能可以达到最佳的学习效果 | 热情而热心，富于想象力。认为生活是充满很多可能性。能够很快找出事件和资料之间的关联性，而且有信心依照他们所看到的模式去做。很需要别人的肯定、又乐于欣赏和支持别人。即兴而富于弹性，时常信赖自己的临场表现和流畅的语言能力 | 思维敏捷、机灵、能激励他人，警觉性高，勇于发言。能随机应变地去应付新的和富于挑战性的问题。善于引出在概念上可能发生的问题，然后很有策略地加以分析。善于洞察别人，对日常例行事务感到厌倦。甚少以相同方法处理同一事情，能够灵活地处理接二连三的新事物 |
| **ESTJ** | **ESFJ** | **ENFJ** | **ENTJ** |
| 讲求实际、注重事实、公事公办。果断、迅速行动起来执行决定。能够安排计划和组织人员迅速完成工作，尽可能以最有效率的方法达到目的。能够注意日常例行工作的细节。有一套清晰的逻辑标准和信念，并遵循这些标准和信念，也要求别人做。会以强硬态度去执行计划 | 有爱心、尽责、合作。渴望有和谐的环境，而且有决心营造这样的环境。喜欢与别人共事以能准确地、准时地完成工作。忠诚，即使在细微的事情上也如此。能够注意别人在日常生活中的需要，并竭尽全力帮助他们。渴望自己和自己的所为能受到他人的认可和赞赏 | 温柔，有同情心，反应敏捷和有责任感。高度关注别人的情绪、需要和动机。能够看到每个人的潜质，并且帮助别人发挥自己的潜能。很会促进周边关系的和睦。忠诚，对赞美和批评都能作出很快的回应。社交活跃，并且会经常运用自己的口才天赋，是天然的领导者 | 坦率、果断，乐于作为领导者。很容易看到不合逻辑和缺乏效率的程序和政策，从而开展和实施一个能够顾及全面的制度去解决一些组织上的问题。喜欢有长远的计划、喜欢有一套制订的目标。往往是博学多闻的，喜欢追求知识，又能把知识传给别人。能够有力地提出自己的主张 |

对照表2-2来判断一下你的所属类型描述和你了解的自己是否相符。当然，我们很难通过一个活动就能准确地断出自己的MBTI类型，可以去做一些正式的MBTI测评，再结合自己在日常生活中的性格表现来判断自己属于哪个类型，并加以深入地理解。

## 三、MBTI与职业的匹配

MBTI类型可以帮助我们了解职业倾向，有资料表明，与职业的选择更为相关的是S-N、T-F两种维度的组合，S-T型的人更关注通过实效和实际的方式应用详细资料解决问题。

S-F型的人是友好且富有同情心的。他们也关注眼下，关注事实，注重五官所感，但是S-F侧重对人的关注，因此S-F在医护及服务行业等和“人”打交道的领域常有很大建树。他们能为别人提供实际的支持和协助。

N-F型的人热情而具有洞察力，他们对新鲜的、具有多种可能性的未来更有兴趣，而对于当下的现实则感觉枯燥乏味。他们热衷于探寻人的潜能，对人际沟通的复杂性充满兴趣。因此，N-F型很容易在咨询及教育行业取得较大建树。

N-T型的人具有清晰的逻辑和较高的创新思辨能力，他们同样关注未来的可能性，对抽象的、概念化的理论有很大兴趣，但是他们的兴趣导向不是人，而是框架，模式，他们是搭建框架的战略者和创新者，他们善于解决管理，科研等领域的问题，并在这些领域取得较大建树。

I-J、I-P、E-P、E-J对工作安全感的影响最大，其中E-J类型的人最容易有工作安全感，而I-P类型的人常常在工作中缺乏安全感。

表2-3列举了16种MBTI类型的职业倾向。需要注意的是这里的职业倾向都是宽泛的，在与自己相匹配的时候不要被过多的类型名称影响，主要关注里面的类型特点。因为在实际的工作中，同样的工作也会有不同的职业名称。只有充分认识自己的性格特点，才能够更好地应用这一理论选择适合自己的工作类型。

**表 2-3　16 种 MBTI 类型的职业倾向**

| ISTJ | ISFJ | INFJ | INTJ |
|---|---|---|---|
| ➲管理者<br>➲行政管理<br>➲执法者<br>➲会计 | ➲教育<br>➲健康护理（包括生理、心理）<br>➲宗教服务 | ➲宗教<br>➲咨询服务（包括个人、社会、心理等）<br>➲教学 / 教导<br>➲艺术 | ➲科学或技术领域<br>➲计算机<br>➲法律 |
| 或者其他能够让他们可以利用自己的经验和对细节的注意完成任务的职业 | 或者其他能够让他们运用自己的经验亲力亲为帮助别人的职业，这种帮助是协助或辅助性的 | 或者其他能够促进他们情感、智力或精神发展的职业 | 或者其他能够让他们运用智力创造技术知识去构思分析和完成任务的职业 |
| ISTP | ISFP | INFP | INTP |
| ➲熟练工种<br>➲技术领域<br>➲农业<br>➲执法者<br>➲军人 | ➲健康护理（包括生理、心理）<br>➲商业<br>➲执法者 | ➲咨询服务（包括个人、社会、心理等）<br>➲写作<br>➲艺术 | ➲科学或技术领域 |
| 或者其他能够让他们动手操作、分析数据或事情的职业 | 或者其他能够让他们运用友善、专注于细节的相关服务的职业 | 或者其他能够让他们运用创造和集中于他们价值观的职业 | 或者其他能够让他们基于自己的专业技术知识独立、客观分析问题的职业 |
| ESTP | ESFP | ENFP | ENTP |
| ➲市场<br>➲熟练工种<br>➲商业<br>➲执法者<br>➲应用技术 | ➲健康护理（包括生理、心理）<br>➲教学 / 教导<br>➲教练<br>➲儿童保育<br>➲熟练工种 | ➲咨询服务（包括个人、社会、心理等）<br>➲教学 / 教导<br>➲写作<br>➲艺术 | ➲科学<br>➲管理者、技术<br>➲艺术 |
| 或者其他能够让他们利用行动关注必要细节的职业 | 或者其他能够让他们利用外向的天性和热情去帮助那些有实际需要的人们的职业 | 或者其他能够让他们利用创造和交流去帮助促进他人成长的职业 | 或者其他能够让他们有机会不断承担新挑战的工作 |

续表

| ESTJ | ESFJ | ENFJ | ENTJ |
|---|---|---|---|
| ⦿管理者<br>⦿行政管理<br>⦿执法者 | ⦿教育<br>⦿健康护理（包括生理、心理）<br>⦿宗教 | ⦿宗教<br>⦿艺术<br>⦿教学 / 教导 | ⦿管理者<br>⦿领导者 |
| 或者其他能够让他们运用对事实的逻辑和组织完成任务的职业 | 或者其他能够让他们运用个人关怀为他人提供服务的职业 | 或者其他能够让他们帮助别人在情感、智力和精神上成长的职业 | 或者其他能够让他们运用实际分析、战略计划和组织完成任务的职业 |

在使用MBTI人格类型时，我们需要注意：任何倾向和类型都没有对错之分，每个倾向和类型都有自己的独特性，有需要适合的环境和地点去发挥的特点，对自我倾向、类型有更好的理解，有助于更好地定位自我，继而去解决生活和学习中的问题。但这些都不能成为逃避、拒绝或从事某种活动的理由。世界上没有一种职业和性格的匹配度能达到100%，也没有100%不适合一个职业的性格，对于这个问题，我们能做的就是清楚自己的优点是什么，如何将这些资源更好地整合在一起，清晰地认识自己的性格就是为了给我们的行为和工作做一个指导。了解别人不同于我们自己的评价标准，人与环境的相互作用，也是非常复杂的，很难用一个标准来判断，所以千万不要根据工作中人的性格类型来排斥甚至歧视他们。

## 四、探索性格的其他方法

### 课堂实践

**另眼看“我”**

在一张白纸上写下自己的五个特质，再分别找一些比较熟悉自己的人，请他们也同样写出你的五个特质，看看他们认知中的你和你自己眼中的你有什么异同。

当局者迷，旁观者清。我们看待自己的方式往往与别人看待我们的方式有所不同，所以认知也有差异。由于禁锢在自己的思维模式中，对自己的认知往往是有限的。小刚一直觉得自己性格内向，对别人不够热情，但在同学对他的反馈中他看到了亲和、热情的描述。惊喜过后，小刚开始反思和重新审视自己，并与同学们进行交流。他发现自己并没有想象中那么内向和缺乏热情，而是太担心自己会变成那样的人。在这件事情之后，小刚在和人打交道的时候更轻松，也更有自信了。

因此，不应局限于用MBTI模型或其他性格评估去了解自己的性格。要学会借助身边的资源来帮助我们了解自己，兴趣和能力方面也可以借助此法。当你怀疑MBTI类型的一些描述与你不匹配时，也许你可以在周围资源的帮助下更好地识别你是谁。此外，对性格、兴趣、技能等的结构性研究和描述，都是为了让人们有更多的渠道来审视自己。所以，不要为这些研究和描述感到困惑，而是应该让它们为你服务。在任何时候不要通过外界的答案来判断自己，一定要给自己留出时间和空间，发自内心地去感受自己是怎样的人，将来想成为什么样的人。

## 五、总结

请对照工作匹配类型和性格理论的解释分析一下自己，可以在课堂上三人一组交流一下，也可以在课堂之外和朋友一起讨论，自己是哪种类型的人，梳理一下对自己的认识以及适合的工作方向有什么新的发现？

## 六、实践与应用

小张的性格分析：

（1）小张通过课堂学习，将自己的MBTI类型定位为ENFP，即外倾、直觉、情感、知觉。

外倾：习惯于在与人交往中获得能量。小张喜欢与人沟通、广泛交友，她喜欢从事与人交流的工作，不喜欢和设备打交道的工作，而且她喜欢寻找新的方向，不喜欢一成不变，愿意在与不同的人相处中获得灵感。

直觉：通过想象、无意识等超越感觉的方式来获取信息。喜欢看整个事件的全貌，关注事实之间的关联。想要抓住事件的模式，特别善于看到新的可能性。小张觉得她并不侧重于每一件事的细微之处，假如有人问她关于某人和某事的看法，她只记得对讨论对象的感觉，几乎记不住具体的细节，所以对方很容易认为她在空谈。喜欢富有创造性和想象力的工作，并且希望这份工作具有挑战性，能够通过不断完善自己来获得更多，也希望自己在工作中的努力和付出得到收获和回报。

情感：愿意站在别人的角度考虑问题，善于“共情”并试图理解别人的感受，然后依据自己的处事原则去做出最终的决定。善于在与他人相处过程中称赞和欣赏他人，并在其中获得能量，把每一个人都当作独立的个体来对待，小张希望找到一个能够与自己的原则和价值观念相匹配的工作，在这份工作中能够收获别人的赏识与支持是她衡量工作是否适合她的标准之一。

知觉：喜欢自在灵活的处事方式和行为。对于接收的信息选择保持开放的态度，能够随机应变，根据环境的不断变化来调整自己，适应环境。小张认为自己喜欢灵活性强的工作，有自己充分的空间，喜欢刺激性、挑战性的工作，不能拘泥于现状，不愿意受太多规章制度的束缚。

（2）小张从表2-3查到可能适合的职业方向为科学管理者，技术、艺术等方面或者其他可以有机会在工作中不断迎接挑战的工作。后来，小张完成了学校推荐的测评，其中可能适合的职业包括销售经理、人力资源、公共关系、市场开发、艺术指导、广告创意、社会工作者、职业顾问、心理学者、城市规划、企业培训人员等。

小张在完成一系列的性格探索后，对自己的生涯规划有了更加清晰的认知。

**问题思考**

（1）我发现自己的性格类型和现在所学专业不匹配，是否意味着我需要换专业？

答：不一定，对自我性格有清晰的认知，不是评判成功与否的标准，而是为了了解自己的行事特点。只要你愿意努力，并花费更多的精力，即使你所学的专业并不完全适合你，也有可能取得成功。世界上没有一种专业和性格的匹配度能达到100%，也没有100%不适合一个专业的性格。一个专业对应的工作当中，既有需要和人沟通交流的，也有偏理论研究的，还有需要收集资料、整理处理数据的。即使是同一个岗位，对性格类型的要求也不会完全一致。同样是管理团队，NF类型的人和NT类型的人就各有特色，前者可能更重精神的影响，但后者则更重人的控制，而无论是哪种，都有可能是成功的团队领导者。所以，了解性格类型可以帮助我们去发现更适合自己的工作或学习方法，为自己创造良好的工作学习环境。性格只是认识自我的一部分，还需要结合兴趣能力等综合因素来最终确定个人未来发展方向。

（2）通过测评发现，许多人都是同一个性格类型的，可是这些人并不完全一样，只有16种类型的MBTI测出来的结果准确吗？

答：确实，人的个性非常复杂，人与人不可能完全一致。16种MBTI类型是共性的研究，不要被类别名称束缚，更重要的是要关注这类型的特点。他将人的性格分为16大类来认识，并不等于它可以详尽地描述一个人非常个性的部分，不应局限于用MBTI模型或其他性格评估去了解自己的性格，要学会借助身边的资源来帮助我们了解自己，在周围资源的帮助下更好地识别自己。

## 第二节　兴趣探索

**案例导读**

⊙ 牛某是一名客服人员，在她职业生涯的35年中曾服务过157家公司，平均一年换4~5次工作，每三个月左右就会被裁员或跳槽一次。牛某更换工作如此频繁，充分说明了她对自己没有清晰的认知，也没有意识到自己真正的需求是什么，又想成为什么样的人。

⊙ 小玲的兴趣爱好十分广泛：从小到大，她学过画画、钢琴、声乐、舞蹈、羽毛球，参加过模特大赛和英语演讲比赛还得过奖。但这些兴趣爱好没有一种坚持到最后，都半途而废了。面对职业选择时，小玲很苦恼，她想知道自己真正的兴趣到底是什么。

⊙ 小张是某校大一学生，跟很多高三学生一样在填报高考志愿的时候不知道该选什么专业。别人建议她“选自己喜欢的”，她却根本不了解这些专业，更不要说喜欢了。经过再三的考虑，小张听取了老师和父母的意见，选择了他们认为适合女孩子学习的汉语言文学专业。上了大学后，她发现对这个专业虽说不上讨厌但也谈不上喜欢，所以她很关注别人对这个专业的看法，比如就业情况如何、是不是有发展前景等。对于自己的职业发展她常常会陷入困惑和迷茫。

当今大学生中有很大一部分人有过与这三位同学相似的经历：有些同学对自己的兴趣认识不清，有些同学拥有很多的兴趣爱好，但是都不能称之为最喜欢。还有些同学能够确定自己的兴趣爱好，但是却因为外界复杂因素的干扰，选择了与自己兴趣爱好不相匹配的专业。无论是上述任何一类同学，都充满了困惑，都想要明确如何才能让自己的兴趣与职业尽可能地匹配。要解决这一问题就需要掌握如何正确认识自己，了解自己的兴趣，并将它与自己的专业和职业结合。

## 一、兴趣与生涯发展的关系

### （一）兴趣与投入是人生幸福感的来源

美国芝加哥大学心理学教授米哈利（Mihal y Csikszentmihal yi）提出了“FLOW”（流动）状态，即聚精会神、忘我的状态。当人们在从事自己感兴趣的活动时，因为专心致志、积极地参与而达到了忘我状态，继而感到愉悦和满足。这时候一切都很自然平静地发生，好像是被一股潮流把人们往前推动。在这种情况下，成本、结果、收益等都不用过多考虑，而是整个人全身心地投入到事件本身，享受活动过程给自己带来的快乐。这种活动通常是具有挑战性的，与此同时，人们也是将他们的技能发挥到最大化。这也是一个连接个人积极状态的时间，如自信、希望、幸福、实现等，而不是郁闷、烦躁、恐惧等状态。

米哈利的发现表明，我们往往是通过参与某些活动来获得满足感和幸福感，而不是什么都不做或只是单纯地享受。对大部分人来说，他们一生中、一天中最美好的时光都来自工作。他一直强调，只有做自己喜欢的事情，才能获得快乐。工作的原本意义就该如此。

### （二）兴趣与能力的关系

很显然，假如我们做了自己喜欢的事情，我们的工作和生活会更加幸福，我们也更加对它充满激情，并且更有可能从中获得满足感。

兴趣和能力之间也有着密切的关系。因为对自己的相关能力充满信心，所以做自己喜欢做的事情时就会游刃有余，创造令人满意的价值和结果，从而更加深了对这些事情的兴趣，形成良性循环。也存在一部分人因为担心能力不足而怀疑，甚至放弃自己的兴趣，而他们忽视了兴趣是动力，能力是可以通过后天努力培养的。因此，应该注意的是：兴趣和能力虽然不一定成正比，但它却是动力产生的来源。因此在职业兴趣的学习过程中，大家只需考虑对某一活动是否喜欢，不用去考虑自己是不是有能力去做好这件事。

兴趣与职业之间存在密不可分的关系。也是因为如此，职业生涯指导界广泛地将兴趣作为自我探索的一个极其重要的影响因素，通过不同种类的量表来帮助人们匹配自己的职业兴趣。

### （三）就业现状

而现实生活中，工作并不像我们想象得那样使人愉悦。很多人都讨厌或害怕星期一的到来，因为意味着即将开启新一轮的工作，有种说法叫“忧郁的星期一”。在我国“周一焦虑症”也越来越多见，究其产生的原因，有人认为是当前许多人做着自己并不真正喜欢的工作，迎合着自己讨厌的人，赚着可有可无的钱。

2004年4月，北森测评网与原劳动和社会保障部劳动科学研究所、新浪网联合进行的“当代大学生第一份工作现状调查”，也许最能说明这方面的问题。结果表明：50%的大学生选择在一年内更换了毕业后的第一份工作；75%的大学生两年之内都换了新的岗位，如此高的比例，令人咋舌。2015年，在麦可思研究院发布的《中国大学生就业报告》中显示：2014届大学毕业生毕业半年内的离职率为33%，与2013届的34%基本持平。

如此高的离职率表明：大多数大学毕业生并不满意他们的第一份工作，究其原因，应该是缺乏职业规划和很多同学都抱有“先就业后择业”的心态。调查发现：33%的大学生“先就业后择业”，认为第一份工作只是进入社会的缓冲和过渡；16.3%的同学在选择第一份工作时“看感觉”“凭眼缘”；只有17%和5%的同学在就业的同时考虑到了未来发展空间和兴趣（爱好）。

因此，近年来大学毕业生就业难的现象越来越严重，随着毕业生数量的连年攀升，虽然我们鼓励学生“先就业后择业”，但并不意味着“刚就业就择业”。这样会导致企业人员的流动性过高，从而给企业聘用大学毕业生带来疑惑，形成恶性循环。这份调查同样也说明了之前我们得到的结论：兴趣与职业之间有密切的联系。选择一个与你的才能和兴趣相匹配的职业，不仅会让你的职业生涯更愉快，还会让你更有勇气面对挑战，不断成长，并在工作中取得成功。

### （四）现实的考虑

如果现实中，自己的职业不能够体现所有的兴趣该怎么办？我们可以在平时继续发展自己的爱好，参加与爱好相关的活动，关键是能够将工作与生活、兴趣与爱好协调好、平衡好。在选择职业时，除了需要考虑兴趣这个关键因素之外，现实中许多其他因素也应该予以考虑。在以上两个方面的基础上选择职业是成功“就业”的前提和基础。

兴趣可以划分为职业兴趣和非职业兴趣，每一种兴趣都可以有一份职业类型与之相匹配，关键在于在工作和生活之间的协调与平衡，以及在个人爱好与职业之间的适度统一。例如网购、穿搭的兴趣可以演变为网络买手或导购的工作；喜欢看电影可以到发行公司工作，也可以做专兼职影评人。有很多人做到了将自己的业余爱好变成自己的职业。例如，有的人因为喜欢听音乐而成为唱片公司的工作人员，有的人喜欢读书而成为书店的导购员，也有的人因为喜好攀岩而成立攀岩爱好者俱乐部。

## 二、霍兰德的兴趣类型理论

### （一）兴趣类型

约翰·霍兰德，美国约翰斯·霍普金斯大学心理学教授，美国著名的职业指导专家，他于1959年提出了具有广泛社会影响的职业兴趣理论。认为人的人格类型、兴趣与职业密切相关，兴趣是人们活动的巨大动力，凡是具有职业兴趣的职业，都可以提高人们的积极性，促使人们积极地、愉快地从事该职业，且职业兴趣与人格之间存在很高的相关性。霍兰德的基本观点如下所述。

（1）职业选择是个人人格的延伸，人格与环境交互作用的结果是个人的行为，职业选择也是人格的表现。

（2）个人的兴趣组型（即人格组型）。人的兴趣也可以是多种兴趣的组合，比如一个人喜欢实践，但设计制造的是乐器，他可能就是一个乐器制造专家，乐器制造专家就是实用型和艺术型的组合。

（3）人格形态和行为形态影响着人们的职业选择和对生活的适应。同一个职业群体中的人性格相似，所以他们对很多情况和问题的反应方式也会相似，因而导致人际环境相类似。

（4）人可区分为六种人格类型（即兴趣组型）：实用型（Realistic Type，R）、研究型（Investigative Type，I）、艺术型（Artistic Type，A）、社会型（Social Type，S）、企业型（Enterprising Type，E）和事务型（Conventional Type，C），如表2-4所示。每个人的人格属于其中的一种，这六种类型按照一个固定的顺序可排成一个六角形（RIASEC）。

**表 2-4　霍兰德职业兴趣类型倾向**

| 类型 | 喜欢的活动 | 重视 | 职业环境要求 | 典型职业 |
| --- | --- | --- | --- | --- |
| 实用型 R（Realistic） | 用手、工具、机器制造或修理东西。愿意从事实物性的工作、事务体力活动，喜欢户外活动或操作机器，不善言辞，做事保守，较为谦虚。缺乏社交能力，通常喜欢独立做事 | 具体实际的事务，诚实，有常识 | 使用手工或机械技能对物体、工具、机器、动物等进行操作，与“事物”工作的能力比与“人”打交道的能力更为重要 | 园艺师、木匠、汽车修理工、工程师、军官、兽医、足球教练员 |

续表

| 类型 | 喜欢的活动 | 重视 | 职业环境要求 | 典型职业 |
|---|---|---|---|---|
| 研究型 I（Investigative） | 喜欢探索和理解事物，喜欢学习研究那些需要分析、思考的抽象问题，喜欢阅读和讨论有关科学性的论题，考虑问题理性，做事喜欢精确，喜欢逻辑分析和推理，不断探讨未知的领域 | 知识，学习，成就，独立 | 分析研究问题、运用复杂和抽象的思考创造性解决问题的能力，谨慎缜密，能运用智慧独立地工作，有一定的写作能力 | 实验室工作人员、生物学家、化学家、心理学家、工程设计师、大学教授 |
| 艺术型 A（Artistic） | 对未知问题的挑战，喜欢自我表达，喜欢文学、音乐、艺术和表演等具有创造性、变化性的工作，重视作品的原创性和创意 | 有创意的想法，自我表达，自由，美丽 | 创造力，对情感的想法，自我表现能力，以非传统的方式来表现自己；相当自由、开放 | 作家、编辑、音乐家、摄影师、厨师、漫画家、导演、室内装潢设计师 |
| 社会型 S（Social） | 喜欢与人合作，热情关心他人的幸福，愿意帮助别人成长或解决困难，为他人提供服务 | 服务社会与他人，公正，理解，平等，理想 | 人际交往能力，教导、医治、帮助他人等方面的技能，对他人表现出精神上的关爱，愿意担负社会责任 | 教师、社会工作者、牧师、心理咨询师、护士 |
| 企业型 E（Enterprising） | 喜欢领导和支配别人，通过领导、劝说他人或推销自己的观念、产品而达到个人或组织的目标，希望成就一番事业 | 经济和社会地位上的成功，忠诚，冒险精神 | 说服他人或支配他人的能力，敢于承担风险，目标导向 | 律师、政治运动领袖、营销商、市场部经理、电视制片人、保险代理 |
| 事务型 C（Conventional） | 确切地知道工作的要求和标准，愿意在大的机构中处于从属地位，对文字、数据和事物进行细致有序的系统处理以达到特定的标准 | 准确、有条理、节俭、盈利 | 文书技巧，组织能力，听取并遵从指示的能力，能够按时完成工作并达到严格的标准，有组织、有计划 | 文字编辑、会计师、银行家、簿记员、办事员、税务员和计算机操作员 |

请注意：“研究”和“社会”等只是霍兰德用来概括人格特质的词语，在这里有特定的含义，它与我们在日常用语中使用的含义不同。因此，不要误认为是我们日常表达用词的褒义或者贬义。此外，在阅读每种类型的描述时，请注意：对这些特征的描述是一种理想的、典型的形式，不能完全适合某个人的情况。

## 课堂实践

### 寻找自己的霍兰德代码

请阅读表2-4，用笔画下符合自己情况的语句，想一想自己做出这样的判断是因为日常生活中有哪些与之相符的事例。按照先后顺序选出三种你认为最符合自己情况的类型，这就有可能是你的霍兰德代码。

### （二）职业环境类型

霍兰德认为：①同一个职业群体中的人性格相似，所以他们对很多情况和问题的反应方式也会相似，因而导致人际环境相类似，即职业环境。它具有特定的价值观念、态度倾向和行为模式。②职业环境也可以分为六种类型，其名称及特质与兴趣类型的分类一致。③具体职业的工作性质和职业环境通常都能采用上述三个字母代码组合的方式来描述。

### （三）六种职业类型的关系

霍兰德提出了六角形模型（图2-1）来解释六种职业类型之间的关系：在六角形模型中，并非并列、有着明晰边界的，任何两种类型之间的距离越近，其职业环境及人格特质的相似程度就越高。例如RI、AI、SA、SE、EC及RC，属于这种关系的两种类型的个体之间共同点较多，实用型R、研究型I的人就都不太偏好人际交往，这两种职业环境中也都较少机会与人接触；处于相隔位置的如RA、RE、IC、IS、AR、AE、SI、SC、EA、ER、CI及CS，属于这种关系的两种类型个体之间共同点较相邻关系少；在六边形上处于对角线位置的类型之间即为相对关系，如RS、IE、AC、SR、EI及CA，相对关系的人格类型共同点少，因此，同一个人同时对处于相对关系的两种职业环境都兴趣很浓的情况较为少见。六角形模型可以帮助我们对兴趣类型与职业环境类型之间的适配性进行评估。

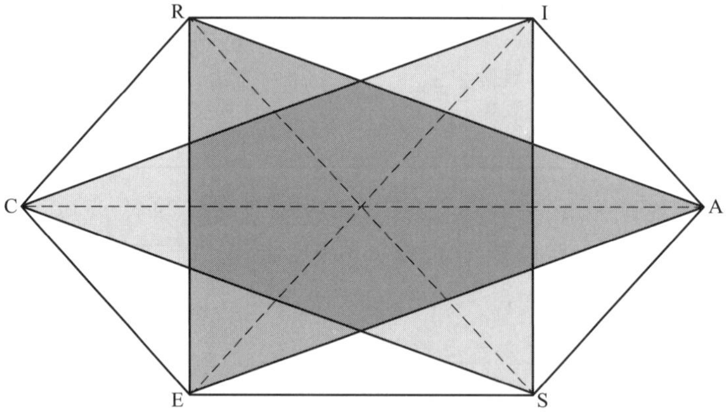

图2-1　六角形模型

### （四）个人与环境的适配

霍兰德提出：个人兴趣类型和职业环境之间的适配将增加个人的职业稳定性、工作满意度和职业成就感。因此，当选择自己想要从事的职业时可以将自己占主导地位的兴趣作为重要的考量因素。可以通过霍兰德类型充分认识自己的兴趣类型，找出与之对应的职业类型。

这里需要注意的是，在我们的现实生活里面，存在同时具备两种相互对立的兴趣类型的人有很多。这样的兴趣类型在寻找工作的过程当中很难实现完全适配，因为相对立的两种状况很少会包含在同一个工作环境中。（如大量单独工作的时间，又有大量与人打交道的机会）。如果出现了这种问题，可以尽可能地去寻找包含自己兴趣爱好的工作，在日常生活和实践活动中继续满足自己的爱好需求。

此外，人们常常感到难以单纯从事自己喜欢的工作。原因是受到一些客观条件的限制。

相当一部分大学生并不真正了解自己和自己的专业，所以导致他们没有选择到与自己兴趣相适配的工作；也有一些大学生因为缺乏主见又受到外界因素的影响，选择了与自己兴趣完全相反的专业。然而，在现实中，并不是所有的学生都能在了解自己之后成功地转学其他专业。那么面对这种情况，“适配”还是一个可行的目标吗？

事实上，我们可以有很多方式去平衡和协调现实中职业与兴趣的关系。

首先，需要清楚的是职业与兴趣并不是决定性的对应关系，同样的一份职业可以由不同的专业来胜任，且会有一样的效果。正因为这样，专业类型的不适配并不等于职业类型的不适配。举个例子来看，一个性格外向的历史专业的大学生，这个大学生占主导的兴趣类型为社会型（S），但是她所学的历史专业职业类型是研究型（I），这时候，她可能感到自己所学的专业与自己的兴趣不完全匹配。但是她完全可以从事满足她社会型兴趣的职业，如从事历史教育类，这样的话就将自己的兴趣与专业尽可能地融合起来。

其次，专业类型和兴趣类型可以互相结合。比如，一个学习计算机专业（实用型）的大学生，同时喜爱历史（研究型兴趣较高），可以考虑毕业后去科研院所从事考古建模工作，这样既可以利用自己所学专业，又可以满足自己的兴趣爱好。

再次，我们要清楚地认识到，我们所倡导的在选择职业时应当尽可能地达到兴趣与职业的匹配，可以说是一种理想状态，因为“完全适配”的可能性很小。现实生活中，我们不要因为只能达到一定程度的适配而质疑自己的兴趣与职业。至少，我们大多数的兴趣可以在职业中体现。

退一步来说，就算我们从事的工作与自己的兴趣爱好匹配程度很低，也没必要过分在意，在现实中，每一份工作及环境的复杂性，其实很难真正用简单的类型来区分。

## 课堂实践

下面的练习和活动有助于个人进行自我兴趣探索，请认真阅读每个练习的指导语并按要求进行。有一些是个人以后选择职业时首要考虑因素和评价标准。后面的“案例”部分有针对这些练习的示范性回答，可以作为参考，以便完成下面的练习。

1.兴趣探索练习

认真思考下列问题。如果可能，与同伴分享你的想法和答案，同伴可以提出问题，帮助发言者找出细节和原因。

（1）我的职业梦：请说出你非常感兴趣的三种职业（排除一切现实考虑），吸引你的是这些工作的哪些方面？

（2）你愿意聊什么样的话题？试问自己：假如你被放逐到一个荒凉的岛上，在孤立无援的同时，只有一个擅长某个专业的人士与你同行，那么你希望这个专业是什么？

（3）从小学到大学你都担任过什么职务？你喜欢什么职务？不喜欢的又是哪些？请详细说明这是为什么。

（4）我们在做一些事的时候会感到快乐和满足，请回忆这样的三件事情，详细描述当时这三件事情的画面，并想一想当时是什么让你感到这样高兴？

（5）什么类型的杂志是你喜欢阅读的？杂志中吸引你的是哪些部分？如果你去书店里看书，在不是学习需要的情况下，你更喜欢读什么书？

（6）从小到大你最崇拜的是什么人？他对你的影响有多大？都在哪些方面？你与他最像的地方在哪？最不像的地方又在哪？

（7）在平常休闲娱乐时，如果出于兴趣假设，你最想做的是什么？或者利用这个时间你更想学什么？是什么促使你这样做？

（8）对你而言真正感兴趣的是什么专业？为什么那么喜欢它（或它们）？

归纳整理以上所有问题，并将个人在平常生活中的表现与前面所讲的职业兴趣类型挂钩，所归纳出的关键词汇，将是你今后在做职业决策时需要尽可能纳入的关键影响因素。

2.活动：兴趣岛（在本活动中请以兴趣而不是能力作为选择的标准）

恭喜你！你获得了一次免费度假游的机会，有机会去下列六个岛屿中的一个。请不要考虑其他因素，仅凭自己的兴趣按一、二、三的顺序挑出你最想前往的三个岛屿。

岛屿R：自然原始的岛屿。岛上保留有原始森林，自然生态保持得很好，有各种各样的野生动物，岛上居民生活状态还相当原始，他们以手工见长，自己种植花果蔬菜、修缮房屋、打造器物、制作工具，喜欢户外运动。

岛屿I：深思冥想的岛屿。岛上人迹较少，建筑物多僻处一隅，平畴绿野，适合夜观星象。岛上有多处天文馆、科技博览馆以及科学图书馆等。岛上居民喜好观察、学习、探究、崇尚和追求真知，常有机会和来自各地的哲学家、科学家、心理学家等交换心得。

岛屿A：美丽浪漫的岛屿。岛上充满了美术馆、音乐厅、街头雕塑和街边艺人，有着浓厚的艺术文化气息。当地的居民很有艺术创新和直觉能力，他们保留了传统的舞蹈、音乐与绘画，许多文艺界的朋友都喜欢来这里找寻灵感。

岛屿S：友善亲切的岛屿。岛上居民个性温和、十分友善、乐于助人，社区均自成一个个密切互动的服务网络，人们重视互助合作，重视教育，关怀他人，充满人文气息。

岛屿E：显赫富庶的岛屿。岛上的居民善于企业经营和贸易，能言善道，以口才见长。岛上的经济高度发展，处处是高级饭店、俱乐部、高尔夫球场。来往者多是企业家、经理人、政治家、律师等，曾数次在这里召开财富论坛和其他行业巅峰会议。

岛屿C：现代、有序的岛屿。岛上建筑十分现代化，是进步的都市形态，以完善的户政管理、金融管理见长。岛民个性冷静保守，处事有条不紊，善于组织规划，细心高效。

如果要求你必须在这个岛上待满至少半年的时间，你会不会改变主意？

请选择相同岛屿的人进行相互交流：个人为什么会做这样的选择，大家共同的兴趣爱好是什么，请归纳整理关键词。根据讨论结果，请为本小组命名，并选取一个标志物作为小组Logo，同时请在大白纸上绘制一幅小组宣传海报。请每个小组派一位代表用不超过2分钟的时间介绍小组宣传海报的内容，并在课堂上分享本小组成员的共同特点、爱好。

（1）岛屿的名称

（2）岛屿Logo及含义

（3）个人最愿意前往的三个岛屿

（4）岛屿关键词

提示：这六个岛屿实际上代表着霍兰德提出的六种类型。通过这个活动，你能得到自己最感兴趣的前三个类型就是你的霍兰德代码，相信你对这六种类型的基本特征也有了进一步的认识。

这里需要注意的是，这个测试仅是对个人的兴趣类型有一个浅显的认识。需要明确地是，这仅仅是对个人兴趣类型的一个初步判断。因为霍兰德理论比较复杂，对于初学者而言，很难深入掌握霍兰德类型，由于一些外在因素的影响，加上对自己本身缺乏一个清晰的认知，是不能够十分精准地判断自己属于哪一种兴趣类型，因此可以适当地借助职业兴趣测试来帮助做出正确的判断。

## 三、基于霍兰德理论的职业兴趣测评

霍兰德理论诞生后，对职业生涯辅导产生了较为广泛的影响。许多被广泛使用的测量工具，都是建立在霍兰德的类型论基础上，如霍兰德自己制定的“自我探索量表”（Self-directed Search）、斯特朗兴趣量表（Strong Vocational Interest Blank）等。这些测评工具可以用作个人自我职业探索。被测试人经过测评会得到一个由三个字母组成的霍兰德代码，以及与此代码相匹配的职业。

目前，国内已有多种引进及自主研发的霍兰德兴趣测试版本。需要注意的是，在选择测评工具时，它必须符合心理测量的一些基本标准。

除了自助式测评外，在国外，生涯测评工作通常由专业人员实施，并由其对测评结果进行解释说明，从而帮助被测试人正确理解测评含义。在国内，心理测评工具的频繁过度使用、合格生涯咨询师的短缺，导致了在结果解释说明方面的混乱。需要特别注意的是：从个人角度出发，不要滥用、迷信测评，被测评结果所误导。

事实上，测评的结果不能完全作为职业匹配的依据，只能说被测的样本通常情况下是某种类型的人，而这种类型的人往往愿意选择这种类型的工作。我们要学会具体情况具体分析，因为即使是同一种职业，在不同的地区、机构，其性质和内容也会存在一定的差异。做兴趣测试的目的在于让个人加深自我了解和对工作的了解，能够作为在选择职业时不同角度的思路，但并不是决定性的影响因素。因此，在职业选择时不能够完全依赖测评结果，也不能够根据测评结果为自己定义标签从而限制自己的选择。

兴趣测评虽然简单、易用，但也存在很明显的局限性。因为个人主观因素和其他因素的影响，选择的答案并不一定是事实情况。例如，有人因为自己向往企业中的高薪酬、高地位职业，在测评时相关问题都选择了喜欢，所以她的测评报告中企业型兴趣很高，但实际上她并不喜欢高竞争的环境。还有一些人对自己的喜好根本不清楚，所以无法判断出自己是否倾向于哪种职业。或许是因为自己的兴趣爱好在发展的过程中受到外界因素的干扰，导致自己认知方面的模糊混乱，面对这种情况就需要生涯咨询师帮助其进行一对一的生涯辅导，更为严重的则需要通过心理咨询的方式帮助解决问题。还有可能是因为自己不能够明确兴趣爱好，在现实生活中没有机会发展，这表明他们的兴趣爱好是无差别的。针对这种情况则需要尽可能多地参与社会实践，挖掘自己的兴趣爱好。

以克朗伯兹（Krumboltz，1979）等为代表的理论学家持有的观点是：兴趣是个人后天学习的结果（这里的“学习”是广义的，泛指个人在成长经历中应该学会的东西）。因此，他们认为测评的结果不能够作为结论，仅仅是一个过去的总结和未来的参考方向。上述观点对于我国大学生就业具有一定的指导意义，从我国现在的教育模式看，中小学教育的重点放在了基础知识的奠基阶段，还不能形成体系，以职业兴趣类型来标定他们有可能会限制其进一步的探索和发展。对于大学生而言，他们仍处在生涯发展的探索期，现在重要的不是得出某个明确的职业，而是应该把兴趣类型作为自己职业探索和定位的参考依据。

（1）根据个人职业兴趣测试而得到的霍兰德代码。

（2）职业兴趣测评所推荐的有关职业。

## 问题思考 1

小胡的兴趣类型分析：

（1）小胡在课上读了霍兰德职业兴趣类型表，她认为最符合自己的描述依次是：

➤ 艺术型（A）：“喜欢自我表达，喜欢文学、音乐、艺术和表演等具有创造性、变化性的工作，重视有创意的想法；追求自由和美。”她从小喜欢语文，成绩一直比较好，有较强的写作能力，开始学英语后更是爱上了英语。中学时因为文笔出色，从一众竞争对手中脱颖而出，如愿当上了学校杂志社的记者。她平时喜欢读小说散文，听音乐、看话剧。她喜欢漂亮的东西，每次去超市都自己带袋子，而不愿意用超市里面难看的塑料袋。

➤ 社会型（S）：“喜欢与人合作，热情关心他人的幸福，愿意帮助别人成长或解决困难，为他人提供服务，寻求公正、理解、平等和理想。”她喜欢与人打交道，喜欢帮助别人，因而参加了和助人有关的志愿者工作。她报名参加了学校的红十字协会和心理社团。她愿意帮助朋友，曾经通宵帮朋友校对论文，虽然很累，但她觉得这是朋友应尽的责任。她善解人意，愿意花时间听朋友倾诉，同寝室的室友谁要是有不开心的事情总是愿意对她说。

⊙ 企业型（E）：“喜欢领导和支配别人，通过领导、劝说他人或推销自己的观念、产品而达到个人或组织的目的。”她从小就是院子里的“孩子王”，喜欢领着伙伴一起玩儿。上学后曾先后担任过中队长、班长等职务。她喜欢自己的事情自己定，渴望成功，并相信自己总有一天能成就一番事业。

小胡感到她对其他几种类型的兴趣比较低。比如：她对计算机编程之类毫无兴趣（常规型）；她从未有修理钟表、自行车（实用型）的兴趣念头；上学时理科一直是弱项，对研究型问题经常感到束手无策（研究型）。

（2）小胡自己完成了“兴趣探索练习”中的问题，她的答案如下：

⊙ 职业梦：她希望自己以后成为一名优秀的作家，她喜欢通过自己的文字与其他喜欢写作的人交流思想和情感。她还觉得成为一名导游是一件有意义的事，她可以遇见形形色色不同性格的人，可以领略到不同地域的风土人情；曾经给信息学院同学当英语教师的经历让她产生了从教的想法，当老师的权威感和受尊重是她想从教的原因之一；学了国贸专业后，她又想要成为一名国际贸易谈判代表，想通过自己的语言才华来为国家争取利益。

⊙ 小胡曾担任过中队长、班长等的职务，在组织领导能力方面表现得很突出；因为成绩好的原因，她还当过英语课代表；她最喜欢的是担任红十字协会会长一职。因为她觉得当她向同学讲解细胞知识，通过她的努力让同学们献血献爱心时，自己得到了肯定与支持，觉得自己的付出是有价值的。但是当班长的时候由于事情比较多且与同学交际很复杂，就会很有压力，感觉很累。

⊙ 让小胡由衷敬佩的人有很多，比如钱学森、比尔·盖茨、张朝阳等。她最佩服的人是中国加入世贸组织的谈判代表龙永图，她为他们坚毅的品质、高超的谈判技巧所折服。他们能够凭借自己的努力为国家、为人民做出自己的贡献，体现生命的价值，是自己命运的掌控者。她觉得自己也有一颗上进拼搏的心，但是认为自己缺乏毅力与勇气。

⊙ 说到休闲娱乐，小胡喜欢去电影院看电影，也喜欢听音乐、看话剧，这些都能带给她非同一般的感受。她经常看关于电影和歌曲的东西，喜欢自己做美食。电视里，旅游频道“玩转地球”节目中的异域风情令她向往；“对话”“人物”之类的栏目，可以让他感受到知名成功人士的风采和思想。她对于科技、电脑之类的事务并不感兴趣。她喜欢唱歌、跳舞，让她觉得自己充满活力，生活充满了乐趣。

⊙ 当学习英语或者从事写作工作时，她非常认真细致。语言和文字的魅力深深地吸引着她。

⊙ 在回答过“兴趣探索练习”中的问题后，她觉得答案中有不少重合的地方：她擅长和各种各样的人交际，愿意主动去帮助、服务他人，擅长文艺性的事情。她的兴趣主要集中在霍兰德类型的艺术型(A)、社会型(S)和企业型(E)方面。

(3)在兴趣岛练习中：A岛的文化艺术气息，S岛对互助合作和教育的重视，E岛与企业家、经理人、政治家、律师等的交流机会都对小胡有着很强的吸引力。

(4)最后经过老师推荐，小胡在网上进行了职业兴趣测评，得到的霍兰德代码是ASE。测评推荐的与兴趣类型相关的职业有专栏作家、英语翻译、记者、戏剧导演、广告撰稿人、舞蹈教师等。

(5)然后她自己又在“霍兰德职业索引中”找出了与AES、SEA、EAS、ESA等字母组合相对应的其他职业，并挑出自己感兴趣的职业，其中有律师、博物馆馆长、导游、广播节目主持人、空乘等。

## 问题思考2

(1)我对任何事物都没有什么兴趣，不知道自己到底喜欢什么，这可怎么办?

答：大家都会有个人喜好。你可以想一想，在没有意思的时候，做些什么是有乐趣的?也可以回想一下小时候自己愿意玩的游戏，让有乐趣的感觉在你身体里复苏，再去寻找自己的兴趣爱好是什么。当然也有一种可能，就是你的兴趣真的并不明显，那这也是你兴趣特点的一部分，你需要考虑的是如何将这部分整合进你未来的生涯发展中。

(2)我的兴趣太广泛，该如何选择?

答：首先需要明确地是，你真的对这些事情有持久的热情，还是只是短暂的喜欢。如果是前者，那你是综合性非常强的人，具有很大的潜在能力。像我们熟知的达·芬奇，他既是著名的画家，又是数学家、发明家。你所要思考的只是如何分配好个人时间，以尽可能多地增进你的才能。如果是后者，可能你还没有找到能激发你热情、适合你进步的东西，那就需要更多地尝试。

(3)我对现在的专业不感兴趣，除了考研换专业之外，还有别的出路吗?

答：出路有很多！现在，社会上的许多职业都没有严格地限定需要什么样具体的专业。同一专业可以任职不同岗位，同一个职业也许来自不同专业。现在大部分的招聘单位和职业岗位都侧重于员工的综合职业素养，对于专业知识只要能够达到职业要求就可以胜任工作。而这些专业技能也并不是都在学校课堂上可以学到的，通过社会上不同的培训班、认证班等，其实都可以帮助我们获得岗位专业技能。加上现在单位都会在员工上岗前进行职业培训，这些都是实现跨专业找工作的重要因素。

(4)做自己不感兴趣的事情，能成功吗?

答：做自己不感兴趣的事，无论是在心理上还是工作效率上可能都会受影响，有抵触情绪，没有效率地做一件事情时，失败的概率通常很高。但这并不绝对，很多事情会因人而异、因环境而异。不过，值得我们进一步思考的是，工作占据着我们生活中的大部分时间，这段时间的满足感和幸福感是十分重要的。因此在选择职业时，应该做到将职业与兴趣有机结合起来。

# 第三节 技能探索

## 案例导读

**认知与困惑**

小吴的困惑是她不清楚自己的优势有哪些，不知道自己能够胜任什么样的工作，她对自己缺乏信心，也不认为自己有任何优势会被单位发现，或者即使她很幸运找到了工作，也不知道自己是否能做好。

小杨在一所重点大学学习，他的专业很受欢迎。他深感自己的人际交往能力很差，跟其他人相比，他无论是英语还是人际能力都有明显的不足，对自己的未来也不乐观。

小慧的专业是英语，但是她认为现在学习英语专业的人太多了，即便不是主修，能讲好英语的人也不在少数。如果她只有这一项技能，那么她在找工作时是没有多大竞争力的。除此以外，她的工作也将是和语言有关的，包括翻译、教师等，自己的职业选择受到了很大的限制。但她又不知道再去学习一些什么技能才能帮助她找到满意的工作。

小李认为自己的专业能力不够，以后也不想要从事与本专业联系太大的工作。但是如果跨专业就业，自己又没有专业领域的人士精通。此外，如果浪费四年的专业学习时间，他会感到遗憾甚至沮丧。他对自己的前途感到茫然。

“你有什么能力？”这个问题可能是所有找工作的人都会遇到的，无论它是否直接表达出来。职业能力不仅是我们本人想要向自己、单位、社会证明的问题，也是单位考察能否成为合格员工的一个重要因素。因此，如何培养、提升能力对于个人的职业竞争力起到关键作用。

## 一、能力与生涯发展的关系

心理学家罗圭斯特和戴维斯（1984）在对个体工作适应性进行多年研究后，提出了明尼苏达工作适应理论。他们认为，当工作环境能够满足个人的需求时，个人会感到“内在满意”，当个人能够满足工作要求时，个人可以实现“外在满意”（即雇主和同事满意）。当个人能够同时实现内在和外在满意时，个人与环境的关系就会更加协调，个人的工作满意度就会更高，在该工作领域就能实现更远发展。

## 二、能力的分类

如果职业能力可以满足工作需要时，最容易发挥他的潜力并获得满足感。如果一个人的职业能力已经超出了工作要求，就会感到不平衡，如果这个时候能力超出要求太多，则会觉得这项工作没有任何的挑战性。因此，在选择自己的职业时，要尽量找到与自己能力相互匹配的职业。

### 课堂实践

**表扬自己**

在五分钟的时间里写下自己认为具备的能力，写完之后相互分享，看看有何异同。

总结大家所写的能力。它们能分类吗？可以分为几类？根据获得能力的方式（先天具有与后天培养），能力可分为“能力倾向”和“技能”两类。

能力倾向类似于天赋，是与生俱来的一种特质，比如乐感、运动等。但是也存在着因为荒废而没有被合理发展的情况。举个例子，对于运动员小苏，目前中国没有人超越他的成绩，但是不能否认，肯定有人与小苏有同样的运动天赋，但是因为各种因素的影响，没有像小苏那样得到发展。

技能是指通过后天学习和实践形成的能力。在个人成长的过程中，从一个什么都不会做的婴儿到一个能照顾自己，能看听走读写的普通成年人，事实上，我们每个人都学会了无数的技能。

每一个个体的能力水平通常是倾向和技能相互融合的。例如，苏炳添成为第一位进入奥运会男子100米决赛的中国运动员，这不仅是因为他天生良好的身体素质，还因为他刻苦的技能训练。“我没有能力这样做。”这是在生活中我们经常听到的一句话，但是，到底是你没有这方面的能力，还是你没有培养这方面能力的机会呢？事实上，像人际交往能力等，后天的训练起着至关重要的作用。很多交际能力差的人，他们在青少年时受到多方面因素的影响往往不注重对自己技能的培养。在成年之后，这些也是可以通过努力和环境锻炼出来的。中国有句老话：“勤能补拙。”先天的不足可以通过后天的努力来弥补。事实上，任何一个人都有着很强的学习能力，如果我们不选择一成不变，能够应对各种风险挑战，努力向前，那么许多技能可以通过练习获得，这是一个熟练的过程。

还有一个重要的概念是自我效能感（self-efficacy），与能力相关。指个人对自己的能力，以及对运用该能力将得到何种结果所持的信心或把握程度。

实际上有时候自我效能感往往比实际能力起着更为关键的作用。举个例子，在男女薪资差异的调查中发现，男性的薪资水平高于女性，有一部分原因是男性的数学能力强于女性，而高薪资的工作往往要求具备一定的数学能力。但是并不意味着女性不擅长学习数学，而是大多数的女性对于自己学习数学的能力缺乏信心，因此排斥，付出的学习时间要比男性略短。

成年人学习一项技能的难易程度可能和幼儿学习说话走路的难易程度一样。但是区别在于，我们认为每一个孩子都能自然而然地学会说话走路，但我们会经常怀疑自己能否学会学好一项新的技能。在心理咨询中，我们经常看到一些人有很好的能力，得到了别人的肯定，但由于自卑，不能够将自己的能力更好地展现，这都是受到了自我效能的影响。

**课堂实践**

**插西红柿**

请想象一下，假如给你一根细管，你可以用它一下插穿一个西红柿吗？你可能想，我没有这个力气，那么如果有人告诉你可以，你愿意相信并尝试吗？如果你看到一个与你各方面相似的人成功地做到了，你会有信心吗？

在整个实践过程中，你的心理活动多少都能反映你的自我效能感，也就是对自己能力的信心会对你的行为造成极大的影响。另外，回想一下，在生活中的不同事情上你的自信程度是否真实地反映你的相关能力？熟悉你的人往往能看到你自己没有注意到的细节与不同之处。

## 三、能力倾向的分类——多元智力论

传统的智力理论中，IQ和人的天赋有关，它通常以语言能力和逻辑能力为整体评判标准。多元智力论（Theory of multiple intelligence）是在1983年，由美国哈佛大学教授、发展心理学家加德纳（Gardner）提出的。他认为：智力是多元的，不只由是一两种核心能力，而是由同样重要的多种能力而构成的，而且各种能力不是以整合的形式存在，而是以相对独立的形式表现出来的。他的研究表明人类至少有七种不同的智力：逻辑数理智力、言语语言智力、视觉空间智力、音乐节奏智力、身体动觉智力、交往交流智力和自知自省智力。对于一个个体来说，这七种智力的重要性都是一样的，当一个人真正拥有这七种智力时，他们会以不同的形式融合起来。例如，牛顿、理查德克莱德曼、达·芬奇、钱学森和刘翔这些名人，我们不能说他们之间谁比谁更聪明，只能说他们每一个人都以不同的形式发挥了自己的潜能，将自己天赋最大限度地激发，在不同的领域取得了不同的成就。

因此加德纳的多元智力理论说明了：在现实生活中，不能简单地认为一个人比另一个人更聪明，只是存在某一领域某一方面谁更善于利用自己的能力变得更加睿智。每个人都独一无二，正如《论语》所说："三军可夺帅也，匹夫不可夺志也。"

## 四、技能的分类

解释技能的一些词汇，换句话说就是能够让招聘单位信服你有能力胜任这份工作的词语。不管是简历还是面试，目标都是向用人单位证明我们有很好的工作能力，适合这一工作。因此，你对"我为什么要雇用你"的回答无论是在简历上还是在面试中，问题都应该集中在你与工作相关的能力上，你谈论的任何能证明你能力的事情都会成为你能否找到合适工作的影响因素。要想能够做好这一方面，就必须知道自己到底具备哪些能力，以及具体职业需要哪些技能。最后，你需要在简历和面试中用适当的语言和例子来充分表达你的相关职业技能。

辛迪·梵和理查德·鲍尔斯（Sidney Fine And Richard Bolles）将技能分为三种类型：知识技能，自我管理技能，可迁移技能（或称通用技能）。在大多数人的认知中，对于一份工作一定是专业的知识技能起到决定性的因素，但是在现实生活中，后两种技能更重要。因为后两种技能可以让我们跨专业找到适合自己的工作，而能更广泛地选择职业。自我管理技能和可迁移技能对于我们在竞争中胜出具有十分重要的作用，是我们在工作中能够长远发展的重要方面。用人单位对它们的重视程度往往也超过了对单纯知识技能的重视。

### （一）知识技能

知识技能通常是说一些只有通过专业的学习教育才能够获得的知识和能力。比如：你是否掌握英语、高等数学、资源经济学或世界历史等知识？

知识技能是不可迁移的，原因是这是一些专业性很强的内容，如果不经过系统的、有针对性的指导教育是很难真正掌握的。现在部分大学生在跨专业找工作时的理由是他们并不喜欢自己现在的专业，在找工作时就会产生很多的困惑。一方面他们觉得应该找与自己专业相关的工作，这样不会浪费大学所学的知识，但是又很难接受从事一辈子不喜欢的工作。另一方面，如果"专业不对口"，则担心自己与专业人士相比缺乏足够的竞争力。这种情况下，唯一可行的选择似乎就是通过进一步提升学历层次来改变从业选择。

知识技能除了通过专门系统的培养教育之外，也可以通过其他的渠道获得。比如：课外培训、讲座、研讨会、专业会议、资格认证考试、自学等方式都能够达到令人满意的效果。此外，现在大多数的单位在新的员工入职之前都会有专门的相关技能岗前培训。

因此，即便是跨专业找工作，也可以通过很多渠道掌握相应的专业知识技能。在招聘中，用人单位所看重的绝不仅仅是专业知识技能。大部分的学生参加应聘时在简历上大幅列举奖学金情况、证书情况，都只是证明了个人的知识技能。但是这些所有的技能堆积在简历上，并不能够让招聘人员一眼抓住这与岗位所需有什么联系。这些进入面试的人，他们都基本上满足职业技能的要求。但最终能够获得工作岗位，并在今后能够长久发展的，还是自我管理技能和可迁移技能。

当今大学生在校学习时侧重于对自己专业知识技能的培养，而对自我管理技能和可迁移技能的投入更少。实际上，对于大部分接受过高等教育的大学生而言，都能够满足用人单位一般性的职业要求，为什么还会出现被用人单位拒绝的现象呢？麦肯锡全球研究院（McKinsey Global Institute）曾经在一份名为《应对中国隐现的人才短缺》的报告中指出，中国工程类职位应聘者的主要缺点是教育体系偏重理论，缺乏参与项目或团队协作的实际经验。实践经验和英语口语水平的欠缺，使能够满足跨国公司要求的求职者，少于求职者总数的10%。从上述例子中我们可以清晰地看出，现在的大学生们对于专业知识技能的掌握都是可以过关的，但是在刚毕业的大学生身上缺乏满足工作所需要的自我管理技能和可迁移技能。

## 课堂实践

### 自我知识技能全了解

对下面列举的情况进行简单的分析，并且说出所具备的知识技能，再找到自己认为以后在工作中会遇到的或者自己比较擅长的知识技能，并在最后列出对个人来说最重要的五项知识技能。

- 在学校所教课程中学到的：如物理、化学等；
- 从课外培训、辅导班学到的：如编程等；
- 从志愿者工作中学到的：如与人交流等；
- 在社会工作（包括兼职）中学到的：如电脑制表等；
- 从专业会议中学到的：如专业前沿知识的应用等；
- 从个人爱好、娱乐休闲、社团活动、家庭生活中学到的：如篮球、烹饪等；
- 通过阅读、浏览新闻、看电视等方式学到的：如历史知识，行业新闻等；

在各自的小组中，说出一条自己具备但小组成员没有发现的知识技能。

在了解了你已经具备的知识技能之后，认真思考一下你还想获得什么知识技能，你又如何获得这些技能。

个人尚不具备但希望未来能够拥有的知识技能：

这里需要强调的是，同时兼具多种知识技能更加重要。人们通常说的“复合型人才”就是指能够同时具备不同知识技能的人才，这样的人拥有更强大的实力，能够更好地胜任自己的工作，在职业生涯中也更有发展前景和竞争性。

现如今懂英语的人很多，但既精通英语又精通机械专业、贸易专业知识的人就没那么多了。而在大型进出口机械贸易中，非常需要能与外国商家、专家进行良好沟通的复合专业人才。再如，一个辅修心理学科的环境工程专业学生，更有可能在进行环保施工设计工作时运用自己的心理学知识与客户进行充分的沟通，令客户更加满意。

**课堂实践**

**知识技能的组合**

回想一下，在上一个练习中，你所总结的知识技能，它们之间能够相互组合吗？这样的组合能够使你更好地完成什么样的工作？

➢ 个人知识技能组合：

与同学相比，除了共同所学专业之外，你还掌握什么知识是其他同学所没有的？你有特别擅长的吗？无论这些知识是哪方面的，都请不要忽略它们，也许就是因为这小小的一点特别之处，会帮助你在激烈的竞争中胜出。进一步思考：这些知识将来是否有可能应用在你的专业工作中。

➢ 请列出个人独特的知识技能：

### （二）自我管理技能

自我管理技能常常被看作是个体的个性品质而非技能，因为它们被用来描述或说明人具有的某些特征。良好的自我管理技能能够帮助个体更好地适应周围的环境，应对工作中出现的问题，因此它也被称为“适应性技能”。有时候工作态度要比工作本身更为重要，一个人正是有了良好的工作态度，才能够克服困难做好本职工作，得到领导的赏识和认可，在工作中取得更大的进步。有人称它们为“成功所需要的品质、个人最有价值的资产”。人们工作的变动大多不是因为缺乏专业能力，更多是因为缺乏自我管理技能（比如，团队协作不畅等）。现在大多数大学生缺少爱岗敬业精神、眼高手低、服务意识不足、主动进取精神较弱、工作不够认真踏实，等等，而这些都与自我管理技能相关。

自我管理技能，不管是先天具备的还是后天培养的，都需要不断地努力练习。也就是说，人所表现出的热情、耐心、责任感、敏锐都是在生活工作学习中逐渐发展的。

例如，一名高年级学生在回顾自己的实习时写道，“这次经历为我毕业后进入社会做了很好的准备。在这次实习中，我学到了我们不仅要有良好的专业知识技能，还要有良好的社交能力，这样才能营造和谐的工作氛围。在工作中要积极主动，虚心向前辈、同事请教；要了解困难，不能遇到困难就放弃；要严格要求自己，不要为自己的失职找借口；与同事多沟通，与他们融洽相处。”

## 课堂实践

**这样的人我愿意与他共事**

在进行小组讨论时，请列出你愿意与其共事之人的特点。

想一想：我具备自己所希望的那些特点吗？我的个性特点会不会是大家所希望的愿意与其成为同事的特征？我的特征会影响我今后的职业发展方向吗？

面对工作或学习你会持什么样的态度？与你的朋友和同学相比较，你有什么个人特点？

### （三）可迁移技能

可迁移技能就是一个人会做的事。比如分析、决策、说服、组织、帮助、维修、安装、计算、设计、考察、搜索等。

可迁移技能的特点是从工作之外的生活学习各个方面被激发出来，再迁移应用到不同工作之中。比如当宿舍的电话使用问题成为同学的矛盾时，宿舍长可以带领所有室友通过沟通解决电话的使用问题，这是使用组织、谈判、管理和解决问题。几乎所有的工作都以这样或那样的方式使用这些技能。因此，可迁移技能也被称为“通用技能”。

因此，可迁移技能也是个人最能持续使用和依赖的技能。但需要注意的是每一个人都需要不断强化学习掌握新的知识技能来适应时代的发展，来适应日新月异的变化，当今时代越来越强调“终身学习”。“学习能力”（可迁移技能）比获得一个专业的硕士学位（知识技能）更重要。

与知识技能相比，可迁移技能不需要更新，因为不管你在哪里从事什么样的工作，都会用到可迁移技能，而且随着我们工作经验和人生阅历的累积，我们身上的可迁移技能也会随着不断地深化发展。

事实上，知识技能的应用是以可迁移技能为基础的。举个例子，如果动物学是你所具备的知识技能，那你将怎样去利用这项知识技能？你可能有很多种选择，比如去做一个宠物医生，去成为一名医学教师，去成为保护动物协会的一员等等。也许你并没有真正地做过老师，但是通过平时的活动和工作你已经积累了经验，具备了成为老师的技能。当你把“动物学”和“教学”知识结合起来时，你就可以申请相关职位了。

根据这个逻辑来分析，当你面临找工作时，就算你没有这项工作的任何相关经历，但是只要这项工作的一些基本技能，你是掌握的，那你就有资格去应聘和胜任这份工作。所以，并不是所有的职业都要求与之完全匹配的“专业”，尤其是那些可迁移技能占重要地位的职业，对本身的专业技能并没有太严格的要求。

文科专业的学生经常会质疑自己所学专业不实用。事实上，学习文科专业的人不仅具备文科所掌握的一些知识技能，还具备很多可迁移技能。比如：解决问题技能、沟通技能（在课堂上无障碍交流、小组讨论、论文写作）、人际关系技能（与同学合作完成实践任务，和班级同学相处）、研究技能（数据检索、形成主题、数据收集和分析、问题调研）等。

**课堂实践**

### 写下成就故事

请你写下生活中有成就感的某事件，然后进行分析，仔细想想你使用了哪些技能。

这些有成就感的事不一定是学习或工作上的，日常生活中发生的也可以，比如一次篮球比赛、一次拓展训练等。它们不必是特别重要的事情，可以与下面两条相对应就可以：①在做这件事情时感受到开心和满足；②做成之后带来的自豪感。如果同时有他人的认可或表扬就更好了。

写下的每一个成就故事都应当包含以下要素：

（1）个人需要完成的事项，想要达成的目标；

（2）个人面临的阻碍或困难；

（3）个人设定的具体行动步骤，即如何分步克服障碍、达成目标；

（4）个人取得成就的结果描述。能够量化评估最好（用某种方法或数据衡量）。

如果可能，请与2~3个伙伴逐一分析讨论。你用过什么技能？最后，让我们看看这些故事中是否有重复出现的技能。它们就是你喜欢并擅长的技能。请在以后优先考虑使用这些技能。

## 五、雇主们最重视的技能

雇主通常从大学毕业生身上寻求的是他们能够胜任某些职位的因素。有些工作因为工作性质的原因要求专门的技能证书，但大多数的工作都没有严格的技能要求，具备一些能够胜任工作的职业素养和知识水平即可。根据美国“全国大学与雇主协会”（National Association of Colleges and Employers）的调查研究，美国雇主们最为重视的技能和个人品质按顺序排列如下：

（1）沟通能力；

（2）积极主动性；

（3）团队合作精神；

（4）领导能力；

（5）学习成绩；

（6）人际交往能力；

（7）适应能力；

（8）专业技术；

（9）诚实正直；

（10）工作道德；

（11）分析和解决问题的能力。

以上技能和个人品质中的第（1）（4）（6）（7）（11）属于可迁移技能，第（2）（3）（9）（10）属于自我管理技能，而知识技能位列第（5）和第（8）。美国劳工部及美国生涯咨询和发展协会的另一份调查结果显示，雇主们非常重视雇员的自我管理技能和可迁移技能。具体如下：

积极向上、有奋斗目标；

善于学习和读写算的能力；

创造性思维和解决问题的能力；

良好的交流能力，包括听、说能力；

个人和事业开拓能力；

良好的组织和领导能力；

交际谈判能力及团队精神。

事实上，国内用人单位在招聘员工时不仅仅考察每个人的专业知识技能，他们会更侧重于考虑应聘者的一些其他技能，如良好的沟通交流能力、较强的解决问题能力及组织领导能力，尤其是团队精神。

## 六、实践与应用

### （一）发现自己的成就及技能

1. 可衡量的业绩

回顾你的过往历史，哪些业绩是能量化的？比如“考试考了第一名”或者“大学期间获得过四次奖学金”，那么还有哪些成就是可以用来量化的呢？再比如“作为某项活动的组织者，成功带领团队组织了超过500人的大型活动”或者是“在兼职期间，使单位的业绩提高了5%”等。通过列举出明确的数据来证明你所获得的成就是非常有说服力的。

个人所取得过的可衡量的成绩：

2. 来自他人的认可

也许是你获得的荣誉（成功获得某项比赛一等奖）、新任职务（如被选定为学生会部长）的形式，也会是某一些人直接对你的表达（比如你成功地组织了某项活动）。也许大多时候这种认可很微妙，因此需要仔细回想。

你是否曾从几个人中被选中去面临更大的责任，比如在某项活动中成为组织领导者？

你身边的人是否会总以你为核心去做某一些事情？你认为他们认可的地方有哪些？

你身边相对较为熟悉你的人会如何向别人介绍你？

如果你不再担任现在的班级职务或者离开了实习岗位，你的同学或者同事会感受到有什么不习惯或者不适应吗？

假如当你面对这些问题不知道如何回答时，你可以去向身边熟悉的人寻求帮助。一旦你发现你和身边的人交际太少，人际关系范围很窄，那么意味着你需要扩宽自己的朋友圈，不要只侧重学习，还要多和人交朋友。

曾经来自别人对我能力的认可：

3. 技能词汇表

根据下面的词汇，选出你觉得对应自我管理技能的词语，并举例说明理由。

符合个人特点的自我管理技能词汇：诚实、正直、热情等。

4. 技能测试

和上述方法一致，根据分类，写下你觉得一个人最重要的技能，并举例说明。

个人最重要的5项自我管理技能：

个人最重要的5项可迁移技能：

个人最重要的5项专业技能：

也许通过上述测试，你能够更加清楚地了解自己的技能。就像开头的那句话一样，大多数时候一个人并不十分清楚自己的优势。而探索自我技能可以让一个人通过相应的测试了解自己到底具备哪些技能，对自己能够有一个清晰的认知，帮助个体认识自己的优势和劣势。从而侧重于自己擅长的方面，认真思考在以后的职业生涯中会用到哪些技能，应该如何去培养和发展这些技能。

### （二）了解职业对技能的要求

练习：教师职业的技能要求有哪些？

每个人都熟悉教师这一职业，因为在长时间的学习过程中，我们经历过无数的教师。可是我们从来都没有去认真思考一下到底作为一名教师应该具备哪些技能。通过讨论，来说说对于教师来说哪些技能是重要的。

仅仅了解自身所具备的技能仍是不够的，还需要不断地思考自身具备的这些技能适合从事什么样的职业，或者进一步了解自己向往的职业有什么样的技能要求。因此，我们也需要掌握探索职业技能要求的途径和方法。

教师的自我管理技能：细致，耐心，关怀他人，较强的责任感等。

教师的可迁移技能：教学，培训，指导，沟通，评估，激励，问题解决，与学生、家长的交流，调查，研究，分析问题，写作，报告，说服，调节，管理，组织协调等。

1. 生涯人物访谈

所谓“生涯人物访谈”，就是像某一领域某一职业的人专门去了解这项工作的技能要求，应用这种方法是权威和细致的。可以帮助更好地了解这一工作应该做哪些技能准备。

比如，一位学习文秘专业的大学生，在请教了一位从事文秘工作的朋友后，写道："文秘工作根据市场需求通常被划分为文员和秘书，文员的要求较低，一般只要求具有相当的学历、电脑使用能力和相关办公用品的操作能力，流动性较大。而作为秘书，除了需具备文员的基本条件外，还要有较高的学历和外语水平、较强的综合接待和处理事务的能力，还要辅助领导完成相应的管理工作。另外，是否持有秘书岗位资格证书也是企业在选择员工时的关键考虑因素。高级秘书或外事秘书对综合能力和专业能力要求较高。不同性质的秘书所需要的必要技能是不同的，但语言、沟通、礼仪、写作、调查和实用书法等基本技能、具体分析和解决实际问题的能力、自学能力是最基本的。对于商务秘书来说，除了上述几点之外，他们还应该具备一定的英语读写能力和对话能力，能够进行商务英语对话，能够用英语书写信函、文件和其他常见的实用文章。"从上面的介绍可以看出，这个学生在生涯人物访谈后，对自己在大学需要关注和发展的技能有了更清晰的理解。

从"生涯人物访谈"得到的有关职业技能要求的信息有：

2. 根据职业的技能要求培养和发展个人技能

职业技能是多种多样的。了解职业的技能要求十分重要，因为技能的发展和培养需要一定的时间，而个人的精力和时间是有限度的，在大学学习生活中，如何分配有限的时间在做什么样的活动上，这在很大程度上取决于我们的职业生涯目标和它所要求的技能。只有当我们明确了目标职业所需技能时，我们才能早做准备，规划需要重点发展的技能，并通过各种课程学习和实践活动来培养这些技能，从而有计划、有针对性地丰富大学生活，到毕业求职的时候才能够做到有底气、有实力。

当今大学生应该侧重在职业技能的角度去看待职业，并在简历和面试中体现与工作相关的技能。大学时代的学习不应该也绝不能只是局限于书本知识，而应该更广泛地关注于各方面技能的培养和发展。

### （三）技能的表达

1. 三种技能的结合与表达

前面阐述过，知识技能的运用是在可迁移技能基础之上的。所以，我们可以将可迁移技能与知识技能结合在一起，用来说明个人知识技能的运用，比如"教授大学无机化学课"。如果只是这样说，是不能凸显个人技能特点的，往往什么样的工作态度才是体现我们和其他同事区别的关键因素。因此，我们还可以在可迁移技能与知识技能前，加上一些用来描绘自我管理技能的词语。比如"细致地""耐心地""风趣地""有创意地"等。当然，还可以将这些描绘词汇拓展开，例如："有创意地"可以更具体地描述为"使用多媒体教学手段""组织化学小组参加竞赛等课外活动"等。这样一来对个人技能的描述和说明就显得相当具体、确切。

试用这样的方法把个人的三类技能融合起来。比如：

（1）熟练地翻译英文资料；

（2）细致地归类学生会工作文档；

（3）全面详尽地考虑学生会管理工作；

（4）独立组织学院100余人参加学校广播体操比赛；

（5）从事兼职销售工作，培养了吃苦耐劳的精神，锻炼了与客户清晰沟通、快速了解并满足客户需求的能力。

2. 在个人技能与职业技能要求之间架起桥梁

“技能”，既应该是个人所擅长的，又必须是职业所要求的。

当大学生面临求职找工作时，他们觉得自己应该把自己所学的、所掌握的能力全部展现在简历或者面试官面前。但实际上，你所展现的一些能力可能与你所寻求的职业关联不大，这不会成为你胜任这项工作的影响因素，反而还会占用宝贵的时间，这样没有重点地推销自己，甚至会淹没了真正重要的因素。

较为适当的行为是：在充分了解和掌握正在寻找的职业时，分析个人技能与职业技能的适配度，再有针对性、有重点地准备简历、面试等一系列环节。要让简历和面试展现出你的工作技能与职位的技能要求是十分匹配的。

## 案例分析

小胡的技能分析：

1. 专业知识技能

➢ 在大学课程中学到的：国际贸易、英语、中国古代哲学与文化、英美文化；

➢ 从校外培训、辅导班、研讨班学到的：新闻类文章的写作；

➢ 从爱好娱乐休闲、社团活动、家庭生活中学到的：卫生健康知识（红十字会）、心理学常识（心理社团）、播音技巧（校广播站）、不同地方的风土人情（旅游）；

➢ 从志愿者工作中学到的：翻译技巧（国际性会议志愿翻译）、历史和文物保护（博物馆讲解员）、教学技能（志愿口语教师）；

➢ 在工作（包括兼职和暑期工作）中学到的：报刊的选题与编排（在校办杂志的实习）；

➢ 通过阅读、看电视、听广播等方式学到的：电影评论、文化和历史、心理学知识；

➢ 以上知识技能通过组合我们可以得到：“英语”与“国际贸易”组合，可以从事“外贸专员”的工作；“中国古代哲学与文化”与“英美文化”“历史和文物保护”“各地的风土人情”等知识组合起来，可以从事“导游”“博物馆讲解员”“空乘”之类的工作；加上“报刊的选题与编辑”知识，则可以从事“专栏作家”“记者”等工作；与翻译技巧组合时，还有助于从事书籍“翻译”工作；与播音技巧组合时，可选择“广播节目主持人”这样的职业；与“教学技能”组合，则可从事“英语教师”工作；心理学知识对从事“导游”“空乘”“记者”“教师”“营销顾问”等与人沟通较多的职业非常有帮助。

小胡认为在工作中自己愿意使用的比较重要的五项知识技能依次为：英语、中外文化知识、写作知识、心理学基本知识、国际贸易知识。

2.自我管理技能

在“别人眼中的我”练习中，小胡从朋友、同学和家人那里得到的反馈是：外向、自信开朗、友好真诚热情、积极主动、感性善良而富有同情心，有亲和力、善解人意、聪明、活泼、缺乏条理、情绪化、理想化、富于想象力和创造力、有抱负。

从“自我管理技能词汇表”中，小胡选择了一些认为符合自己实际的词：热情、善良、自信、感性、敏锐、有想象力、有洞察力、有创意、优柔寡断、精力充沛、唯美、独立、直觉、好奇、灵活。

小胡认为在工作中自己愿意使用的比较重要的五项自我管理技能依次为：有想象力、创造力、热情自信、真诚友好、敏锐。另外，他也意识到自己做事有时缺乏条理性，容易虎头蛇尾，对琐碎的事情缺乏耐心，有优柔寡断的情况，这些都有可能会阻碍他职业的发展，需要特别关注。

3.可迁移技能

小胡仔细回想了自己的成长经历，写下了一部分成功故事，同时分析了成功故事中所涉及的技能。

高中时，小胡渴望成为学校的报社记者，即便面临100多位能力很强的竞争者，他依然凭借自己出色的语言沟通、书面表达、组织领导能力通过了层层面试，最终应聘成功。在这其中有很多技能，包括积极、热情、勇敢的态度，出色的语言表达能力、书面写作能力、交际能力、随机应变能力等。

大一上学期为了英语短剧的表演，他组织带领其余同学进行排练，帮助同学解决准备过程中遇到的各种问题，在他们的共同努力下，英语舞台短剧取得了优异的成绩。这里用的能力有组织领导能力、策划能力、协调能力、沟通能力等。

大一下学期作为学校代表参加了省博物馆举办的志愿讲解活动，他通过自己查资料，反复学习准备，向相关的工作人员学习讲解的技能和专业的内容，他能够将博物馆展览的内容生动地讲解出来，真诚耐心地回答参观者提出的问题，得到了博物馆、学校和参观者的认可和表扬。这里所用的技能有学习能力、沟通能力、服务能力以及勤奋积极、热情耐心的品质。

大二，由于他突出的英语水平，帮助同学提高英语成绩。在一个月的时间里，他自己制订教学时间、教学内容和教学计划，当遇到困难时，勇敢地解决问题，有针对性地帮助每一位同学解决各自在英语学习上的问题，当同学们的英语能力都有明显提高时，他也自豪极了。这里包括的技能有教学能力、组织能力、策划能力、领导能力以及乐于助人和负责的品质。

大三时曾担任学校红十字协会会长，在他的倡导下，红十字协会组织开展了一次造血干细胞志愿捐献活动。他为了此次活动能够顺利开展，学习了大量关于造血干细胞的知识，并对自己成员进行相关知识普及，为活动的宣传做了很多的工作。此外，他积极联系相关专家到学校开展讲座，接待、安排讲座、服务都是他进行安排组织。此项活动开展得很顺利，他觉得自己所做的工作十分有意义。而当同学们在听了他的介绍后，纷纷由怀疑观望到表示愿意填写志愿书捐献造血干细胞时，他觉得非常有成就感。

以上所使用的技能有组织、领导、人际交往、信息收集、创意策划、讲解表达、说服、协调、激励和感染他人的能力，积极主动、真诚的态度，强烈的社会责任感，敢于承担风险的精神。

小胡认为在工作中自己愿意使用的比较重要的五项可迁移技能依次为：口头和书面表达能力，人际交往能力，创意、设计、策划能力，快速学习的能力，领导和激励他人的能力，课后，小胡将这些技能填写到了自己的生涯规划档案中。

4.辨识和了解职业的技能要求

小胡准备在期末考试结束后，利用假期时间对自己感兴趣的职业进行进一步的了解，通过网上查找、人物访谈等形式收集有关信息（包括职业的技能要求）。

## 问题思考

（1）作为当代众多大学生中的一个，我很普通，我学的专业也很普通，我的成绩很普通，我的家庭、能力、特长仿佛都可以用普通来形容。我觉得自己没有什么职业技能，面临找工作时，跟这么多人比，我觉得自己没有什么竞争力，我该怎么办呢？

答：其实这种情况是正常的，很多同学经常感到“我有的能力好像别人都有，别人有的我却没有”，总认为自己没有什么竞争力，不具备超常的能力。其实，造成这种想法的原因是我们没有真正意义地了解自己，没有理解能力的组成部分。我们从小就开始接受各种能力的培养，学习知识、学习技能。我们每一个人在这个世界上都是独立且特别的个体，我们的经历与价值都是无法复制且独一无二的。我们没有发现这一点往往是因为我们总是将眼光放在别人身上，而忽视了自己的独特性，因此总是按别人的眼光去做事而没有按照自己的心去做想做的事。

更重要的是我们还要懂得去解析自己、关注自己，既要看到自己身上那些特有的专业知识技能，更要发现自己身上的独特性，我们的性格、品质，要知道自己擅长的方面，这样一来，我们会发现我们竟然掌握了那么多技能，并且深感骄傲。

（2）我的问题是：我对我现在的专业没有学习兴趣，而对我喜欢的专业却缺乏能力。虽然我的专业是计算机但是我却对人力资源尤其感兴趣。但是事实上，我没有全面系统地学习过人力资源专业的内容，在这方面欠缺很多的专业能力。在面临找工作时，我知道自己在这方面没有什么竞争力，但是我还是想从事我喜欢的职业，我该怎么办呢？另外，如果所学专业就这么丢掉了，深觉可惜。

答：专业与职业其实没有直接的对应关系。两者之间最相关的是知识技能。实际情况是，工作上用的东西并不全部来自课本上学习到的知识。专业能力可以通过学习、实践等多方面渠道来提高，另外一些可迁移技能并不需要专业的知识背景也可以掌握得很好。因此，如果你想从事本专业以外的其他工作，可以从技能的角度着手，你要先了解人力资源管理的工作需要哪些职业技能，然后分析自己是否具备相应的能力，如果不具备，那么该如何培养起来。此外，你还要清楚地认识到你自己现在的专业使你具备了哪些能力，这些技能是否可以应用到人力资源管理的相关工作，按照这个思路来解决你现在的问题，可能是适合的。

（3）我马上就毕业了，工作已经签完了，现在老是担心能不能适应上班后的生活，也担心自己不能胜任那份工作。

答：如果在求职的时候已经准确地了解了这份工作所要求的职业技能，并且明确地认识到自己有这方面的能力，那就不会出现质疑自己的这种情况。这种问题出现的原因是在面临找工作时比较盲目，有一个工作就算，逮着什么是什么。所以，在正式就职之前，清晰地知道自己向往的职业需要哪些技能以及自己具备哪些技能都是十分重要的，如果有哪些地方不匹配，也能够提前弥补。

（4）现在社会上需要具有什么能力的人？一个成功的求职者最具核心的竞争力是什么？

答：当今这个社会有无数种职业，每一个职业所要求具备的技能也多种多样、不尽相同。但是想要成为一个成功的求职者和工作达人，“应变能力”是必须具备的能力之一。有人说：“生涯之道即应变之道。”职业生涯规划就是要尽可能地让每一个面临寻求工作的人匹配到自己合适的职业，还要让个体知道自己具备以及不具备什么技能，从而能够更好地培养和发展自己的技能，完善自己。

“天生我材必有用”“自我认识，自我欣赏”的能力也是极其重要的。很多时候，我们总是羡慕某个成功人士的成功经历，往往忽视了个人是与他不同的人、身处环境不同，努力想要模仿的时候，我们很多时候看到的是自己的缺陷，却没有发现自己所长。只有认识到自己的长处和能力，才能够在社会中立于不败之地，因为独特性才是个人真正无与伦比的竞争力。

# 第三章

# 职业分析·人职匹配

## 第一节　认识职业世界

**案例导读**

小李在高考结束之后进入一家服装制造公司兼职，负责日常的流水线工作，在经过几天的工作后，小李发现他所在的职位只是公司庞大运行体系中的一个小小的环节，小李不禁产生了疑惑：暑假的工作能称得上一种职业吗？

小李在大学中所学的专业是管理科学，对自己未来的职业生涯非常迷茫，所以想利用业余时间学习一些其他的专业知识或技能，此时的小李又产生了疑惑：社会上究竟有哪些工作岗位？各式各样的工作岗位有无划分依据？这些工作岗位的用人要求是什么？

就业意味着要踏入社会、进入职场，这与大学生的校园生活有明显不同，因此，大学生对职业世界有疑惑感、陌生感是正常的，通过本节的学习，将使大学生对于职业世界有基本的认知，进而克服对职业世界的恐惧。

### 一、职业分类

职业分类，是指按一定的规则和标准把一般特征与本质特征相同或相似的社会职业，划分并归纳到一定类别系统中去的过程。

#### （一）按国家标准分类

2022年7月，人力资源社会保障部向社会公示了新修订的《中华人民共和国职业分类大典》（以下简称大典）。此次大典修订工作，是2021年4月由人力资源社会保障部、国家市场监督管理总局、国家统计局联合启动的，也是自1999年颁布首部国家职业分类大典以来的第二次全面修订。

新版大典包括大类8个、中类79个、小类449个、细类(职业)1636个。与2015年版大典相比，增加了法律事务及辅助人员等4个中类，数字技术工程技术人员等15个小类，碳汇计量评估师等155个职业(含2015年版大典颁布后发布的新职业)。

新版大典的一个亮点，就是首次标注了数字职业(标注为S)。数字职业是从数字产业化和产业数字化两个视角，围绕数字语言表达、数字信息传输、数字内容生产三个维度及相关指标综合论证得出。标注数字职业是我国职业分类的重大创新，对推动数字经济、数字技术发展以及提升全民数字素养，具有重要意义。新版大典中共标注数字职业97个。新版大典沿用2015年版大典做法，标注了绿色职业133个(标注为L)。新版大典中，既是绿色职业又是数字职业的有23个(标注为L/S)。在此次大典修订中，为全面、客观、准确反映当前社会职业发展实际状况，将近年来新增职业信息纳入了新版大典，对部分原有职业信息描述进行了更新，并取消了已消亡的部分职业，反映了数字经济发展的需要，顺应了碳达峰碳中和的趋势，契合了创新、协调、绿色、开放、共享的新发展理念，满足了人民美好生活的需要。

第一大类：党的机关、国家机关、群众团体和社会组织、企事业单位负责人，其中包括6个中类。

第二大类：专业技术人员，其中包括11个中类。

第三大类：办事人员和有关人员，其中包括4个中类。

第四大类：社会生产服务和生活服务人员，其中包括15个中类。

第五大类：农、林、牧、渔业生产及辅助人员，其中包括6个中类。

第六大类：生产制造及有关人员，其中包括32个中类。

第七大类：军人，其中包括4个中类。

第八大类：不便分类的其他从业人员，包括1个中类。

### (二)按三大产业分类

根据《国民经济行业分类》(GB/T 4754—2017)标准，可将职业划分为相应于三大产业的三类。

第一产业是指农、林、牧、渔业。

第二产业是指采矿业，制造业，电力、热力、燃气及水生产和供应业，建筑业。

第三产业即服务业，是指除第一产业、第二产业以外的其他行业。第三产业包括：批发和零售业，交通运输、仓储和邮政业，住宿和餐饮业，信息传输、软件和信息技术服务业，金融业，房地产业，租赁和商务服务业，科学研究、技术服务业，水利、环境和公共设施管理业，居民服务、修理和其他服务业，教育，卫生和社会工作，文化、体育和娱乐业，公共管理、社会保障和社会组织，国际组织。

### (三)按职业发展前景分类

(1)曙光职业。东方已经出现亮光，但是太阳还没有升起。如心理咨询师、职业生涯辅导师等。

（2）朝阳职业。就像一轮红日冉冉升起。如人力资源经理、市场营销经理等。

（3）如日中天的职业。指那些已经充分发展并且目前占据主流的职业。如IT界的编程人员、公务员、软件工程师等。

（4）夕阳职业。指那些从业人员正在减少、人员数量明显呈下降趋势的职业。如公交车售票员等。

（5）黄昏职业。该职业已经“暮色环绕”，从业人数急剧减少。如送煤工、掏粪工、弹棉花的人员、修钢笔的人员等。

（6）流星职业。像流星般一闪而过的职业。如传呼台的传呼服务员、电报投递员等，曾经有很多人做这项工作，这个职业现在基本上不存在了。

（7）恒星职业。自从人类有文明记载以来，几乎是几千年一直存在的职业，如农民、教师、厨师、医生等。

（8）昨日星辰职业。该职业曾经持续了很长时间，现已完全消失。如货郎、铅字排字工等。

大学生在确定职业方向时应该更多考虑从事“曙光职业”“朝阳职业”和“恒星职业”。

### （四）按付出劳动的性质分类

根据劳动的性质，社会上主要有蓝领、白领、灰领、金领、粉领和绿领。

（1）蓝领。蓝领是指从事体力劳动，需要穿制服的工人阶级。他们的工作服通常是蓝色的，因此得名。这个词来自美国，其历史可以追溯到19世纪工厂的服装规定。当时，工厂统一向操作人员发放海军制服，制服由耐用、耐脏的面料制成，其中大部分属于深色系。现在，蓝领又细分为普蓝、锐蓝和深蓝。普蓝从事体力劳动；锐蓝是中产阶级，他们可能会变成白领；深蓝是指具有较强专业技能的人才。

（2）白领。“白领”一词起源于1928年。他们从事高端工作，专业技能强，收入稳定，工作环境好。他们经常穿白衬衫、打领带。这一群体一般具有以下特点：受教育程度高、专业技能他人无法替代、工作环境好、思维前卫、精神生活追求走在社会前列、抵御经济危机能力强。20世纪50年代，美国社会学家怀特·米尔斯认为，白领不在于外表，而在于内在性格。他们的工作效率很高。

（3）灰领。灰领是指与白领、蓝领相比，不仅具有较强的理论知识水平，而且具有较强操作能力的劳动者。简单地说，这是一个可以同时使用大脑和手的人。

（4）金领。金领阶层是一个高度集中的社会精英阶层。美国《财富》杂志对金领的定义如下：他们一般25~45岁，受过良好教育，具有一定的工作经验、商业规划能力、专业技能和一定的社会关系资源，年薪在15万~40万美元之间。

（5）粉领。根据社会学家的定义，粉领通常指从事次要工作的女性。例如，秘书是最具代表性的粉领工作之一。此外，还有数据录入人员、门店销售人员、教学或其他教育工作，其他包括护理、清洁等工作。

（6）绿领。随着绿色经济浪潮席卷全球，另一个新的职业阶层“绿领”正在悄然崛起。“绿领”一词最早由美国佛蒙特州法学院教授帕特里克·赫夫南提出。2007年，联合国环境规划署领导了绿色就业倡议，对绿色经济的兴起及其对就业的影响进行了首次全面研究。根据联合国环境规划署的定义，“绿领”是指从事农业、制造业、研发、管理和服务活动的工人。

## 二、职业发展趋势

进行职业生涯规划，必须了解与社会经济生活相关的产业结构、行业领域、职业岗位以及现代劳动形态的变化状况与趋势，还必须了解相应的产业信息和社会需求改变的信息，否则很可能制订出脱离实际的计划，根本无法实施。

### （一）全球职业变化发展态势

1. 新职业的不断产生

在生产领域：典型的有第一产业中的基因和转基因工程师、遗传工程师、细胞工程师、生态农业和技工、节水灌溉技师和技工。第二产业中的加工中心工程师和技师、环境监测工和技师、计算机辅助设计工程师和技师、计算机辅助制造技师和技工等。

在服务领域：①信息服务业。信息和通信技术的迅速发展导致了对计算机基础科学和各个领域的计算机工程师、计算机系统分析员、应用专家和操作技术人员的大量需求。②管理咨询行业。随着管理咨询活动对经济、生产、社会生活乃至个人的影响越来越大，它们已成为第三产业中增长最快的另一个职业群体。金融分析师、投资顾问、心理顾问、人力资源经理、保险估价师、保险精算师、税务师、金融代理等都已成为最新的职业。③社会服务。在第三产业，改善居民生活、满足居民消费需求的服务业也取得了突破。家政服务助理、养老服务商、育婴服务商、形象设计师、健身教练、室内装饰设计师等职业层出不穷。

2. 旧职业的衰落和消退

衰落和消退职业主要集中在第一、二产业，以及第三产业中少部分职业，这些行业的衰落和消退往往与技术或产品的更新有关。例如，排字员、票务管理员、机械打字员等职业正在逐渐消失，农业高度集约化使百万农民改变职业。另外，由于制度和政策的限制，禁止使用某些材料或工艺，使某些职业难以继续。例如，对氟产品的限制使各类加氟技工都面临改行的选择。

3. 职业的调整和变化

在三个产业中，许多传统职业在新的条件下经历了重大调整和变化。在第一产业中，传统农民已转变为农业机械师、农学家或更专业的现代农学家，从事无土和无害耕作。

传统的海洋渔民也在向工程师和技术人员转变，从事海洋产品的种植、养殖和深加工。在第二产业，传统的手工制图员正在转变为使用计算机的电子制图员；煤炭开采、石油开采和其他技术向高科技的转变产生了新型的煤炭液化和气化行业以及海上石油开采行业。在第三产业中，变化和发展更为迅速。理发师被改造成形象设计师，销售仓库管理员被改造成物流分销商。事实上，随着生产技术的进步，几乎所有行业都会经历一些调整和变化。

### （二）我国职业变化发展态势

从发展态势看，我国未来职业将出现以下发展态势。

1. 由单一基础向跨专业、复合型转化

从目前的招聘和就业情况分析，工作要求和劳动方式已逐渐由简单变为复杂。过去，一份只需一项技能就能胜任的工作，现在往往需要具有大量相关学科的知识和技能，以及更多的跨学科知识和技能的复合型人才。例如，许多职业的员工都需要具备一定的英语技能和计算机技能。

2. 由封闭型向开放型转化

随着社会发展，专业岗位的范围和服务对象越来越广泛，还必须增加接收信息的渠道。因此，人们需要有一种开放的观念和心态，彻底摆脱封闭状态。此外，开放式体现在专业岗位的性质上，也在人际交往、沟通、信息咨询和交易等形式上增加了一些内容。

3. 由传统工艺型向信息化、智能型转化

传统工艺职业的技术含量相对滞后，技术更新速度相对较慢，有时他们跟不上时代的步伐。提高职业岗位的技术含量，改善劳动组织和生产手段，提高劳动生产率，是发展生产力的关键之一。能够熟练应用信息管理方法的智能操作员是未来工作更新和工作内容更新所需的新人才。例如，新兴的仓库管理需要及时提供库存信息，因此物流相关职业产运而生。

4. 由继承型向知识创新型转化

随着知识经济的到来，要求社会成员不断树立创新意识，在自己的专业岗位上开展创造性工作。在未来，只有创造性人才才能更好地胜任其工作职责。例如，舞蹈灯光设计师、个人形象设计师和其他职业。

5. 由服务性职业向知识技能化发展

社会生产力的提高解放了劳动力，人们越来越需要社会服务业为他们提供便利。在第三产业工人数量不断增加的同时，对员工素质的要求也在不断提高。知识型服务职业应运而生，是吸纳社会劳动力的主要渠道。例如，传统的职业介绍已经演变为职业指导或猎头服务，而原来简单地提供信息或中介活动已经发展为利用知识提供信息咨询服务。

劳动力市场预测人士认为，未来服务业将越来越多地出现新的就业岗位，尤其是与健康、通信和计算机相关的就业岗位。

## 三、互联网时代的职业发展

### （一）互联网对传统行业的改变

商业的本质不会发生变化，“互联网+”更像是催化剂，提升实体经济的核心竞争力。产业价值链的各个环节，以及企业经营各个层面都有可能被改变。互联网对传统行业的改变大体会经历四个阶段：营销的互联网化—渠道的互联网化—产品的互联网化—运营的互联网化。

（1）营销的互联网化。传统行业将互联网作为一种新的营销途径使用，比如，从在杂志上做广告转移到微博、微信上。

（2）渠道的互联网化。线上渠道具有很多明显的特征，如较低的成本和门槛等。尤其在2008年经济危机爆发后，由线下转战线上的传统企业越来越多。在电商巨头的刺激下，更使得线下的企业不得不进行互联网的转型。

（3）产品的互联网化。从2010年开始，最为经典的案例便是小米公司的快速成长和崛起。

（4）运营的互联网化。通过与互联网融合，传统企业实现了数字化和网络化，获得了可持续发展。

1. 第一产业

互联网农业的主要模式包括以下三种：一是运用互联网技术实现自动化、精准化操作的智能农业模式；二是利用互联网的强大营销能力，创建廉价且高效的营销人口；三是借助互联网的整合能力，打造营销、金融深度整合的产业链模式。这三种模式是依次递进状态，如现在许多农副产品产地已开启电商销售。

2. 第二产业

工业互联网将伴随着两大革命性转变：一是工业生产方式的革命，出现无数台新型机器、设备、机组和工作站；二是工业信息网络革命，相应的计算、信息与通信系统应运而生并不断发展，改变了信息处理和传递方式。互联网将用户需求通过网络信息平台及时反馈给工业厂商，并通过反馈进行产品的修改、调整，同时也可以将客户的个性化需求进行分门别类，通过工业模块化的组合进行个性产品的制作，这一趋势极大地推动了工业智能化的发展和工业需求效率的满足。如海尔的互联工厂运营的第一个平台是用户交互定制平台——众创汇，在此平台上，用户能够全程参与个性化定制，并通过多种终端查看产品生产的全过程；第二个平台是模块商资源平台——海达源，此平台是全球家电业第一家为供应商提供在线注册、直接对接用户需求的零距离平台，可以与用户直接交互出模块化解决方案。

3. 第三产业

第三产业作为以服务类业务为主的综合性产业，以充足的开放性和多样性，在“互联网+”时代呈现出最为丰富的产业发展状态。由于信息鸿沟的缩短，用户可以开始主动寻求自己想要的服务，而服务商也可以通过更加直接、更加互动的方式，主动挖掘用户的需求点，并进行及时改进，使服务质量和便捷性得到提升。如早上打开朋友圈查看朋友分享的新闻，出门前用打车软件叫车，等等。

### （二）“互联网+”时代的职业与职场

“我们正处在最美好的时代，也是最糟糕的时代；我们迎接希望的春天，也正面对失望的冬天。”《双城记》中的这段话正是对当今“互联网+”时代的最佳呈现。伴随互联网的深入人心，很多传统行业都发生了巨变，尤其是就业市场，不仅衍生出很多新职业，也为即将踏入职场的大学生带来了全新的机遇与挑战。

1. 衍生新职业

如今，互联网已经渗透到人们生活的方方面面，满足了大众出行、饮食、娱乐、学习等各类需求，因此，很多新职业的衍生在一定程度上满足了人们对“坐享其成”的幻想。这些职业时间自由、收入可观，是很多“80后”“90后”“00后”的理想工作。

（1）微商——就业机会增加的极佳范本。尽管很多人对微商存有非议，但微商的出现无疑是“互联网+”时代下就业机会增加的最佳范本。如今，微商销售产品的范围十分广泛，从食品到日用品，从化妆品到服装，应有尽有。

（2）O2O外卖——生活方式改变人才需求。艾瑞咨询调查数据显示，2020年中国餐饮外卖产业规模为8352亿元，年订单量为171.2亿单，相比2019年增长14.8%。截至2020年底，中国网民中外卖消费者规模为5亿。有专家指出，中国餐饮外卖行业市场现状趋势稳定，市场仍有巨大空间，外卖产业有望发展成为万亿级别规模市场。从购物到打车、吃饭，互联网正在深刻地改变着人们的生活。眼下，“饿了么”“百度外卖”“美团外卖”等互联网订餐平台纷纷开启烧钱模式，跑马圈地，抢占市场。大量的外卖订单，对物流的需求激增，专业的送餐公司如雨后春笋般涌现。

（3）网络视频主播——全民娱乐衍生新职业。传统行业遇冷，新的动力模式正在加速形成。互联网技术的迅猛发展，衍生出了一种新鲜职业——“吃播”。通俗地说，就是“我吃着，你看着，你愿意付钱，我还能赚钱。”

（4）APP开发员——薪资高、需求量大。众所周知，程序员的薪水很高，随着移动互联网的深入发展和普及，移动设备行业的持续革命保障了软件开发领域的稳定增长，各行各业都需要大量的移动开发人才，如何进行移动开发，如何在手机等便携终端上催生多姿多彩的APP已经成为整个通信产业关注的焦点。作为IT行业的核心产业，软件开发专业发展前景广阔、用人需求量大、薪资高，已经受到广泛关注。近几年，随着我国移动终端产业链的迅速发展，移动软件需求也呈直线上升之势。软件开发行业人才缺口逐年递增，因此，培养IT精英人才成了当前最重要的任务。

（5）数据分析师——不可或缺的新职业。数据分析师主要负责与大数据相关的发展战略、数据分析及数据挖掘等工作，需要具备计算机、互联网产品规划等技能，需要拥有较强的学习能力、表达能力、逻辑思维能力、抗压能力及沟通服务、团队合作意识，是企业中不可或缺也不可替代的职位。数据分析师的工作，包括信息采集、数据分析和数据转化。通过数据分析帮企业实现效益的案例有很多，基本上都是根据企业需求提供服务。

2. 职场新变化

对于即将踏入职场和刚刚步入职场的年轻人来讲，“互联网+”时代的就业市场变化让他们的就业观念产生了巨大的改变。而职场也随之出现了新的发展趋势。

趋势一：创业门槛越来越低。从就业主力军潜力职业排行来看，自主创业薪资最高，技术类职业紧随其后。此外，司机、快递员、采购员在“90后”毕业生签约职位中薪资均较高。

趋势二：短工化趋势明显。在“大众创业、万众创新”形势下，工作机会越来越多，反映在“90后”职场新人的身上，近半数“90后”就业群体对第一份工作预期的工作期限在一年以内，近半数在岗不足一年，社会就业主力军流动性加大，呈现短工化趋势。

趋势三：二线城市受青睐。近几年来，一线城市巨大的就业压力和生活压力使得越来越多的年轻人不再热衷于在一线城市扎根，“逃离北上广”从口号变成了越来越多人的现实选择，距离家乡较近的省会城市或其他经济较发达的二线城市成了就业主力军的最佳选择。

趋势四：“一技在手”得到认可。在“一技在手，走遍天下”的时代，掌握一门技能非常重要。32.6%的就业主力军因“能学到更多技能”而认为蓝领更好，只要学到技能，蓝领也能逆袭。

趋势五：招聘难与就业难并存。据光明日报报道，2021年，国家统计局对9万家规模以上工业企业的调查显示，约44%的企业反映招工难是他们面临的最大问题，出现较严重的用工荒；而求职者方面的调查显示，有27.3%的人还没有找到满意的工作。招聘难与就业难同时存在，并不是用就业难的“锅盖”去匹配招工难的“锅”的简单问题。人才的供求关系不匹配，尤其近年来随着产业转型，用人单位对人才的要求与求职者所具备的知识技能有差距。种种迹象表明，中国劳动力市场不仅面临着供给端的变化，也面临着需求端的变化。

## 四、社会职业认知的含义

社会职业认知是指在生活、学习、交往中形成的对某种具体职业的认知和评价，具体包括对职业本身的认知和对职业环境的认知。职业认知实质上是一个职业试探的过程，即人们通过各种方法来检验自己比较适合哪类职业的过程。

当代大学生在职业认知方面有其自身的特点：一方面，求职是大学生从学校步入社会的桥梁，大学生很重视求职过程，而且大学生在学校受过有关职业认知方面的教育，所有大学生在职业认知方面有较强的主动性；另一方面，大学生具有较强的自控能力，这为大学生实现更好的职业认知奠定了一定基础。

## 五、社会职业认知的内容

每个人在一生之中都必须要做出职业选择。面对不同的职业，要用到什么知识和技能？有什么样的物质报酬？又会满足什么样的精神需求？从事这个职业还要投入什么？那么，认知一个职业，到底要了解些什么呢？

### （一）工作性质

（1）这一职业所满足的需要。

（2）工作中的主要职责。

（3）该职业所生产的产品或提供的服务以及该职业中的专业细分。

（4）该职业所使用的设备、工具、机器和其他辅助物品。

### （二）所需的教育、培训和经验

（1）准备进入该职业所要求的（或有用的）大学或高中课程。

（2）进入该行业所需要的工作经验。

（3）教育、培训或工作的地点、时长、岗位。

（4）由雇主所提供的在职培训。

### （三）要求的个人资历、技能和能力

（1）一个人要进入该行业所需的能力、技能或能力倾向。

（2）职业所要求的体力（如举起重物、长时间站立）。

（3）其他的身体要求（如良好的视力或听力、非色盲、能攀爬等）和个人兴趣（与数据、人或事物打交道）。

（4）特殊的品质或气质、需要达到的标准（如一分钟至少能打60个字）。

（5）执照、证书或者其他法律上的要求。

（6）必需的或有益的特殊要求（如懂一门外语）。

### （四）收入、薪酬范围和福利

（1）所赚的钱（起薪、平均工资和最高薪酬；由于所在地区不同而有所不同）。

（2）通常提供的福利（退休金、保险、假期、病假等）。

### （五）工作条件

（1）物质条件和安全（办公室、工厂、户外、噪声、温度）。

（2）工作时间安排（小时、白天或夜晚、加班、季节性工作）。

（3）发挥主动性、创造性、自我管理和得到学识的机会，具备工作者需要的设备、物品和工具。

（4）作为参加工作的条件之一，具备某职业需要的资质类型。

（5）出差方面的要求。

（6）从事职业的工作者可能遭受的歧视。

（7）工作组织的类型（公司、社会公共机构、代理机构等）。

（8）职业所在的地理位置（全国性的或只存在于某个特定地区或城市）。

### （六）该职业中典型人群及其特征

（1）支配该职业环境的人或该行业中大多数人的人格特征。

（2）年龄范围、男性和女性的比例、学历层次。

（3）外籍人士的比例及岗位、少数民族工作者的数量。

### （七）就业和发展前景

（1）进入该行业的通常方法。

（2）在地方和全国范围内的就业趋势。

（3）提升的机会，职业阶梯（你从哪里开始？什么时候能达到什么位置？）

（4）该行业中工作的稳定性。

### （八）个人及社会满意度

（1）该职业所体现的价值（高收入、成就、安全感、独立性、创造性、休闲和家庭生活的时间、变化性、帮助他人、社会声望、认可度）。

（2）他人和社会对该职业的看法：关于这种职业他们喜欢什么？不喜欢什么？

## 问题思考

#### 回望职业变迁

还是在几年前，小区里经常会来一位年过半百的磨刀师傅，每过一段时间就推车转悠。“磨刀喽”，左邻右舍听到喊声就拿出自己家的刀来。一天，到楼下和这位老师傅聊了几句。“现在像你这样磨刀的不多了吧？”“是啊，我呀再干几年就不干了。”“是不是磨刀补锅的职业快消失了？”“管它呢，我也干不了几天了。”

这位老师傅也许不知道，在国家新公布的《职业分类大典》中，早已没有了磨刀、补锅这类职业。其实，在不知不觉中，大家原来熟悉的一些职业在消失、萎缩，而同时，又有大量的新职业出现。许多新鲜的名头开始越来越多地写进中国人的名片：婚姻规划师、精算师、留学顾问、网络编辑员、网络模特、驯兽师、代驾等。

# 第二节　探索职业世界

## 案例导读

小李在大学毕业后有人推荐去水泥厂工作，当时的水泥厂产能高、销量好，职工的工资水平高，并且福利待遇也较好，在朋友的劝说下，小李看中其工资待遇好的优势，顺利进入该水泥厂负责财务工作。几年后，在大学同学聚会上，不少同学调侃小李："现在都飞黄腾达了吧，职位升到顶了吧"？小李讪讪地说道："哪儿有的事，公司都没有发展前景了，我都不知道该去还是该留，做了三年多，也没有能学习的东西了，最近我也非常苦恼是跳槽还是一直做下去。"面对小李的两难困境，同学们认为小李必须做出抉择，因为这家公司的发展前景将直接关系到个人的发展以及职业生涯。

首先，关于小李提出的水泥厂现在没有发展前景，同学们认为小李应该区分是公司没有发展的空间，还是自己在公司没有发展前景。可以从两个方面来做分析：一是认真分析水泥厂的发展趋势，了解其在行业当中的战略规划是什么样的，目前的市场份额、竞争情况以及是否会被替代的风险等因素；二是分析自己在这个公司里面是不是一眼就看到头了，有没有晋升的空间。

其次，对于小李所说的"也没有能学习的东西了"，小李应该区分是公司没能给予相应的培训学习，使其不能获取更多的职场技能，还是小李没有主动学习的欲望。对于前者，可以从公司有没有针对团队和员工职场晋升的不同阶段的系统培训；公司有没有一个完善的学习体系；公司团队的知识结构不是互相弥补的，即自己没办法从其他人身上去学习到东西，大家都保持现状；公司领导的知识结构，还没有你掌握得完善，可供你学习的知识等几个方面进行评估。对于后者，我们正处于一个信息化的社会，各类学习资料和学习视频以及培训课程比比皆是，因此，如果小李有学习欲望，是不会学不到任何东西的。

最后，同学们认为在公司里面，小李可把握的机会是很多的，一是主动为公司做一些公司战略规划或者给自己的领导提出详细规划，看领导对于这一块有没有讨论的意愿；二是主动去承担更多的工作，比如提前用上一层级的要求和思维要求自己，做好本职工作之外，用高要求来锻炼自己的能力。三是开阔自己的视野，学习和了解相关行业的变化、新的发展趋势。

同学们建议小李慎重评估上述内容后，再决定跳槽还是继续留在公司，小李不禁心生钦佩，认为同学们的分析句句到位。原来，同学们早在选择自己的职业之前就对其进行了细致的分析，分析了目标职业的宏观环境因素以及行业发展现状、发展趋势等，以免在就业后陷入像小李一样两难的窘境。小李这才恍然大悟，自己当时只顾眼前利益，没有对水泥厂的发展进行深入探索，以至于自己现在处于为难的境地。

## 一、了解工作世界信息的作用

### （一）促进正确的生涯决策

在学校读书十多年后，突然不得不面对社会和工作，这种陌生感对大学生来说很正常。对工作世界的无知通常表现为两个极端：无知和想当然。这两种状态经常使大学生在职业规划或求职时感到困惑。他们很难在职业规划中做出决定，并陷入被动状态。正如学生们常说的那样：他们在困惑中自我推销。因此，对工作世界的探索和理解可以帮助大学生更积极地把握个人职业发展。

在不同学生的规划设计中，我们会发现很大的差别。学生的规划之所以有这么大的差别，和是否能全面地了解工作世界有很大关系。只了解和看到负面信息的学生常常会陷入悲观，比如自己不一定适合做研究或并不喜欢再继续读书，但因为对找工作陷入绝望，怀着“反正也找不到好工作，那就不找工作了，直接考研吧”的想法，就作出错误的生涯决策。但是如果学生能够清晰全面地了解工作世界，知道尽管毕业生众多，竞争激烈，只要自己仔细了解企业用人要求及工作发展的普遍路径和规律等，就能够结合自己的特点在社会中找到属于自己的工作，从而作出合理的生涯决策，而不是盲目跟风追逐所谓“好工作”，最后却迷失在求职大军中。

### （二）进一步认识和了解自己

在探索工作世界的过程中，大学生常常陷入两难境地。例如，如果你目前待在一个大城市里找一份不稳定、不理想的工作，那么将来可能会有很多学习和发展的机会；我在家乡小镇有一份薪水高、稳定的工作，但我未来的发展前景非常有限，缺乏挑战。世界上没有完美的东西，外部条件总是以这样或那样的方式限制我们，这似乎是困难和令人沮丧的。但经过深入思考，我们会发现，正是在这种困境中，我们越来越知道什么对自己真正重要，以便调整我们的行动，走出我们自己的职业道路。

### （三）培养和提升大学生的能力

许多大学生希望学校、职业指导教师或其他专业职业指导人员能够告诉他们工作世界是什么样子，但结果往往令人失望，因为每个人（包括专业职业指导人员）由于个人知识和经验的限制，无法完全掌握工作世界的所有信息，因此，对工作世界的探索更多地需要大学生自己来完成。在这一探索过程中，大学生可以培养和提高自己的许多能力，如自我管理能力中的自我负责能力，以及沟通、收集、观察等可转移技能中的能力。

### （四）预测未来发展

工作世界信息可以帮助学生预测未来可能发生的情况，以便预先做出准备，但也要知道预测的风险所在，并为此作好心理准备。

## 二、工作世界信息包括的内容

### （一）有关工作世界的一些基本事实

通过课堂讨论，学生可以列出很多和他们匹配的职业，比如管理、制造、研发和营销。这表明有很多专业和技能可以适应。因此，同一个专业可以从事各种各样的职业。例如，机械设计专业毕业的学生可以从事与助理、售前工程师等人打交道的工作，也可以从事与研发等概念相关的工作。因此，在探索工作的世界时，大学生应该了解与自己专业相关的职业。学习专业知识的目的是帮助人们更好地发展自己，而不是限制他们的发展。当我们以更广泛的方式看待工作世界时，下面这些基本事实会更容易理解：

（1）目前工作世界中有超过20000种的职业，对于大多数人来说，都有数种职业适合他们。

（2）调查表明，各个经济收入阶层和各种行业领域的人都热爱自己的工作。没有哪一种工作能够完全满足你所有的需要。所有工作都有其局限性和令人失望之处。你需要通过其他活动来平衡你的生活，才有可能感觉到完满。

（3）工作市场和经济形势都时常发生变化，甚至是急剧的变化。有的行业在目前可能充满了机会，但却会在数年内饱和。

所以在工作世界中，每个学生都有可能找到属于自己的那份工作，只是需要作好心理准备：这是一个过程，对不同的人，过程也会有长短；变化是其中必然要面对的，一个决定可能不会持续一生，也常常伴随着风险，因此需要个人不断调整和变化才能保持满意度。面对工作世界，你需要学会如何应对工作的变动，而不是一味地去回避它。

### （二）宏观工作世界现状

宏观工作世界的现状包括劳动力供求关系、各地区各行业的需求分布、职业生涯的理念等内容。工作世界信息的实时性很强，因此你在应用此段信息时应当注意其时效性。

1. 供求状况

近年来，中国就业形势总体向好。城镇单位新增就业每年以千万计的速度增长，就业规模不断扩大。例如，2013—2019年，城镇新增就业人数连续多年保持在1300万人以上。从总量上看，中国部分群体仍然存在就业压力，但就业总量不是劳动力市场的主要矛盾，就业的结构性风险大于总量风险。目前，劳动力供给不足已成为常态，表现为：一是劳动年龄人口不断减少，劳动力供给规模进一步缩小；二是劳动力需求持续增长，就业市场监测率长期保持在1以上；三是中等和高等教育的扩招推迟了适龄劳动人口进入就业市场的时间，年轻人的劳动参与率下降。

在趋势判断的基础上，结合现有的劳动力供给数据，通过相关模型对中国未来十年的劳动力供给总量进行了预测。预测结果显示，2020—2030年，中国劳动年龄人口将从9.89亿下降到9.63亿，劳动参与率将从68.44%下降到65.17%。根据这两个指标的发展趋势，中国的劳动力供给将继续下降，到2030年将达到6.27亿。

2. 结构性失业问题突出

结构性失业，主要是指由于经济结构（包括产业结构、产品结构、地区结构等）发生了变化，现有劳动力的知识、技能、观念、区域分布等不适应这种变化，与市场需求不匹配而引发的失业。结构性失业的成因主要有以下几方面：从人才市场看，不是没有就业机会，只是普遍认为的好岗位，相对于越来越多优质人才的供给来说，是稀缺的。从企业理性看，不是不给面试机会，作为强势一方，企业也要从成本收益的角度，最大化自身利益，特别是在吃青春饭的行业，年轻人的"性价比"更高。从个人心气看，不是找不到工作，只是心满意足的高收入、好岗位，相对于内心的高期待来说，也是稀缺的，心态平衡、认清自我很重要。从行业特征看，有的行业越老越吃香，比如医生、律师、教师等，知识和经验可以正向积累并转化，有的行业吃的是青春饭，更依赖年轻活力、体力和创意创造，谁也无法"两头吃"。

中国社会科学院人口与劳动经济研究所人力资源研究室主任高文书认为，"十三五"时期，经济结构和产业结构调整进入关键期，就业结构调整面临更大不确定性，结构性失业风险将会明显增大。相对来说，农民工、高校毕业生及城市本地就业困难群体的就业问题较为突出。

3. 信息化、全球化时代带来国际化人才竞争

当我们身边的计算机技术从PC发展到互联网，再到Web3.0、移动电话终端，我们相信托夫勒所预言的信息时代真的到来了。信息技术的高度发展缩短了世界各国之间的距离，促进了全球范围内经济资源的重组和配置。20世纪90年代以来，越来越多的跨国企业进入中国，如宝洁、IBM、家乐福等；与此同时，中国企业也开始向海外发展，如联想、华为等。中国的建筑公司开始在海外建设项目，中国的石油公司开始尝试在海外开采石油。另一方面，中国也成为世界OEM中心。从世界工厂到中国制造，企业的国际化必然需要具有国际视野和素质的员工。此外，使用外籍员工也会带来更加激烈的人才竞争压力。就目前的状况看，外资企业比国内企业在员工待遇上要高出很多，而外资企业中外籍员工的薪酬和他们在某一职位上的竞争力又显著地高于本地员工。

因此，大学生在规划职业生涯时，也应该有一定的国际视野，把自己放在更广阔的平台上，这有利于长远发展。了解宏观的工作世界可以帮助学生冷静地应对激烈的竞争，提前做好技能、心理等方面的准备，以积极的态度应对各种情况。

4. 多种工作形式选择的可能性

工作的形式有很多种，最常见的就是全职工作，即连续为同一雇主工作，每周工作40或40个小时以上的工作。学生在求职时都是希望能够找到一份全职工作，因为具有相对的保障和稳定性。很多人认为组织有责任照顾他们，不过，他们把自己的将来交到别人手上的做法也会增加自身的风险。

兼职工作是近些年增长很快的工作形式之一。兼职工作者每周为同一雇主工作的时间不足40小时，他们通常没有将工作报酬作为生活费的主要来源，不是为了赚取额外的收入而考虑工作。兼职工作虽然收入不一定高，也不够稳定，但对学生尤其是那些希望继续读书，但又受限于经济条件的学生来说，是很好的增长社会经验的途径。

另一种和兼职工作有些类似的工作形式是多重工作，是指一个人同时兼有两个或两个以上独立的工作角色。有时，他们也被称作“兼职者”，因为他们经常除了做“有规律的”全职日工作外，还有一份兼职的工作。多重工作者的角色包括：为两个或两个以上雇主工作，他们喜欢在具有多样性、灵活性和变化性的环境中工作，愿意不断地更新技能，从而为自己提供保障。

自由职业，或称SOHO（Small Office and Home Office），是目前社会中比较受追捧的一种自雇的工作形式，是一个人的经营模式。随着信息技术的发展，这种工作形式越来越受年轻人欢迎。因为这种工作形式具有自由、开放的性质，所以近年来越来越多的人加入到了这个行列。自由职业的风险性相对较大，因此选择此种工作形式的人通常具有良好的心理安全感、自我管理能力和自信心。

自主创业，是指劳动者主要依靠自己的资本、资源、信息、技术、经验以及其他因素自己创办实业，解决就业问题，为社会经济发展贡献智力、财力的行为。自主创业者既是企业主又是运营官，创业者和创业搭档对他们拥有的资源或通过努力对能够拥有的资源进行优化整合，从而创造出更大经济或社会价值。他们的特点是具有高风险、高回报。

上述只是当前社会中常见的几种工作形式。事实上，有多少工作形式以及如何对它们进行分类并不重要，关键是随着社会的进步和发展，越来越多的机会被提供给个人。学生在规划职业生涯时应该注意这些可能性，并给自己更多的选择。例如，如果创业是学生的终极理想，但毕业后时机还不成熟，你可以从其他形式的工作开始，通过各方面的积累创业。如果学生很难找到全职工作，不妨从兼职工作开始，培养自己缺乏的经验和能力，然后去做全职工作。只有当学生看到更多的可能性时，才能有更多的方法走上自己的理想之路，并将这种经历视为锻炼和提高的机会。在寻找理想工作的过程中遇到的好时光和坏时光都是人生精神财富的一部分。它们不能简单地分为两种结果：找工作和不找工作，这将失去在找工作过程中创造和努力的可能性。

5. 新的职业生涯信念

在传统的职业信念中，员工从属于组织，组织应该像父母一样照顾员工。同时，员工应以组织为家，以组织利益为第一，以组织认可的晋升为成功。在新的职业信念中，组织与员工之间的关系更像是一个合作者。组织为员工提供横向职业发展，员工在接受新的工作或任务时可以不断学习新的技术和知识，以满足组织的需求，提高其专业能力和就业竞争力。传统职业信念与新职业信念的最大区别在于前者认为组织应该对员工的职业发展负责；后者认为，员工应该对自己的职业负责。新的职业理念是经济和科技飞速发展的产物。日益激烈的竞争要求企业具有更灵活、快速的适应性，因此组织更愿意采用期限较短、承诺较少的“交易性”心理契约。在这份合同下，由于就业的不稳定性和竞争的不确定性，员工需要对自己的职业生涯规划更加负责，这样才能控制机会，引领个人发展。新的职业信念提醒大学生，他们应该更加积极和负责地进行职业规划，并从新的角度看待职业规划。无论在哪个单位工作，都要注重培养个人就业竞争力，更加积极地把握个人发展。

### （三）与具体工作相关的信息

当探索工作世界涉及某个具体工作时，需要了解的信息更为细致，通常包括以下几个方面：

（1）公司文化和规范；

（2）工作内容和职责；

（3）工作要求的知识、技能和素质；

（4）工作要求的资历和资格；

（5）工作时间、地点和环境；

（6）工作的可发展空间；

（7）薪酬待遇和福利；

（8）如果要去应聘，还需要了解公司的招聘文化。

### （四）继续教育和学习方面的选择

在这个知识经济时代，继续教育和学习已成为几乎所有职业发展的必然内容。一般来说，继续教育和学习的可能方式包括：研究生入学考试、在职研究生、学校资助的扶贫计划优先学习政策、出国、研究生学位班、函授、自学、在职培训、实习、成人教育、夜校、其他培训资格等。应该从时间、经济、能力和针对性的角度来理解和考虑哪种形式更适合你。

## 三、探索工作世界的方法与途径

### （一）形成自己预期的职业库

许多大学生不知道如何探索工作世界，其中一个最重要的原因是，工作中有太多的信息，他们不知道从哪里开始，更不用说如何开始了。如果有勘探的余地，就会容易得到。在以前的单位中进行自我探索，可以帮助个人初步形成一个探索的范围。兴趣和个性的探索在自我探索中，每个部分最终都有了相应的适合自己的职业。此外，每个人都有自己的理想职业，可以以头脑风暴的形式列出，这样，你就可以得到一份职业列表。如果你看看这些职业的共同点，它可能会启发你思考更多值得探索的职业。将你的能力和价值观结合起来，再次从职业列表中筛选出来，最终获得你预期的职业库。例如，学生小李渴望做生意，但很难决定选择什么工作，因为他对社会了解不多。个性探索的结果是他适合做人力资源经理、顾问、教师等。兴趣探索的结果是他应该成为社会工作者、教师、培训师等。能力探索的结果是他可以做教育、销售、客户服务等。价值探索的结果是他希望做服务、自由职业者、护理师。在职业探索的各种选择中，我们可以看到，教师职业和教育工作的出现频率最高；虽然社会工作者、客户服务、服务和护理的名称不同，但它们都清楚地反映了帮助他人的特点。因此，小李最适合的职业是与人打交道和帮助他人。其次，它具有传播性和商业性的特点。因此，他可以列出或搜索一些符合这些特征的职业，如培训、咨询、客户服务等，以便进行详细调查。

研究表明，在做决策时，太多的信息很容易让人失去理智，而不是下定决心；而且信息太少也不能让当事人了解客观事实。因此，在形成预期职业人才库时，人才库的规模应根据情况适当平衡。一般来说，对5~10个职业的调查相对温和。在信息探索的过程中，抛开自己固有的想法，保持开放的心态，很容易获得客观的信息。

### （二）用职业分类的方法帮助探索工作世界

在繁杂的工作世界中挑出相关、有用的信息是一项艰巨的工作。学生即使形成了自己的职业库，但到底有哪些工作可能和职业库得出的职业特点相符合，这也是一个问题。如果能按照一定的规则将职业分类，学生就可以轻松地找到和这些特点相关的工作了。下面介绍一些比较经典的职业分类方法。

1. 霍兰德的职业环境分类

霍兰德职业环境分类在本书第二章第二节有详细的介绍，这里不再赘述。

2. 工作世界地图

普里蒂奇（Prediger，1993）在霍兰德六边形模型的基础上做了一些调整，增加了人－事物、资料－概念两个维度（图3－1）。人－事物维度分别表示与人相关的工作，例如为人们提供服务、帮助他们等；与具体物体相关的工作，例如机械、生物、材料等。资料概念维度分别表示与具体事实、数字、计算等打交道的工作和用理论、文字、音乐等新方式表达或运作的工作。

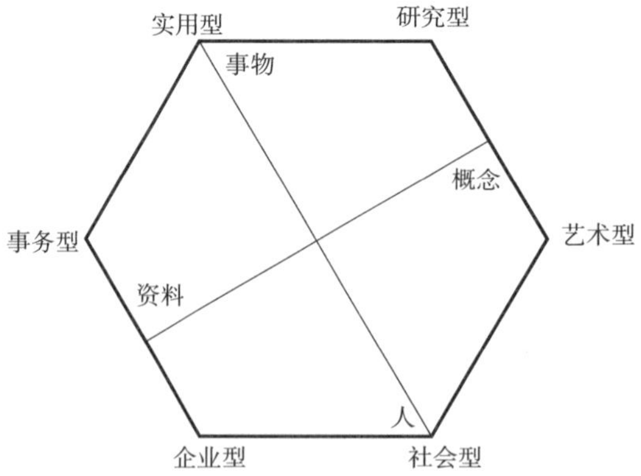


**图 3-1 职业分类图的潜在二元向度模式图**

美国大学考试中心（ACT）把普里蒂奇的研究进一步发展，他们在兴趣的两维基础上，将职业群体的具体位置标定在坐标图上，从而得到工作世界图（图3－2）。该图共分12个区域，共有20个职业群被标定在下图中。学生可根据自己兴趣类型在该图中的位置，通过与不同职业群的远近位置比较，进一步扩展与自己职业兴趣相关的工作搜寻范围。

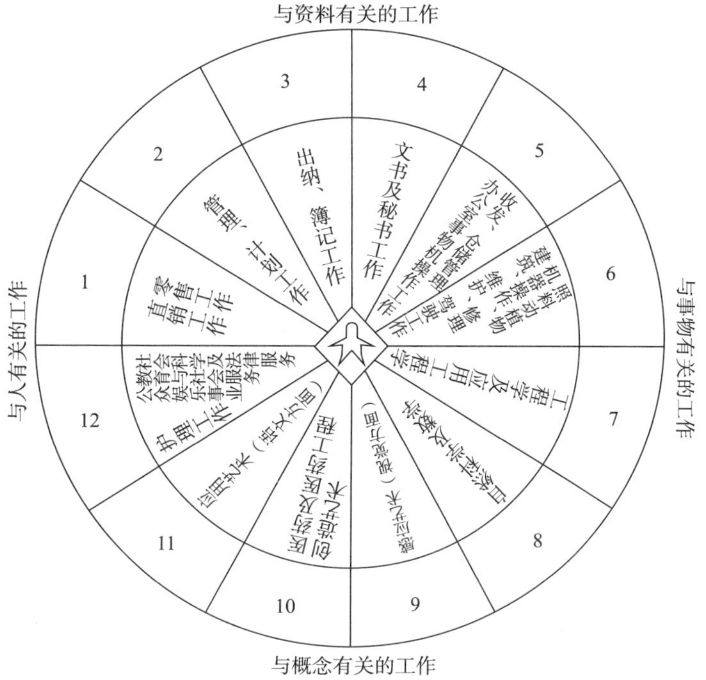


图 3-2 职业分类图（美国 ACT）

金树人等对普里蒂奇（1976）六种类型与人－事物、资料－概念之间的关系进行了进一步研究，研究对象为台湾高中生、大学生和成人，结果发现霍兰德的六角形模型与其潜在结构发生了一个新的对应关系，如图3－3所示。由于职业分类图并没有经过本土化的研究，所以学生在使用该图时可借鉴金树人的研究结果。

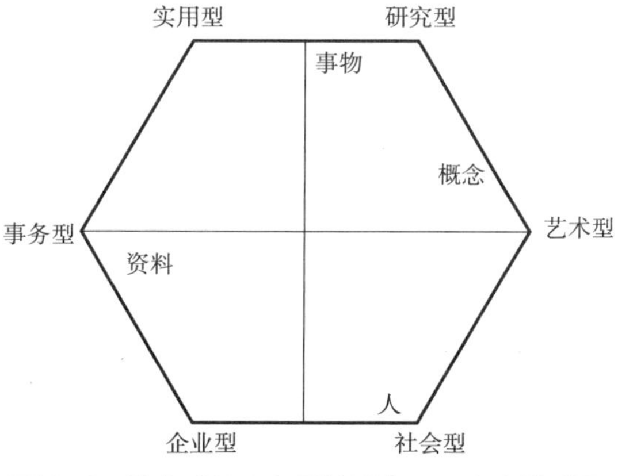


图 3-3 改良式的六角形的潜在二元向度模式图

3. JobSoSo 职业分类

JobSoSo是国内职业测评公司北京北森公司于2005年3月16日正式发布的，它以全球领先的职业分类信息技术——美国O* NET系统为基础，并经过适度的本土化，可以进行独立的职业信息搜索。这一系统包含1000余种职业，可分为以下22大类：

（1）管理；

（2）传媒、艺术、文体娱乐；

（3）销售及相关职业；

（4）商业及金融；

（5）医疗专业技术；

（6）行政及行政支持；

（7）计算机和数学分析；

（8）医疗卫生辅助服务；

（9）农林、畜牧业；

（10）建筑、工程技术；

（11）安全保卫、消防；

（12）建筑及冶炼类；

（13）科学研究；

（14）食品加工和餐饮服务；

（15）设备安装维修和保养；

（16）社区及社会服务工作；

（17）建筑物、地面清洁及维护；

（18）企业生产；

（19）法律工作；

（20）个人护理及服务性职业；

（21）物流；

（22）教育、培训及图书管理。

它对某个具体职业从职位名称、直属上级、直属下级、合作部门、职业描述、工作内容、教育背景、核心课程、工作经验、培训认证、工作环境、职业前景、知名公司、薪酬待遇、相关职业、榜样人物、该职业对人的核心要求等角度进行了比较全面的描述。

4. 工作世界地图分类

美国大学考试中心建立的“工作世界地图”可帮助大学生从理论层面上对职业类型有一定的了解。工作世界地图运用“人－事”“数据－观念”两组维度将地图分为4个象限，将职业分为6种类型、12个职业组和26个具体职业类别，地图中，左边表示与“人”相关的职业类型，右边表示与“物”相关的职业类型，上边表示与“数据”相关的职业类型，下边表示与“观念”相关的职业类型。其中：

人：是指人际交流，指需要与人进行沟通交流、协助互动的工作种类，比如，销售、教育、咨询等工作。

物：指很少需要或者不需要与人进行沟通交流，而只需要处理与事物有关的业务的工作，比如制造、运输、维修等工作。

数据：指与数据相关的工作，需要对文字、信息等数据进行收集、筛选、汇总处理，比如会计、精算师等工作。

观念：指需要发挥主观能动性的工作，通常表现为脑力劳动，比如科学家、哲学家等工作。

图3-4为工作世界地图，表3-1为世界工作地图中对应的职业族群和相关职业。

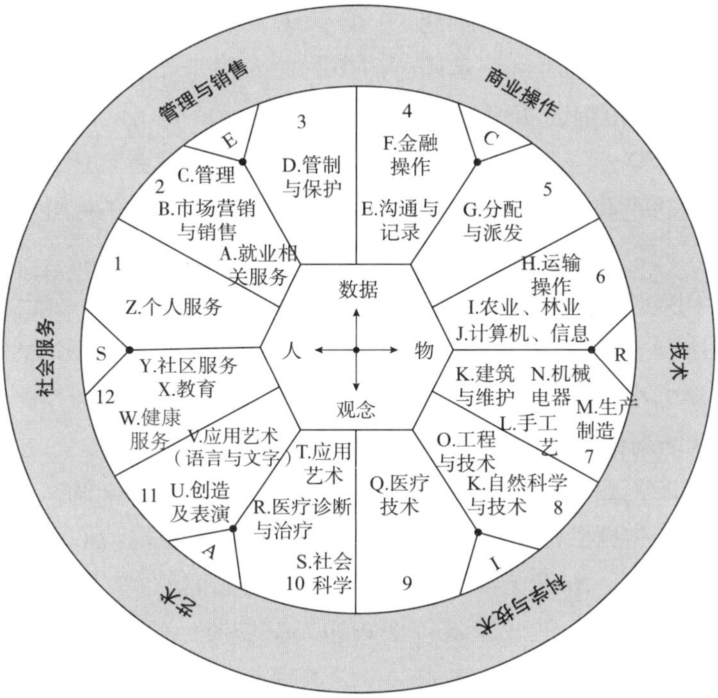


**图 3-4　工作世界地图**

**表 3-1　工作世界地图中对应的职业族群和相关职业表**

| | | |
|---|---|---|
| 一、管理与销售职业族群 | I. 农业、林业及相关工作 | S. 社会科学 |
| A. 就业相关服务 | J. 计算机和信息专业 | 五、艺术职业族群 |
| B. 市场营销与销售 | K. 建筑与维护 | T. 应用艺术（视觉） |
| C. 管理 | L. 手工艺及相关工作 | U. 创造及表演艺术 |
| D. 管制与保护 | M. 生产制造和加工处理 | V. 应用艺术（语言与文字） |
| 二、商业操作职业族群 | N. 机械、电气专业 | 六、社会服务职业族群 |
| E. 沟通与记录 | 四、科学与技术族群 | W. 健康服务 |
| F. 金融操作 | O. 工程与技术 | X. 教育 |
| G. 分配与派发 | P. 自然科学与技术 | Y. 社区服务 |
| 三、技术职业族群 | Q. 医疗技术 | Z. 个人服务 |
| H. 运输操作及相关职业 | R. 医疗诊断与治疗 | |

5. 其他常见分类方法

社会上还有一些通俗的分类方法，比如最热门的职业、最受人尊敬的职业、最赚钱的职业、需求量最大的职业、发展前景最好的职业等等，这些分类也可以帮助学生对更多的职业有所了解。但是应当牢记：最重要的是你选择的职业要适合你！

## （三）其他探索工作世界的方法

探索工作信息的方法有很多，根据一定的规则可以提高效率，例如从近到远地探索。所谓远近是指信息与探索者之间的距离。一般来说，近信息更丰富，远信息更深入；近距离信息更容易获得，而远距离信息需要更多的输入和与环境的交互。因此，从近到远的探索是一个逐渐缩小范围、加深认识的过程。

非正式评估是对某一信息的初步评估，该信息是由探索者有意或无意获得的。正式评估是指各种正式的职业评估，如兴趣评估。一般来说，学校的就业指导中心会为学生提供免费的相关评估，社会上的职业评估机构也会提供有偿服务。学生在选择评价时应注意评价的信度和效度是否合格。报纸、杂志、电视和书籍等都可能会提供职业信息，如《中国教育日报》《中国大学生就业》等。网络信息已经成为获取大量就业信息的重要方式。中国劳动力市场网、前程无忧、智联招聘、高校职业指导网站等与职业相关的网站很多，这些网站提供的信息更具针对性。

职业面试处于近距离和远距离之间，在效率和信息真实性之间有很好的平衡。这意味着学生会采访那些占据自己感兴趣职位的人。应聘者应该是我们所说的“职业人士”，他们在这个职位上工作了3~5年或更长时间。为了防止面试中的主观影响，至少应该面试两个人。如果我们与杰出的成就者和未知的人都交谈，效果会更好。在面试过程中，学生应明确表示，面试的目的是收集信息，以供职业决策，而不是利用职业数据来找工作，以免给双方造成尴尬。建议学生在正式面试前至少做两件事：第一，为自己准备一个“30秒的广告”，因为在面试过程中，对方可能会询问你的职业兴趣和目标；第二，为需要提出的问题做好准备，这将有助于深入面试，实现高效率。访谈中，学生可能提出的问题包括：

（1）在这个工作岗位上，每天都做些什么？

（2）你是如何找到这份工作的？

（3）你是如何看待该领域工作将来的变化趋势的？

（4）你的工作是如何为实现组织的总体目标或使命贡献力量的？

（5）你所在领域有“职业生涯道路”吗？

（6）该工作需要什么样的人？

（7）到本领域工作所需的基本前提是什么？

（8）就你的工作而言，你最喜欢什么？最不喜欢什么？

（9）什么样的初级工作最有益于学到尽可能多的知识？

（10）本领域初级职位和略高级别职位的薪水是多少？

（11）工作中采取行动和解决问题的自由度如何？

（12）本领域有发展机会吗？

（13）该工作的哪部分让你最满意，哪部分最有挑战性？

（14）什么样的个人品质或能力对本工作的成功来讲是重要的？

（15）你认为将来本工作领域潜在的不利因素是什么？

（16）依你所见，你在本领域工作遇到了什么样的问题？

（17）对于一个即将进入该工作领域的人，你愿意提出特别建议吗？

（18）该工作需要特别的知识、技能和经验吗？

（19）这种工作需要什么样的教育或培训背景？

（20）公司对刚进入该工作领域的员工提供哪些培训？

（21）还有哪些方法能帮助我深入了解该工作领域？

（22）你的熟人中有谁能作我下次的采访对象吗？当我打电话给他（她）的时候，可以用你的名字吗？

（23）根据你对我的教育背景、技能和工作经验的了解，你认为我在作出最终决定之前还应在哪个领域、什么样的工作上进行深入的调查研究呢？

当然，以上这些问题学生可以根据自己的需要再整理，但对生涯人物关于工作的主观感受还是应该问一下的。比如，可以问就你的工作而言，你最喜欢什么？最不喜欢什么？另外给生涯人物留出提供其他信息的机会，说不定会让人有意外的收获。最后，不要忘记感谢接受访谈的生涯人物，最好在访谈结束当天发一份电子邮件或手机短信表示谢意。

可能很多学生会有这样的困惑：如何找到生涯人物？即使身边有这样的人，他们愿意接受自己的访谈吗？不过，要是知道生涯人物访谈的另一个好处是拓展自己的人际关系网，那么，想想看，自己有那么多已经毕业的师哥师姐，还有专业老师，他们不就是很好的访谈资源吗？大多数有多年工作经验的人都非常愿意帮助学生认识各种工作的特点，所以大胆地开口就好，毕竟这关系到你未来的发展。

我们身处一个资讯发达的时代，搜寻工作信息的方法有很多很多，例如行业展览会、信息面试、角色扮演等也都是不错的途径。对于工作世界的探索，光讲方法是不够的，关键还要做到有心，随时留意周围的信息。一次谈话、一份身边的广告，都可能帮助你逐渐建立起对工作世界的了解。另外，对于工作世界的探索只有太晚没有太早。

## 问题思考

（1）目前用人单位对高学历的青睐日益明显，是否因此要去考研呢？

答：人们在选择职业道路时不但要考虑到工作世界的现实情况，也要结合自己的具体情况来作决策。工作世界中可能有一些不利于自己发展的情况，但不等于“不能”发展，所以这时更要培养和发展自己其他方面的长处，以改变自己的不利地位。这种时候切忌盲目跟风，比如明明自己不想再读书了，却因为担心找不到好工作而考研。这一方面否认了自己的竞争力，成为被环境控制的人，在信心上首先就输了一筹；另一方面，并没有统计数据表明研究生毕业后一定能找到好工作，事实上很多本科毕业生的发展不比研究生差，所以这样的决策风险依然存在。

工作世界信息只是学生做决策时要考虑的因素之一，不能完全根据外部环境的情况来决定自己的发展，只有综合考虑包括兴趣、能力等其他因素才能作出正确的决策。当外部环境条件比较恶劣的时候，我们尤其要关注自己的内部资源，一味地抱怨和害怕只能让自己更加丧失力量和判断力。

（2）如何深入地探索职业世界呢？需要做哪些准备？

答：职业探索是对你喜欢或要从事的职业进行理论分析和实际调研的过程，目的是对目标职业有充分的了解，并在明确和职业的差距中制订求职策略，从而有效地规划大学生活。同时也是大学生过渡到社会的最后一个阶段。

第一，确定职业方向。

职业探索的内容归根到底首先需要大学生在了解形势、掌握政策、收集信息、自我认识的基础上拟定出相应的职业待选目标。人生中有许多东西值得我们去追求，但首先要确定奋斗目标，给自己的人生进行准确的定位，切忌好高骛远、不切实际。

大学时期最重要的一个任务就是为毕业确定职业探索方向，不管你现在有没有确定毕业后要走哪条路，还是明确地不打算毕业后直接就业，你都要以就业的心态来规划和安排生活，因为毕竟你还是要工作的，而你现在所做的任何打算还都不是定数。

第二，了解职业及岗位并初步确定。

了解社会上的众多职业、了解自己专业所对应的职业、了解职业所对应的岗位是大学生为就业准备的第一关。信息不充分是大学生无法做选择的一个关键原因，所以在校大学生要先知道社会上都有什么职业，这些职业都是做什么的，全面、准确了解职业信息。

首先，大学生可以针对自己的人生榜样进行一个探索。如果你还记得儿时的梦，如果你现在还有一个心中喜欢、敬仰的人，那么你就可以对自己的偶像进行一个调研。

其次，大学生要针对自己所学的专业（或者喜欢的其他专业）进行探索。专业探索的目的是明确学习的方向和动力，如果专业所决定的工作你不喜欢，那么即使你很用心学习，你的专业成绩很好，那么其实对你毕业后的工作也是不相关的，比如说你学会计的，即使你考取了会计师等证书，但你在毕业时却不愿意做会计，那相对来说你就没有必要考取会计证，或者说你可以把更多的时间用在你喜欢或你想从事的工作方面。

再次，对行业的探索。行业是社会的分工，行业是工作的大方向，三百六十行就是这个道理，而在一行业持续探索也许会让你取得更大的成就。

另外，对具体的一个职业或一类职位进行探索。职业、职位就是你的能力体现和工作战场了，能做什么位置全在于你能做什么。所以了解职业、职位能让自己进一步定位，明确努力的具体因素。

最后，对企业探索。企业是你要工作的平台，你找到工作就意味着有某个企业同意要你，同意和你签约了，所以了解并确定哪个企业也是很重要的。

专业、行业、企业、职业（职位）四个方面是非常相关的，这些都是影响大学生就业的核心因素。专业和学业是相辅相成的，学业规划不好专业就学不好，专业学不好就会影响日后的工作，而工作又取决于行业、企业、职业三者的确定。

第三，体验目标职业或目标选择。

当了解众多职业后，你会根据自身确定一些自己喜欢的职业，在进一步对职业进行理论上的调研后，接下来就是要在实际的体验中来了解职业和检验自己的职业选择。如果你此时有自己的一个明确目标，那你也要对目标进行调研和体验，也就是你所要确定的职业或目标是经过理论和实践两个步骤验证的。

第四，了解并确定毕业出路。

在以就业为导向的过程中，你还要再重新考虑一下自己毕业后要走什么路，此时，你要了解一下自己或者和自己情况相似的人毕业后都会面临什么样的毕业出路，这些出路的要求和利弊是什么，然后结合自身情况确定几个出路，接着要详细比较、研究每条出路，最后确定一条自己毕业后的最佳出路。

## 第三节　步入职业世界

### 案例导读

小金，某大学2005届微电子专业毕业，曾想出国留学，因德语口语面试不合格，与留学擦肩而过。于是他开始四处寻找工作，也曾在网上投递了多份简历，大都是应聘电子技术工程师之类的岗位，但由于缺乏工作经验，很少有面试的机会。一家销售公司给予了他面试机会，但因专业不对口，又无销售工作经验，结果又以失败而告终。后来他进了一家朋友开的公司工作，主要从事简单的计算机操作。但干了几个月，他觉得长此以往，不仅对自己的职业发展相当不利，而且4年的所学将付诸东流。

看着小金不知所措的样子，心理的彷徨和迷惘使他迷失了求职的方向，于是，辅导员张老师耐心地加以引导和点拨。经过几次职业指导，小金被成功地推荐到某电子公司参加职业见习。通过一个月的实习，他不仅了解了企业的文化和背景，还学到了书本上没有的知识和技能，心境也豁然开朗。

从这个案例中可以看出，职业定位，不仅仅是已在职场人的事情，大学生的职业定位比已在职场人的职业定位要更为重要。在职业发展的初期，就应该给自己制订出合理的职业规划以及相应的职业定位，并不断加以调整。

小金由于失去留学机会，心情沮丧，所以盲目应聘。由于缺乏对自己职业生涯的合理定位，从而陷入盲目找工作的误区，越是急于想找到工作越是找不到。当朋友给予了他就业机会，他就像是抓住了救命稻草，不管是否适合自己，先就业了再说，但回过头来，却失去了自己的专业优势。当小金冷静下来，发现自己的个性与职业发展不相符时，能及时地调整方向，找到了知识技能资质与市场需求的契合点，并能降低择业标准，应聘与电子技术相关的操作类岗位。相信拥有4年专业知识的他，一定能将理论与实践很好地结合，同时不断根据职位要求积累相应的知识、技能和工作经验，完善个人的综合素质，从而提升个人的职业含金量。提升个人的职业含金量的过程就是个人事业逐步走向成功的过程。这样，不仅能够迅速走出失业阴影，而且走上了职业发展的正轨，从而为下一个目标的实现做好准备。

由此可见，降低期望值，对自己的职业合理定位，并不断地加以调整，致力于能够实现也容易实现的计划，以充分获取收益，并在这些收益的滋润中一步步健康成长。目标低了，就容易成功。一个人有了成就感，就能够培养自信，也能够有良好心境去对待面前的问题。

暂时降低眼前的目标，并不等于说不需要长远目标。长远的目标是一条主线，要保持它的稳定，在这条主线上，需要一些现实目标，在现实目标的实现中壮大自己，因为前面不远处，就是你的未来。

## 一、职业定位的概念

职业定位，顾名思义是明确个体在职业生涯中的发展方向，确定其所要从事职业的职业类型，找准职业类别，了解其职业的所属行业及具体的岗位职责，即明确个体所在职业在职业世界中以及个体在职场中所处的位置。

## 二、职业定位的步骤

### （一）确定目标行业

在对职业世界有一定的认知之后，大学生应当根据可以获取的信息，了解自己未来想从事的职业所属的行业领域，以便在了解过程中了解行业特性与岗位基本工作，认识到自身素质与岗位要求之间的差距，这将对未来职业生涯规划的制订与完善提供很大帮助。

首先，大学生在确定目标行业时应结合自身实际状况。不同的职业对就业人员有不同的要求，比如服装设计人员要具备良好的审美眼光、设计灵感等；风险分析人员则需要具备敏锐的市场洞察力、果断的决策能力等；教师则需要有较强的责任心和道德感、较强的自控力以及耐心等素质。大学生在对自身的兴趣爱好、专业特长、性格、价值观等有了一定了解后，即可根据这些自身的实际情况对自己未来的目标行业有大致方向。

其次，大学生在确定目标行业时一般以大学专业为基础。一般来说，大学生的工作经验较少，在这种情况下，大学所学的专业成为用人单位录用大学生的基本条件，因此，大学生在择业时可以大学所学专业为基础进行决策，充分利用自己在校园内学习到的专业知识及技能，确定目标行业，为自己未来的职业生涯做好规划。

最后，大学生在确定目标行业时应对其发展前景进行评估。随着我国经济进入经济转型的新时期，产业结构将进行调整与变化，因此，大学生应当在平时多关注新闻、时事和国家的方针政策，了解国家政策倾向，自发关注一些权威机构发布的行业前景预测，对目标行业未来的发展前景做到心中有数，选择发展持续性长、产品未饱和、行业发展空间大的行业，让自己有更广阔的职业发展空间。

### （二）确定职业类型

大学生在根据自身的实际情况，并结合所学专业以及行业发展前景明确自己的目标行业之后，需要进一步在目标行业内选择适合自己的职业，即需要根据上述考虑因素确定自身的职业定位，具体的职业定位可分为技术型、管理型、创造型、自由独立型和全面型。

1. 技术型

技术型职业定位的人一般非常擅长某一专业领域，并在此领域具有自己一定的造诣，该类型的就业人员多数从业于科研领域或技术操作领域。技术型职业定位的人员往往不喜欢从事管理型工作，比如企业的管理岗位和行政岗位，他们喜欢在企业的一线从事操作或者科研工作，比较典型的如工程师、技术工人等。

2. 管理型

管理型职业定位的就业人员往往具备较强的组织管理能力及分析能力、敏感的市场洞察力、良好的沟通协调能力以及对突发事件的应急处理能力等，他们更倾向于做企业的管理人员，而不是具体业务的办理人员，他们的职业目标是得以晋升，获取更高的领导权力，比较典型的如部门经理、总经理等。

3. 创造型

创造型职业定位的人员一般具有艺术创造情节或者创新能力，比较典型的如具备艺术创作灵感思路的作家、服装设计师以及工艺师、发明家等，创业者作为新业态、新产品的发明创造者也属于创造型职业定位的人员。他们的职业目标是建立完全属于自己的事物，并认为只有这样才能实现人生价值。

4. 自由独立型

自由独立型职业定位的从业人员相较于群聚性、彼此有过多牵连和依赖性的工作，更倾向于独来独往地从事某一工作，不愿在组织中发展，喜欢独立、自由的工作状态。

自由独立型职业定位的人往往在某一领域具有较高的技术水平，比较典型的有自由撰稿人、心理咨询师等。

5. 全面型

全面型职业定位是目前我国多数年轻人的职业定位，在此种定位下，工作的专业性和技术性要求程度不高，因此，就业人员可从事的工作种类较多，并且可跨行业从业，具有较强的职业适应能力。全面型职业定位人员的职业目标是追求工作的稳定性、优越的福利待遇等。

## 三、职业定位的作用

### （一）职业定位是个体自我完善的依据

个体在准确地进行职业定位后，便有了努力奋斗的方向和目标，而清晰明确地职业目标则有利于个体集中各项优势资源，充分调动各方面的利好要素深耕自身的职业领域，寻找在职业定位中的不足之处，并不断进行自我完善，最终能够在领域内有一技之长或者拥有一定的造诣。如若个体未进行职业定位，或职业定位失误，就会分散优势资源、浪费精力，出现盲目跟风的现象，虽涉足多个领域，但在各个领域内不精、不通，最终影响个体的自我完善，影响自身职业生涯。

### （二）职业定位是个体正确择业的基础

准确地职业定位可以使个体在进行职业选择时不受外界因素的干扰，不会因工资薪金高、福利待遇好等因素影响自己在选择职业时的判断，能够更加理性地面对外界诱惑，在充分了解性格特点、兴趣爱好、专业特长等自身的实际情况，并结合国家的方针政策、发展形势以及未来的职业前景等因素后，选择最适合自己的职业，为自己的职业生涯迈好第一步。如果个体没有准确地职业定位，很容易在利益诱惑下放弃自己的立场，而选择短期内看似很好但却不适合长期发展的职位。

### （三）职业定位是个体职业成长的推动力

有了准确地职业定位，个体在投递简历或者面试时可以准确地介绍自己，使面试官能够迅速了解个体的各项能力素质，进而相信个体能够胜任相应的岗位，有助于个体获得理想岗位。并且准确的职业定位也有助于个体得到上司的正确培养，获得周围同事、朋友的帮助，使个体在用人单位中得到进一步深造的机会，充分发挥个人潜能，在各项因素的推动下不断得以完善和发展。相反，如果没有清晰的职业定位，就会给人定位不准、目标游移、摇摆不定的印象，用人单位也不会对此委以重任，最终不利于个体的职业发展。

### （四）职业定位是个体持续发展的方向

职业定位的准确与否直接关系到个体未来的发展，很多人在事业上发展不顺并不是因为个体能力不足，而是由于个体在进行职业定位时不清晰、不准确，选择了不适合自己的工作，不清楚自己喜欢什么样的工作、适合什么样的工作以及自己的工作目标是什么，进而导致在工作中缺乏热情与积极性，出现消极怠工的现象，在竞争日趋激烈的当今觉得后劲不足，最终影响其自身的持续发展。

## 四、社会职业信息的获取

### （一）认知职业的方法与渠道

认知职业的方法和渠道有很多（表3-2），并且各种方法有自身的优缺点。

表 3-2　认识职业的方法与渠道

| 渠道与方法 | 举例 | 优点 | 缺点 |
|---|---|---|---|
| 文艺作品 | 小说、电影、电视剧等。如《可怕的温州人》告诉你创业者的艰辛；《杜拉拉升职记》告诉你外资企业白领是如何工作的；《产科医生》《金牌律师》深入展示了产科医生、律师的工作情境等 | 大多数文艺作品中的角色都有自己的职业背景，在阅读、观看的过程中，会接收到相关信息 | 效率较低，会带有艺术夸张、失真 |
| 综艺节目 | 如天津卫视的《非你莫属》、中国教育电视台的《职来职往》等栏目 | 更直接地了解职场发展的状况和职场人的面貌，通常会有专家点评 | 有时出于节目娱乐性的需要，会有夸张成分 |
| 专业书刊 | 《中华人民共和国职业分类大典》《前程无忧专刊》《工作导师》《大学生就业》等专业书刊媒体让你直接受益 | 针对性的信息量大 | 需要自己整理、归类 |
| 参加人才交流会 | 如每年都会在各大城市举办的“人才双选会”，还有每天都会在人才市场举办的现场招聘会等 | 可以了解当地的人才需求状况、相关单位的招聘情况等 | 只能了解到表面化的信息 |
| 参观行业展览会 | 如每两年举办一次的北京国际汽车展览会、每年在深圳举办的中国（深圳）国际文化产业博览交易会等 | 了解相关行业发展、新技术应用状况、标杆企业动向等 | 只能了解到行业和单位的信息，难以进一步了解更具体的信息 |
| 浏览互联网 | 如前程无忧网（www.51job.com）、校联人才网（www.job9151、com）、本校的就业管理部门网站、各用人单位的招聘网站 | 效率高、信息量大 | 需要自己进一步识别、筛选 |
| 参加专业/行业/协会/学会活动 | 从国家级的学术团体到学校里的学生社团——管理协会、财经学会等 | 了解相关专业/行业的发展现状和趋势 | 对工作的其他信息了解机会可能不多 |
| 直接现场观察 | 如参观企业；跟随职场人士，观察其一段时间的工作 | 容易操作，对工作会有感性认知 | 时间所限，了解不全面，效率低 |

续表

| 渠道与方法 | 举例 | 优点 | 缺点 |
|---|---|---|---|
| 情景模拟 | 主要方式是角色扮演，如参加模拟面试等 | 理解体会用人单位的需要 | 可能流于想象，脱离实际 |
| 工作实践 | 到现场去工作是最直接的体验。除了实习之外，课余或假期的兼职以及志愿服务也是可选择的实践方式 | 信息的获取直接而真实，感受真切 | 效率不高，一次只能实践一种工作，且受单位时间的影响较大 |
| 信息咨询 | 去就业指导中心和一些专业机构 | 得到信息与专业指导 | 受指导者水平限制 |
| 生涯人物访谈 | 所谓生涯人物访谈，就是通过与同一行业、职业中数位从业人员的深入交流获取工作信息的一种方法 | 直接印证工作信息，了解职场潜规则，拓展求职人脉 | 受访谈对象主观评价的影响 |
| 阅读新闻报道 | 无论是纸质媒体，还是网络媒体，大量的新闻报道可以提供有关工作的各种信息，如各种职业的工作内容、社会评价、对从业人员的采访等 | 可以了解到公众对特定职业的评价和期待 | 受报道者的主观看法影响 |

### （二）职业信息获取的资源

在寻求理想工作的道路上，如果得到“贵人”的帮助，人们将更快速地找到工作目标，得到工作机会。这里说的职场“贵人”就是指能对人的职业生涯提供支持的社会系统，也是获得职业信息的重要资源。

曾有人提出影响职业生涯发展的三大系统：个体系统、社交环境系统、社会环境系统。其中，社交环境系统就是人们常说的社交圈，人们所说的社会支持系统就藏在其中。

每一个人都生活在复杂的社会交往系统中，有家庭（族）、教育场所、工作场所、生活社区、专业领域（含业余爱好）以及随着网络发展带来的虚拟社区等，这些构成了生活中的社会支持系统（图3-5）。

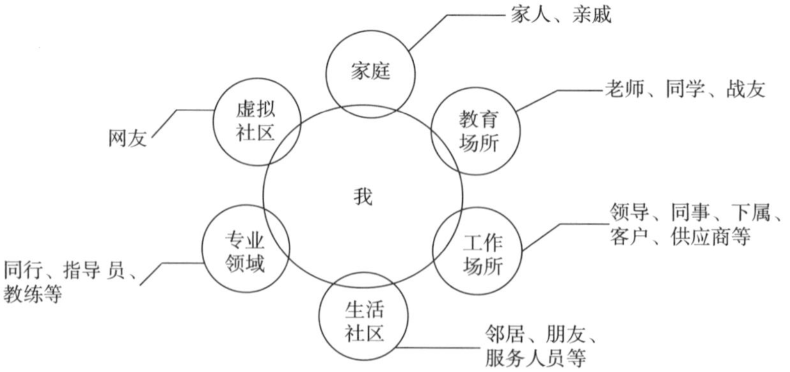


**图 3-5　生活中的社会支持系统**

资源一：家族成员。要就业了，首先要让家族成员都知道，让他们平时留意工作的机会；其次要了解家族成员的社会关系情况，如有机会可以让家族成员帮忙引荐。

资源二：领导老师。找找自己学院、系的老师，他们都在本专业领域里工作多年，往往跟众多企业有合作关系，比较了解专业领域内相关企业的信息，可以帮忙牵线搭桥，提供企业信息，甚至推荐实习、就业等。

资源三：师兄师姐。校友资源对大学生就业的重要性越来越明显。要想办法取得与他们的直接联系，通过电话、邮件或面谈，在获取职业信息时建构就业关系圈。某大学生在大三时参加了一个由学院义工协会与校友企业联合举办的垃圾分类推广活动，进而建立了与校友的联系，毕业后成功到该校友所在企业工作。

资源四：老板雇主。珍惜每次兼职、实习的机会，虚心向雇主、主管学习和请教，也许会由此被录用为正式员工，至少会借此获得资深职场人的宝贵经验。

资源五：业内人士。平时不要只顾埋头读书，要积极参加一些学术性、专业性的协会、学会，交往、结识业内人士，向他们请教专业和职业发展的经验。

资源六：培训同学。大学生在考证、充电过程中会参加一些培训班，这是一种结识职场人士的重要渠道，要主动与他们交朋友，说不准会有意想不到的惊喜。

资源七：活动嘉宾。现在学校里常常请企业嘉宾和职场专家来举办就业辅导讲座，要把握机会与他们建立联系，不要讲座一结束就迫不及待地离开。还有一种情况，就是适当参加一些与就业相关的比赛（如职业规划大赛），借机认识一些专家评委和企业代表。

资源八：网络社区。登录相关网站，进入人力资源社区和求职社区，在该栏目中通过发表自己的言论，结识一些目标城市的人力资源从业人员，通过与他们的交流获取相关的工作信息，并建立一定的联系。事实上，不少大型企业的人力资源部门负责校园招聘的工作人员，常会在目标高校中开设QQ群，他们也希望与在校生早早建立联系，发现人才，甚至招聘在校生为“校园招聘助理”，协助开展校园招聘活动。

资源九：咨询专家。对一些在就业渠道上毫无头绪的大学生而言，也许求助于专业工作咨询师是个不错的选择。找到了“职场贵人”，在积攒人脉时还应该做到“三度”：一是控制宽度。在明晰自己求职方向的前提下拓展人脉资源，一般来说，保持10人左右的核心人际交往是必要的，但并非越多越好。二是保持温度。在适当的时候发发短信、写写邮件、打打电话、见面聊聊，在平时加强与人脉资源的联系和友谊。三是拓展长度。在认识的人当中，能直接提供工作机会的人通常不多。认识的人永远都比不上不认识的人多！这是一个事实，第二个事实是：由不认识的人提供的工作机会永远比那些认识的人提供的机会多！因此，很重要的一点，就是当那些认识的人说，他无法提供有效帮助时，继续保持乐观心态去结交更多不认识的人。

## 五、职业与专业

就学习而言，专业是指教育机构培养专门人才的类别。高校专业设置是高校人才培养的重要特征。专业是一个学术范畴，职业是一个工作范畴。专业和职业之间通常有四种关系。

### （一）专业包容职业

如果未来从事的职业基本是在自己所学的专业领域内，个人的职业发展也直接可以在所学的专业领域内实现，这是一种比较理想的状态，能够做到学以致用。职业中所需要的是继续在专业领域学习。例如，电子信息工程专业的毕业生从事电子信息技术开发工程师的职业。

### （二）专业为核心，职业包容专业

这是指以专业为核心的职业发展，以及以专业为核心、向外拓展的个人职业发展。在这种情况下，虽然选择的专业和专业方向相同，但职业发展超出了专业学习领域，需要基于自己的专业需求，在学好专业的基础上通过拓展专业以外的知识与技能，来不断满足职业的需要。例如，人力资源管理专业的毕业生从事的企业行政管理职业，行政管理职业除了包含人力资源管理外，还可能有文件管理、车辆调度、接待等。

### （三）专业与职业交叉

以专业为基础发展职业，个人的职业发展在所学专业基础上有重点地沿某一方向拓展。所学专业在个人职业发展中仍有重要意义，需要在学好本专业的基础上，同时主动学习从事的职业所需要的其他专业的知识与技能。例如，软件工程专业的毕业生从事计算机销售的职业，专业中关于计算机软硬件的基本知识在职业中会用到，但编程等软件开发的知识和技能一般用不到，而职业中需要的市场销售知识在专业学习中也没有涉及。

### （四）专业与职业分离

个人规划要从事的职业与所学专业基本无关，就是我们常说的专业不对口。所学专业的某些方面在个人职业发展中有一定的重要性，但方向并不一致，这时如果可以，应尽早调整专业，若为时已晚，应辅修其他专业，或及早了解目标职业的信息，提前做好职业准备，从而有助于大学毕业生在不同职业道路上的顺利发展。

现在，可以尝试一下，从所学的专业出发，分析本专业所对应的职业群的相关职业信息，了解并把握所学专业与未来职业的关系。分析的重点主要体现在以下三个方面。

第一，与本专业对应职业群有关的职业资格。

例如，金融专业的学生不仅要了解与会计相关的专业资格，还要了解统计、金融、保险、证券、仓储等专业资格，甚至销售和秘书的专业资格。就会计而言，至少有四种证书与职业生涯有关：第一种是会计资格证书，这是资格的基本条件；第二种是注册会计师证书、资产评估师证书等，这是未来资格证书；第三种是助理会计师、会计师、高级会计师等专业技术岗位证书，是专业水平的体现；第四种是外语、计算机、普通话、汽车驾驶等跨专业能力证书，或与第二、三类证书或提高求职成功率有关的证书。对于这些证书，我们不仅要区分类型和功能，还要知道获得这些证书应该具备的知识、技术、能力和资格标准。这是我们能否结合自己的专业方向进行职业设计的基础。

在分析中必须明确，现行的职业资格标准是职业岗位的现实需要，职业会随科技进步而演变，职业资格标准也会不断调整。因此，不但要努力学习，为今后一生做好铺垫，还要树立“活到老、学到老”的终身学习理念。取得证书不是唯一的目的，保持持续学习的态度才是职场发展的基石。

第二，科技进步对本专业对应的职业群及相关职业群的影响，以及这些职业群的演变趋势。

数码影像技术的发展，让有着120年历史的胶片业老大柯达在2012年申请破产，传统的胶片相机市场也几乎消失，数码相机、数码存储出现并迅速成为市场主角。原来以生产胶片为主的柯达、富士、柯尼卡在影像存储领域，已被原本完全不同行业的金士顿、闪迪、索尼、三星、东芝等取代。原来遍布大街小巷的相片冲印店仿佛一夜之间全变成了数码冲印店。在这个技术更迭的过程中，原来影像行业中与化学相关的职业或消失或减少，但与电子技术相关的职业却出现了，并越来越多。

第三，与本专业相关的职业机会与前景。

我们身处一个社会进步日新月异的时代，很多行业都发生了深刻变化，也带来很多新的就业机会，如物流专业、电子商务的迅猛增长带来物流业的高速发展。物流业早已不是早期的几辆货车组建一个货运公司搞运输的业态了，现代技术手段和管理理念的引入，使物流业延伸到储存、装卸、搬运、包装、流通加工、配送、信息处理等各个领域。物流管理包含了基础技术层、运作执行层、计划协同层、战略决策层四个层次，同时也需要大量的不同层次和领域的人才。

## 六、用人单位的类型

职业生涯规划以实现就业为核心。当今，就业市场的供需状况决定了用人单位在就业关系中的主导地位，其对求职者的能力、素质、专业、性格提出了各种要求。因此，充分了解用人单位及择才标准、就业形势对职业生涯规划具有重要的意义。

用人单位是承担特定社会职责，具有明确地活动目标、内容和组织机构的社会实体。用人单位主要包括企业单位、事业单位、政府机关、社会团体、民办非企业单位、个体经济组织和部队及国防单位等。

### （一）企业单位

企业是从事社会经济活动的单位（从事商品生产、流通、经贸和服务性经济活动，以营利为目的，并在工商行政管理部门登记的独立核算单位），其用人可分为经营、管理、技术、操作等类别。企业的种类包括农业企业、工业企业、建筑企业、交通运输和邮电通信企业、商业企业、公共饮食企业、物资供销和仓储企业、房地产开发企业、居民服务企业和市内公共交通企业、文化企业、金融保险企业以及其他企业。

### （二）事业单位

事业单位是为生产和生活服务，为提高人民科学文化水平和素质服务的独立核算单位。它包括农、林、牧、渔、水利事业；地质普查和勘探事业；勘察、建筑设计事业；交通运输事业；房地产管理、公用事业和咨询服务事业；卫生、体育和社会福利事业；教育、文化艺术和广播电影电视事业；科学研究和综合技术服务事业以及其他事业。

事业单位一般主要由国家财政经费开支、不从事独立经营而主要为社会服务的工作单位。事业单位大部分由国家（或地方政府）财政拨款，是非营利性组织；有的是由国家（或地方政府）非全额拨款，自身在业务活动中获取一部分业务费用；还有的事业单位完全靠自收自支维持运营。

### （三）政府机关

政府机关是国家和地方各级政府行政管理机构的总称。政府机关是指行使国家权力，具有国家行政、检察、审判职能，组织协调社会、政治、经济、科技等活动的独立核算单位。它包括国家权力机关、行政机关、司法机关、军事机关、党政机关。在政府部门中的人员，除少部分专业技术人员和后勤人员外，主要是国家公务员，获得公务员职业岗位一般需经过公开考试录用。

### （四）社会组织

根据《社会组织登记管理条例》的规定，社会组织是指中国公民自愿组成的非营利性社会组织，按照其章程开展活动，以实现会员的共同意愿。社会组织的情况也比较复杂。一些社会组织，如党派组织；一些社会组织，如工会、共青团、妇联、工商联等人民组织和群众组织、文艺联合会、足球协会等文化、艺术、体育组织、法律协会、医学协会等学术研究组织、各行业协会等社会经济组织。这些社会组织没有明确规定参考，但在实践中，除工作人员外，纳入国家编制序列的社会组织的工作人员按照《公务员法》进行管理。此外，大多数社会组织，如果用人单位与劳动者签订劳动合同，将根据《劳动合同法》进行调整。

### （五）民办非企业单位

民办非企业单位是由企业、事业单位、社会团体和其他社会力量以及公民个人利用非国有资产举办的，从事非营利性社会服务活动的社会组织。它实际上是民间举办的事业单位，包括教育、科技、文化、卫生、体育、职业培训、民政、法律、社会中介服务等类型。

### （六）个体经济组织

个体经济组织是其经济资源和收益归个体所有并支配的盈利性经济实体，个体经济组织吸收一定数量的从业人员。

### （七）部队及国防单位

部队及国防单位既包括中国人民解放军的陆军、海军、空军、火箭军、战略支援部队和预备役部队，又包括为其提供支援、服务的相关单位，还包括武警、消防、边防等多种类别的人民警察部队。部队及国防单位担负着保家卫国和维护社会稳定的重要职责。

## 七、职业选择的原则

### （一）择己所爱

有研究表明，个体在从事自己所感兴趣的职业时，会充分发挥其才能，表现出饱满的工作热情并保持较长时间的高效率工作，能够保质保量完成工作任务的同时，获得自身满足感；而当个体从事自己不感兴趣的职业时，更容易出现懒散、懈怠的情绪表现，很难在工作中有出色的成绩，并且影响个体的精神状态及心理健康状况。因此，在职业定位中应优先将择己所爱作为首要原则。

### （二）择己所长

任何职业都要求从业者掌握一定的技能，具备一定的能力条件，而一个人一生中是不能全部掌握所有技能的。所以，你必须在进行职业选择时择己所长，从而有利于发挥自己的优势。运用比较优势原理，充分分析自己与他人的距离，尽量选择冲突较少的优势行业。

### （三）择己所利

个体进行职业选择的主要目的是获取收入来源，以满足自身基本的生理需求，因此，职业作为一种基本的谋生手段，在进行职业定位时，可以考虑其未来的利好因素，比如，丰厚的工资待遇、良好的晋升机会、优越的工作环境以及稳定的工作条件等。由于每个人的追求不同，在利好因素关注的侧重点有所差异，但不管怎样，个体应充分考虑各方面因素，以提升自身的幸福生活指数，实现自己的幸福最大化。

### （四）择市所需

随着时代的发展、社会的进步，不同时期的社会需求会造成职业的兴起、发展、衰落甚至消亡，因此，市场对某类职业的需求会在很大程度上影响大学生的职业定位，但应当注意的是，我们在进行职业定位时，不应仅仅了解当前的社会职业需求状况，还要结合时代的发展趋势对职业的发展前景以及未来走向进行预测，使自己的职业定位富有深度，切不可只关注当下的职业热度，而影响自己的职业生涯规划。

## 八、职业选择的方法

### （一）SWOT 分析法

SWOT分析法（SWOT Analysis）是一种常见的分析方法，又称态势分析方法，系统地将与分析对象相关的要素和条件纳入统一体系，具有全面、客观的特点，主要分析与研究对象相关的优势（Strengths）、劣势（Weaknesses）、机遇（Opportunities）和威胁（Threats），其中，优缺点侧重于分析研究对象及其竞争对手的内部因素，而机遇和威胁侧重于宏观经济形势和国家相关政策等外部环境。SWOT分析法可以结合看似独立的因素进行分析，实现个人目标、个人条件和外部环境的有机结合，具有明显的科学性和合理性，结果可以作为选择职业的主要依据。表3-3以美术学院毕业生小王为例，介绍SWOT职业选择分析表。

表 3-3　SWOT 职业选择分析表

美术学院视觉形象 2019-01 班　王同学　　　　工作意向：平面设计师

| 外部因素<br>内部因素 | 机会（Opportunities）<br>1. 国内设计师目前需要更多新鲜血液<br>2. 每年会有很多行业内设计大赛<br>3. 国家发展、区域发展对人才需求日益增长 | 威胁（Threats）<br>1. 市场供大于求，招聘条件日益增高<br>2. 毕业生数量剧增，就业压力大<br>3. 面对同行业更多优秀竞争者 |
|---|---|---|
| 优势（Strengths）<br>1. 有较强的学习能力和适应能力，做过销售、企业品牌设计等实习工作<br>2. 具备一定的逻辑思考能力和书面表达能力<br>3. 人际交往能力强、乐观积极 | 优势机会策略（S.O）<br>1. 积极参加各种大赛，关注国内设计动向，增长自己见识<br>2. 认识同行业人才主动接触，给自己创造就业机遇<br>3. 在校期间努力增强专业能力，用专业能力武装自己 | 优势威胁策略（S.T）<br>1. 发现自己的优点，让自己更加突出<br>2. 用自己的口才以及行业经验和实力征服招聘者 |
| 劣势（Weaknesses）<br>1. 社会实践不够，没有真正踏足平面广告领域<br>2. 专业知识技能尚待完善，组织和管理能力欠缺 | 劣势机会策略（W.O）<br>1. 离校后到实习实践，主动应聘后，发现自己业务方面的不足<br>2. 主动承担一些活动管理，给自己创造实践机会 | 劣势威胁策略（W.T）<br>1. 在岗位上努力奋斗，积攒经验，厚积薄发<br>2. 多向成功人士学习，努力用所学知识增加实战能力 |

### （二）“5W”法

“5W”法是职业选择的常用方法，其以问句的方式协助个体进行职业选择，可以使大学生一步步缩小自己的职业选择范围，最终做出合理的职业选择。其中，“5W”分别是指：

（1）Who I am?（我是谁？）该问题设置的目的在于使个体明确个人特质，使大学生通过对自我特质的分析对自身有清晰且深刻的印象，深入剖析个人的性格特点、择业观、价值观、世界观、能力特长以及知识技能等方面的优势，清晰地确定自己的职业范围。

（2）What do I want?（我想干什么？）由于个体存在差异，每个人有不同的性格爱好和兴趣方向，因此，设置该问题的目的在于明确个体的个人喜好，根据个体的性格特点和兴趣所在确定大学生未来的职业发展方向。

（3）What can I do?（我能够做什么？）个体的素质能力对于目标职业的胜任以及未来的职业生涯有重要作用，通过该问题的回答可以使个体明确个人潜能，对自身的专业技能、知识储备以及胜任能力等个体素质有充分的了解和把握，以对目标职业进行匹配，进一步缩小职业选择的范围。

（4）What can support me?（环境支持或允许我做什么？）外部环境对于目标职业乃至目标行业的发展至关重要，只有顺应外部环境的发展趋势，才能确保职业的稳定性和持久性。通过环境分析可以明确当前的外部形势与国家方针政策，从宏观上帮助大学生进一步明确职业选择的范围。

（5）What can I be in the end?（我最终的职业目标是什么？）经过前四个问题的分析，大学生可以充分了解自我、了解职业，其职业选择范围已经比较明确，若想在职业范围内选择确切的职业岗位，就需要个体确立最终的职业目标，以引领职业生涯规划的实施，从而更加正确、合理地选择理想职业。

### （三）兴趣倾向法

大学生可以遵循“择己所爱”的原则进行职业选择，个体的兴趣爱好不一，所适合的职业也不尽相同，只有从事自己感兴趣的职业，才能充分发挥个体的主动性和创造性，在目标岗位上发挥自我潜能，有助于职业目标的实现。表3-4为常见的兴趣爱好所对应的职业岗位，可帮助大学生进行职业选择。

**表 3-4 兴趣倾向职业匹配表**

| 兴趣倾向 | 对应职业 |
| --- | --- |
| 喜欢沟通交流 | 记者、服务员、销售员、行政管理人员、教师 |
| 喜欢数据分析 | 制图、勘测、工程技术、建筑、会计、出纳、经济分析 |
| 喜欢规律性工作 | 业务员、统计员 |
| 喜欢领导权力 | 行政管理人员、企业管理人员、学校管理者、辅导员、班主任 |
| 喜欢社会福利和助人工作 | 律师、咨询员、医生、护士 |
| 喜欢研究人的行为 | 心理学、政治学、人类学、教育学 |
| 喜欢科技研究 | 天文学、物理学、工程学、地质学、计算机科学 |

续表

| 兴趣倾向 | 对应职业 |
| --- | --- |
| 喜欢抽象的创造性工作 | 社会调查、新产品开发 |
| 喜欢操作机械 | 驾驶员、机械制造、建筑、煤炭开采 |
| 喜欢设计产品 | 室内装饰、园林、手工制造、新服装设计 |

### （四）气质倾向法

一般来说，气质特征与职业选择有密切关系，是个体进行职业选择的重要依据，不同的人具有不同的气质类型，不同的工作岗位由于业务类型不同、工作特性不同需要不同气质类型的个体完成，以达到人职匹配的目的，提高个体工作效率、提升个体工作质量的同时，满足个体人生价值的实现。古希腊医生希波克拉特创造了气质类型假说，将人的气质类型分为四类，分别为胆汁质、多血质、黏液质和抑郁质，因此，我们可以从这四种不同的气质类型的心理特征出发，为其匹配适合自己的职业岗位。表3-5为气质类型及其岗位匹配表。

**表 3-5　气质倾向职业匹配表**

| 气质类型 | 心理特征 | 对应职业 |
| --- | --- | --- |
| 胆汁质 | 精力充沛，热情奔放，率直果敢，急躁易怒，情绪发生快，动作急速而难以自制 | 较适应某些企业型职业，如公司经理、厂长、销售员、个体工商业者，也适应国家机关工作人员，但不适应公关人员、企业管理咨询人员、导游等 |
| 多血质 | 活泼好动，富有朝气，乐观亲切，动作敏捷，浮躁轻率，情绪变化快且多变 | 适应比较广泛的职业，如汽车维修工、野生动物专家、测量工程师、长途汽车司机、教师、心理咨询员、街道干部、工会或妇联干部、地质学家、企业管理者、推销员等 |
| 黏液质 | 沉着冷静、耐心坚毅、执拗冷漠、动作迟缓、情绪发生慢而弱、内心少外露 | 较适应调研型职业，如气象学或天文学者、医学实验室的技术人员、人类学者、动物学者、化学学者、物理学者等；也适于常规型职业，如会计师、银行出纳员、税收管理员、法庭书记员等 |
| 抑郁质 | 胆小孤僻，柔弱易倦，情绪发生慢而强，易伤感而富于自我体验，动作细小无力 | 较适应艺术型职业，如作家、摄影家、作曲家、电影电视演员、画家、书法家等，但不适于企业管理、行政管理及公关人员等 |

### 问题思考

**李开复：勇于放弃也是一种选择**

那年，李开复考上了哥伦比亚大学的法律专业。哥伦比亚大学是一所文科性质的院校，它的法律专业排名位于全美前三位，而且毕业后从事律师，那将是一个很有前途、很有地位的职业。但是，李开复却逐渐发现自己并不真正喜欢法律，上专业课时，他丝毫提不起精神。

此时，他接触并喜欢上了计算机，每天疯狂地编程。老师和同学们对他的“不务正业”感到非常惊讶。终于，大学二年级他放弃法律系，转入默默无闻的计算机系。那时候，计算机还属于新事物，哥伦比亚大学的计算机系也只是刚刚创立，而社会上也还没有所谓“计算机科学家”这类人。从受人尊敬的律师到一个前途不明的“计算机工作者”，这使认识他的朋友们都劝他谨慎考虑，但他毅然办完了那些转换专业的繁杂手续。而他一进入计算机领域，便如鱼得水。后来，他又进入卡内基梅隆大学，继续攻读计算机方面的硕士及博士，并获得了计算机专业博士学位。毕业后他在职业上的发展一路高歌猛进，曾升任微软全球副总裁，是微软高层里职位最高的华人。2006年他又出任Google公司全球副总裁、中国区总裁。直到现在，李开复对人谈起大学时代对法律专业的放弃而选择了计算机专业，仍然感慨不已。

有时，勇于放弃也是一种智慧。放弃代表一种终结，同时意味着另一种开始。当前面的路不适合你，不如勇敢地把它放弃，进行重新选择。

### 寻找救命恩人

一个年轻人去面试，突然一个衣着朴素的老者冲上来说：“我可找到你了，太感谢你了！上次在公园，就是你，就是你把我失足落水的女儿从湖里救上来的！”“先生，你肯定认错了！不是我救的你女儿！”年轻人诚恳地说道。“是你，就是你，不会错的！”老人又一次肯定地说。年轻人只能做些无谓的解释：“真的不是我，你说的那个公园我至今还没有去过呢！”听了这句话，老人松开了手，失望地说：“难道我认错了？”

后来，年轻人接到了任职通知书。有一天，他又遇到了那个老人，关切地与他打招呼，并询问道：“你女儿的救命恩人找到了吗？”“没有，我一直没找到他。”老人默默走开了。

年轻人心思很沉重，对同事说起了这件事，不料同事哈哈大笑：“他可怜吗？他是我们公司的总裁，他女儿落水的故事讲了好多遍了，其实他根本就没什么女儿？”年轻人大惑不解，同事接着说：“我们总裁就是通过这件事来选拔人才的，他说过人品过关的人才是可塑之才！”

白岩松曾说：“人品是最高的学位，德与才的统一才是真正的智慧、真正的人才。”这个故事也告诉我们：诚实的职业道德是一个人宝贵的财富。

### 慎重对待自己的职业选择

目前，大学生的就业困难是显而易见的。然而，除了社会环境的影响因素外，大学生在职业发展中明确可行的职业定位后，才能做出正确的职业选择，在职业发展中抓住机遇，立于不败之地。

小张，男，大专学历，英语专业。毕业后四年，他在四个不同的城市换了五份工作，从事医药销售、保险、教师等职业。目前，他对自己的职业发展感到困惑。

这是大学生在职业生涯早期缺乏职业规划导致职业发展混乱的典型案例。对于像小张这样刚毕业的大学生来说，最重要的不是片面追求高薪、好职位、好环境等，而是在做好职业定位和规划的前提下，不断积累经验、能力等职业要素。

事实上，小张从事教师职业，从专业人格类型分析更符合要求，但他希望有很多财富，让社会认识到自己的价值，从专业兴趣测试的结果来看，教师职业可能不会长期引起小张内心的激情和动力。

此外，从个人优缺点分析和职业竞争力来看，小张明显的优势是他的英语专业和流利的英语口语；但在当今竞争激烈的学术社会中，他唯一的大学学位已经成为一个劣势。此外，过去频繁跳槽的经历也将成为他在面试中必须面对的严重伤害。所有的跳槽都是经济上的机会成本。跳槽后的损失不仅是经验的积累，也是企业现有的信任和职业发展的可持续性。

在综合分析了自身情况、行业职业信息和各地区工作场所的相关就业信息后，小张得出结论，他在江苏、浙江沿海外贸活动频繁的二三线城市从事外贸工作。这些地方对外贸人才的需求很大，他们更容易以英语专业和口语优势进入社会。具体的发展战略是先进入外贸单位，工作5~8年后，我们积累了一定的外贸客户、联系人、经验基础等。当我们自己的条件相对成熟时，我们可以考虑自己创业。但在此之前，一旦选择了行业和企业，就不要随意改变，冷静下来消除干扰，全心全意地在外贸领域积累职业生涯。

# 第四章

# 职业修养·沟通技巧

## 第一节 价值观探索

### 案例导读

**渔夫与商人**

一个美国商人坐在一个海边小渔村的码头上，看着一个墨西哥渔夫把一条小船拖到岸边。船上有几只大黄鱼，商人问渔夫要多久才能捕到这么多鱼。渔夫说："一会儿就抓到了。"商人问："你为什么不等一会儿，去抓很多鱼呢？"但是渔夫说："这些鱼对我们一家人来说已经足够了！"商人问："一天剩下这么多时间，你在做什么？"渔夫解释说："我每天都很自然地醒来，在海里抓上几条鱼，然后回来和孩子们一起玩，然后睡个午觉。黄昏时分，我去村里喝点酒，和朋友们弹吉他。我的日子是充实而忙碌的！"

商人不以为然，给他建议："我是美国哈佛大学工商管理硕士，我可以帮你。你每天应该多花些时间抓鱼，然后你就有钱买更多、更大的渔船，接着你就可以拥有自己的渔船队，日后你可以自己开罐头厂，控制整个生产、加工和销售，然后你可以离开这个小渔村，搬到墨西哥，搬到洛杉矶，最后搬到纽约，在那里经营你的生意。"

渔夫问："需要多少时间？"商人回答："十五年到二十年。"

渔夫问："然后呢？"商人笑道："那你在家就可以当皇帝啦！时机一到，你就可以宣布股票上市了，把你的股份卖给投资者，这样你就能赚钱了！你可以赚上亿！"

渔夫又问："然后呢？"商人说："到那时，你可以退休了！你可以搬到海边的小渔村。每天自然醒来，在海里抓几条鱼，跟孩子们玩耍，小睡一会儿。黄昏时分，去村里喝点酒，和朋友们弹吉他吧！”

渔夫疑惑地说：“这不是我现在的样子吗？”

## 一、价值观的概念及作用

### （一）什么是价值观

价值观是指个体对客观事物（包括人、事、物）的意义、功能、效果、重要性以及自身行为结果的综合评价。它是促进和指导一个人做出决定和行动的原则和标准，是人格心理结构的核心因素之一，使人的行为具有一种稳定的倾向。

价值观是人用来区分好坏、辨别是非及其重要性的一种心理倾向系统。它反映了人们对客观事物的是非和重要性的评价。人与动物不同，动物只能被动地适应环境。人们不仅可以了解世界是什么、如何、为什么，还可以知道做什么、选择什么，找到事物对自己的意义，实现自己的目标。这些是由每个人的价值观决定的。

价值观决定、调节和制约着人格倾向的低层次需要、动机和愿望。它是对人的动机和行为模式的指挥。人们的价值观是基于需求的，一旦确定，它们将反过来影响和调节人们进一步的需求活动。人们对各种事物都有第一和第二的看法，例如学习、劳动、享受、贡献、成就等，这些事物的优先级和好坏排名构成了一个人的价值体系。价值体系是决定一个人的行为和态度的基础。

价值观是由人生观和世界观决定的。人的价值观念的形成在一定程度上受其社会生产方式和经济地位的影响，具有决定性和不可逆转的作用，价值观不同的人会有不同的态度和行为。

价值观代表一系列的基本信念：从个人或社会的角度来看，一种特定的行为类型或存在状态优于相反的行为类型或存在状态。这个定义包含了判断的要素，它反映了一个人关于对与错、好与坏、可取与不可取的观念。价值观包括内容和强度两种属性，内容属性告诉人们某种行为方式或存在状态是重要的，强度属性表示其重要性。当我们根据强度对一个人的价值进行排序时，我们就可以得到一个人的价值体系。每个人的价值观都是一个层次，形成每个人的价值观体系。这个系统通过自由、幸福、自尊、诚实、服从和公平等概念的相对重要性形成了一个等级。

价值观是我们在生活和工作中珍视的原则、标准或品质。它指出了我们生活中最重要的事情，并在激励和影响个人职业选择和发展方面发挥着重要作用。价值观来自我们成长的方式，是支撑人类生命的精神支柱。它决定了我们的行为取向，决定了我们用什么样的心态和意志去创造自己的新生活。一个人走什么样的人生道路，选择什么样的生活方式，都是在一定的世界观和价值观的指导下进行的。

价值观对人们自身行为的导向和调节起着非常重要的作用。价值观决定着人的自我意识，它直接影响和决定着一个人的理想、信仰、生活目标和追求方向的性质。

价值观的作用大致体现在以下两个方面：

（1）价值观对动机有引导作用，人们行为的动机受价值观的支配和制约，价值观对动机模式有重要影响，并以此为目标来指导人们的行为。

（2）价值观反映人们的认知和需要，价值观是人们对客观世界及行为结果的评价和看法，因而，它从某个方面反映了人们的人生观、价值观和人们的主观认知世界。

价值观是一种带着判断色彩的基本信念，它代表着一个人对什么是好的、什么是对的，以及什么将会被喜爱的看法。每个求职者由于受教育程度和所处环境的不同，在职业定位上有不同的目标和要求。很多时候，我们往往不得不在一些得失之间做出选择，而决定我们选择的往往是我们的职业价值观。价值观的指导作用可以是好的，也可以是坏的。因此，我们应该树立正确的价值观。价值观在人们的职业发展中发挥着极其重要的方向性作用，往往超过了兴趣和个性对我们的影响。当我们有矛盾、冲突、妥协和放弃的时候，往往是出于价值观的考虑。例如，是否舒适轻松地工作，或达到高水平的工资，要实现事业，还是要稳定太平；当两者之间有矛盾和冲突时，职业价值观最终会影响到我们的决策。

**课堂实践**

**马斯洛的需求层次模型与对应的价值观**

通过图4-1，与需求层次模型比较，思考：你处在哪一级需求层次上？你最想在工作中满足什么层次的需求？哪些因素能够带给你满足感，激励你更好地工作？

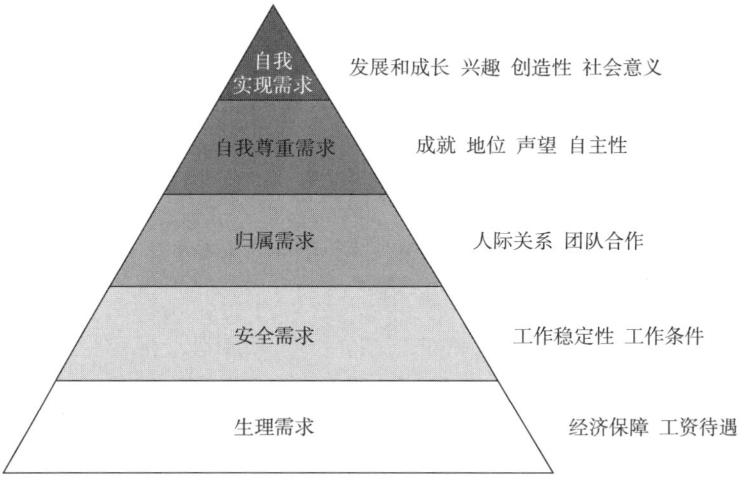


图4-1　马斯洛的需求层次模型与对应的价值观

### （二）如何理解价值观

从内容方面看，价值观就是关于价值的观念。那么什么是价值呢？通俗地说，价值其实就是我们通常所说的“好坏”的意义，包含善恶、美丑、利弊、得失、福祸荣辱、优劣、贵贱、有用无用、可爱可恨、妥不妥当、值不值得、应不应该、重不重要、轻重缓急等在内；在这个世界上，凡是可以被描述为“好坏”并包含取舍意味的对象，就是价值。凡是需要被判断为“好坏”的，就是价值问题。“好坏”两个字我们使用得最频繁、最常见，也最自然，当人们对事物说“好”或说“坏”的时候，头脑里必然要有种关于“好坏”的某种信仰、标准和期待，从而对事情的好坏抱有基本的态度，这就是所谓“价值观”独特的思想内容。因此，“价值观”就是人们的“好坏观”，也就是人们关于什么是好和什么是坏，怎样是好和怎样是坏，以及自己向往什么、渴望什么、舍弃什么、反对什么等观念、想法和态度的总和。

从形式方面看，构成价值观独特的思想、观念和精神形势，主要是头脑中的信仰、信念和理想体系。价值观不同于知识、理论和科学体系，它不是展示人们“知道什么、了解什么、将做什么”，而是展示人们到底“在做什么、想要什么、坚持追求和实现什么”。它是人们在知识基础上进行价值选择物的内在定位和定位系统。一般来说，“知道什么”并不是“就要什么”，所以知识和科学永远不能代替价值观。特别是在知识和经验不可企及的地方和某个时刻（人类知识的发展是无限的，其现有的、已经知道的知识总是有限的），信仰、信念和论证就更加有效。通过对社会信仰现象的观察，不难发现其特殊的存在和作用。

从来源和基础方面看，任何人的价值观都不是凭空创造和改变的。归根到底它反映了人们社会存在，如生活方式、生活条件和实践经验等特征。价值观念的深层基础是主体的根本地位、需求、利益和能力等具体情况，是人的价值观念在头脑中的反映和积累。因此，价值观总是与人的现实联系在一起的。不同身份、不同条件和不同经历的人有着不同的价值观。存在着阶级、民族等不同现实基础的人群之间，价值观也是不同的。

从功能方面看，价值观最重要的功能是成为人们心中的评价标准体系，换句话来说，人们对任何价值的信仰、信念和理想一旦形成，它就会被记为评价事物的（价值）轻重、衡量取得或舍弃的“天平”和“标尺”。人们用这种“天平”和“标尺”来衡量和判断每一件事和每一个人，从而得出自己的态度和选择。

总而言之，价值观是人与社会精神文化体系中深层的、相对稳定的、居于主导地位的组成部分，是人的精神心理活动的中心系统。价值观为每人都有，每处都有；不仅为个人所有，集体、阶级、民族、国家和社会更要有；它不仅体现在眼前的一件件事情上，也体现在生活、职业和社会发展的大方向、大决策上。一个国家、社会的价值观实际上是其思想、文化和意识形态体系的核心内容，是国家社会体系的“软件”。价值观是一个人在生活和事业中最重要的精神追求、精神寄托、精神支撑和精神动力。

### （三）价值观的特点

1. 稳定性和持久性

价值观具有相对的稳定性和持久性。价值观是人思想和认知的深层基础，它形成人的世界观和人生观。它是在环境和教育的影响下，随着人们认知能力的发展而逐渐培养起来的。在特定的时间、地点和条件下，人的价值观总是相对稳定和持久的。例如，对于某事或某人是好是坏总是有一个看法和评价，如果条件不变，这种看法和评价是不会改变的。

2. 历史性和选择性

不同时代、不同社会环境下形成的价值观是不同的。一个人所在的社会生产方式和经济地位对其价值观的形成具有决定性的影响。由于环境的变化、经验的积累和知识的增长，人们的价值观也会发生变化。

3. 主观性

由于每个人的先天条件、后天环境和生活经历都不同，每个人价值观的形成都会受到不同的影响。因此，每个人都有自己的价值观和价值观体系。

### （四）价值观的类型

1. 格雷夫斯价值观分类

人们有不同的生活和教育经历，所以他们有不同的价值观。为了理清价值观并进行分类，行为科学家格雷夫斯对组织中各种各样的人进行了大量的调查，分析他们的价值观和生活方式，得出以下七个等级：

第一级，反应型：这类人没有意识到自己和周围的人都是作为人类而存在。他们是在对自己的基本生理需求做出反应，而不考虑其他条件。这样的人太少见了，就像婴儿一样。

第二级，部落型：这类人依赖成性，服从于传统文化和权威。

第三级，自我中心型：这种类型的人相信无情的个人主义，自私、好斗，从根本上服从于权力。

第四级，坚持己见型：这种类型的人不能容忍模棱两可的观点，很难接受不同的价值观，并希望别人接受他们的价值观。

第五级，玩弄权术型：这类人通过操纵他人，篡改事实以达到个人目的，他们非常现实，积极争取地位和社会影响。

第六级，社交中心型：这类人更看重别人的喜爱和友善，而不是自己的发展，他们会被现实主义者、权威主义者和固执己见者所排斥。

第七级：存在主义者：这种人对模糊的意见和不同的观点具有高度的容忍，对僵化的制度和方针、空缺的职位、权力的强制敢于直言不讳。

1974年，这等级分类发表后，管理科学家迈尔斯等人对美国企业的现状进行了比较研究。他们认为，一般业务人员的价值分布在第二级和第七级之间。就管理人员而言，他们过去大多是四级和五级。现在情况发生了变化，它们被六级和七级所取代。

2. 洛特克价值观分类

职业生涯规划的核心是价值观，也就是说，对你来说什么是最重要的。有些人看重收入，那么职业生涯规划就会朝着高薪的方向发展；有些人看重地位，那么职业生涯规划会优先考虑提升；有些人喜欢过平凡而平静的生活，而职业生涯规划则注重稳定。一般来说，职业价值观对职业生涯规划具有本质意义。但是，从纵向来看，一个人的职业生涯规划也会因时因环境做出一定调整和改变。例如，在职业生涯规划的初级阶段，为了满足自己的生存需要，会更多地考虑经济利益。随着初级目标的实现，职业生涯规划会更多地考虑成就感的获得。进一步说，职业生涯规划增加了幸福感的分量。当然，任何一种职业的价值取向都因人而异。1973年，美国心理学家洛特克在《人类价值观的本质》一书中提出了十三种人类价值观，对人类价值观进行了较为详细的阐述：

（1）成就感：提高社会地位，获得社会认可；希望工作能得到别人的认可，对工作完成和挑战的成功感到满意。

（2）美感的追求：有机会去欣赏身边的人、事、物，或任何你认为重要的、有意义的东西。

（3）挑战：用智慧解决困难；抛弃传统的方法，用创新的方法做事。

（4）身心健康：工作时可以不焦虑、紧张和恐惧，希望能够心平气和地处理事情。

（5）收入和财富：工作可以明显有效地改变一个人的经济状况，希望获得更多的物质财富。

（6）独立性：工作灵活，能完全控制自己的时间和行动，自由度高。

（7）爱情、家庭、人际关系：关心他人、与他人分享、帮助他人解决问题；对你周围的人体贴、关心和慷慨。

（8）道德感：与组织的目标、价值观、宗教观、工作使命紧密结合，不产生冲突。

（9）欢乐：享受生命，结交新的朋友，多与他人相处，一起享受美好时光。

（10）权力：影响或控制他人，按其自己的意志去行动。

（11）安全感：能够满足基本需求，有安全感，不受突发变化的影响。

（12）自我成长：能够追求刺激，追求更完美的生活，在智慧、知识和生活经验上有所提高。

（13）帮助他人：意识到自己的贡献帮助了整个团队，其他人也从你的行动中受益匪浅。

了解这十三个价值观后，可以依次问自己以下问题：

（1）我看重的价值观是什么？如果我要选五个，我会选哪五个？我选择的这五个价值观是我一直重视的吗？

（2）如果有所改变的话，是什么时候改变的？

（3）哪些价值观对我父母来说是重要的，而我却不这么认为？我和父母有什么共同的价值观？

（4）我价值观的改变是否改变我曾经的生活方式？

（5）我的理想生活方式和我的价值观之间有联系吗？

（6）我在乎我的工作符合我的价值观吗？

（7）我曾经敬仰谁？他们现在对我有什么影响？

（8）我现在的行为反映了我的价值观吗？

我最重视的生涯价值是：________________；因为：____________________

我最不重视的生涯价值是：______________；因为：____________________

以上八个问题是理解价值观的基础。经过以上由浅入深的思考，大学生对自己的价值观和需求有了初步的认识。

## 二、职业价值观的概念及作用

### （一）什么是职业价值观

职业价值观是指人生目标和人生态度在职业选择中的具体表现，即一个人对职业的理解和态度，以及对职业目标的追求和向往。理想信念和世界观对职业的影响主要体现在职业价值观上。职业价值观表明了一个人在工作中所追求的理想。职业价值是人们选择职业的一种内在尺度。它支配着人们的职业选择心态、行为、信念和理解等；它主导着人们对职业生涯的认知，明白事物对自己职业发展的意义以及自我净化、自我完善、自我革新、自我提高等。同时也为自认为正当的职业提供充足的理由。

俗话说："人各有志。"这个"志"具有明确的目标、意识和坚定的职业选择态度和行为，对一个人的职业目标和职业选择动机起着决定性作用。

由于人们的身心条件、年龄阅历、教育状况、家庭影响、兴趣爱好等不同，人们对各种职业的主观评价也不尽相同。在社会方面，各种职业在劳动性质和内容、劳动难度和强度、劳动条件和福利、所有制形式、稳定性等方面都存在着差异。此外，受传统观念的影响，人们对生活有不同的看法。

每种职业都有各自的特性，不同的人对职业的含义有不同的理解，对职业的质量也有不同的评价和定位，这就是职业价值。职业价值观决定着人们的职业期望，影响着人们对职业方向和职业目标的选择，决定着人们在就业后的工作态度和劳动绩效水平，从而决定着人们的职业发展。哪种职业好？哪个岗位适合自己？从事某一项具体工作的目的是什么？这些问题都是职业价值观的具体表现。

舒伯说：职业价值观就是个人追求的与工作相关的目标，亦即个人在从事满足自己内在需求的活动时所追求的工作品质或属性。它是人生价值观在职业问题上的反映。

总体来说，职业价值观是人们职业和劳动岗位总的看法。正确的职业价值观主要体现在两个方面。社会上的每一种职业都是对社会有贡献的整体事业的一部分。不同职业岗位在社会声誉、经济报酬、福利待遇、工作条件、发展机会等方面确实存在差异。因为人们的生活环境、生活道路、思想水平、兴趣、性格、能力等诸多方面的不同，所以在择业时，往往表现出不同的职业价值观念。然而，正确的择业观念应该首先建立在对社会负责和实现人生真正价值的基础上。职业"无高低贵贱之分""三百六十行，行行出状元"。任何职业都不会埋没人才，不会束缚人的创造力，关键在于如何对待自己的职业，在平凡的岗位上做出不平凡的业绩。

### （二）职业价值观的特点

（1）职业价值观是因人而异的。由于每个人的先天条件和后天经历不同，其职业价值观的形成也会受到不同的影响，因此，每个人都有自己的价值观和价值体系。

（2）职业价值观是相对稳定的。价值观是人们思想认识的深层基础，它形成了人们的世界观和人生观。它是在环境和教育的影响下，随着人们认知能力的发展而逐步培养起来的。人的价值观一旦形成，便会相对稳定。但当自身状况和外界环境发生较大变化时，职业价值观也会随之而变。

（3）职业价值观是具有阶段性的。根据马斯洛的需求层次理论，当人低层次的需要得到满足以后，他就会产生更高层次的需求。从职业人生来看，大多数人的职业价值观是具有阶段性的，特别是随着某一阶段的自身需求满足后，新的职业价值观也就会随之产生并确定下来。

（4）专业价值观不是唯一的。一个人的职业价值观并不是独一无二的。在选择职业时，他或她会有几个动机来控制他或她的选择。当人们常常为自己的选择感到痛苦时，那是因为他们个人的职业价值观并不独特，很难在某一职业中得到所有的满足，从而患得患失。

### （三）职业价值观的分类

根据不同的划分标准，人们对职业价值观的种类划分也不同。美国心理学家罗特克在《人类价值观的本质》一书中提出了13种价值观，我国学者阚雅玲将职业价值观分为如下12类。

（1）收入和财富。薪酬是选择工作的一个重要因素，它能清楚、有效地改变你的财务状况。工作的目的或动机主要来自对收入和财富的追求，以提高生活质量，显示自己的地位。

（2）兴趣特长。以自己的兴趣和特长作为选择职业最重要的因素，能够扬长避短、趋利避害、择我所爱、爱我所选，可以从工作中得到乐趣和成就感。在很多时候，要学会拒绝做自己不喜欢、不擅长的工作。

（3）权力地位。有较高的权力欲望，希望能够影响或控制他人，使他人照着自己的意思去行动；认为有较高的权力地位会受到他人尊重，从中可以得到较大的成就感和满足感。

（4）自由独立。在工作中能有弹性，不想受太多的约束，可以充分掌握自己的时间和行动，自由度高，不想与太多人发生工作关系，既不想制人也不想受制于人。

（5）自我成长。工作可以提供培训和锻炼的机会，使自己的经验在一定的时间内得到丰富和提高。

（6）自我实现。工作能够提供平台和机会，使自己的专业和能力得以全面运用和展示，实现自身价值。

（7）人际关系。将工作单位的人际关系看得非常重要，渴望能够在一个和谐、友好甚至被关爱的环境工作。

（8）身心健康。工作能够免于危险、过度劳累，免于焦虑、紧张和恐惧，使自己的身心健康不受影响。

（9）环境舒适。工作环境舒适宜人。

（10）工作稳定。工作相对稳定，不必担心经常出现裁员和辞退现象，免于经常奔波找工作。

（11）社会需要。能够根据组织和社会的需要响应某一号召，为集体和社会做出贡献。

（12）追求新意。希望工作的内容经常变换，使工作和生活显得丰富多彩，不单调枯燥。

随着社会的发展，一些职业可能会退出社会生活，一些新的职业还会出现，不同职业所代表的社会声望、实际收入水平和工作环境背景也会发生很大的变化，这将影响个人的职业取向。为了确定一个人的职业方向，需要考虑一个人的个性、兴趣、能力和社会环境等因素。

### （四）职业价值观与相应的职业

许多职业方面的专家通过大量的调查，从人们的理想、信念和世界观方面把职业价值观分为六大类，即：自由型职业价值观、小康型职业价值观、支配型职业价值观、自我实现型职业价值观、志愿型职业价值观和技术型职业价值观（表4–1）。

**表 4–1 职业价值观与相应的职业**

| 职业价值观 | 特点 | 相应职业类型 |
| --- | --- | --- |
| 自由型职业价值观 | 不受他人指使，凭自己的能力拥有自己的“小城堡”；不愿受人干涉，想充分施展本领 | 室内装饰专家、图书管理专家、摄影师、音乐教师、作家、演员、记者、诗人、作曲家、编剧、雕刻家、漫画家等艺术性职业 |

续表

| 职业价值观 | 特点 | 相应职业类型 |
| --- | --- | --- |
| 小康型职业价值观 | 追求虚荣，优越感也很强，渴望能有社会地位和名誉，希望常常受到众人尊敬。欲望得不到满足时，由于过分强烈的自我意识，有时反而很自卑 | 记账员、会计、银行出纳、法庭速记员、成本估算员、税务员、核算员、打字员、办公室职员、计算机操作员、统计员、秘书等 |
| 支配型职业价值观 | 想当组织的一把手，飞扬跋扈，无视他人的想法，为所欲为，且视为无比快乐 | 推销员、进货员、商品批发员、放管经理、饭店经理、广告宣传员、调度员、律师、政治家、零售商等 |
| 自我实现型职业价值观 | 不关心平常的幸福，一心一意想发挥个性，追求真理。不考虑收入、地位以及他人对自己的看法，尽力挖掘自己的潜力，施展自己的本领，并视此为有意义的生活 | 气象学家、生物学家、天文学家、药剂师、动物学家、化学家、科学家报刊编辑、地质学者、植物学者、物理学者、数学家、实验员、科研人员、科技工作者等 |
| 志愿型职业价值观 | 富有同情心，把他人的痛苦视为自己的痛苦；不愿干表面上哗众取宠的事，把默默地帮助不幸的人视为无比快乐 | 社会学家、福利机构工作者、导游、咨询人员、社会工作者、社会科学教师、护士等 |
| 技术型职业价值观 | 认为立足社会的根本在于一技之长，因此钻研一门技术，认为靠本事吃饭既可靠，又稳当 | 木匠、农民、工程师、飞机机械师、自动化技师、机械师、电工、司机、机械制图等 |

当然，随着社会的发展，上表所列出的某些职业的社会声望、实际收入、工作环境背景都发生了变化，因此要想确定自己的职业选择还得综合考虑性格、气质、兴趣等因素。

### （五）不同时期和环境对职业价值观的影响

社会中各种职业都有一定的价值观，不同的职业反映出不同的价值观内容。职业的社会评价在不同的时期、不同的社会环境下是不同的。

（1）“学以致用”一度成为人们的事业目标；在经济富裕的时代，“龙归沧海，虎入深山”风靡一时。在商场竞争激烈、风险重重的情况下，面对知识经济的到来，很多人回到了相对稳定的铁饭碗——“教师和公务员”的行列。

（2）改革开放以来，人们的职业价值观发生的最重要的变化是：人们的职业价值观开始从重视理想向重视现实发展；从重义务到重利益；从关注集体到关注个人的转变。价值观在传统取向和现代取向之间寻求平衡仍然是价值观的一个基本特征。虽然许多表面的概念很容易改变或更新，但一些根深蒂固的核心概念仍然保留着社会主导文化的色彩。

（3）目前，人们更加关注职业能否为实现自身价值提供机会。近年来的一些调查显示，如今的年轻人在选择职业时首先考虑的是，该职业是否能为自己提供良好的发展前景，是否能提供发掘自身潜力和实现自我价值的机会。可见，人们不再把职业当作谋生的手段，自我实现的高层次需求逐渐显现，成为主导人们职业行为的主要动机。

（4）随着“铁饭碗”意识的弱化，职业风险意识不断提高。就影响职业选择的因素而言，“职业稳定”因素在过去被高度重视，现在已不再是许多人的首选。它被排在“发展前景和机会”和“职业高收入”之后。毫无疑问，现代社会所要求的职业风险意识正在形成和加强。

## 三、自我探索与职业发展

职业选择和发展是人生的主要话题之一。特质因素理论的创始人帕森斯早在20世纪初就提出了职业选择的三大任务：正确认识自己、了解外部世界和职业决策。其中，自我意识是职业选择和职业发展的首要和前提基础。因此，如果在职业问题上不能正确认识自己，就很难选择适合自己的职业发展道路，这必然会影响到自己未来人生道路的顺利发展。对每个人来说，自我意识需要自我探索，通过自我探索，形成一个完整的专业自我概念。职业自我概念最早由专业心理学家舒伯提出，是指个体的整体自我概念在职业选择和职业发展上的反映。我的专业选择与我的专业发展有关，包括影响个人职业选择和发展的自我的各个方面（价值观、兴趣、个性、能力等）。心理学家泰德曼在舒伯的基础上继续他的研究，指出职业自我概念是个体在与社会接触的过程中不断反思自我发展的结果。当职业自我概念被定型时，职业定向就形成了。同时，专业自我概念是一个发展的范畴，是在自我探索的过程中逐渐形成的。因此，在一定程度上，职业发展的过程也是职业自我概念形成的过程。综合专业自我概念的形成与个体不断地自我探索密切相关。从这个角度来看，自我探索是职业选择和职业发展的前提和基础。

### （一）自我探索

自我探索包括4个方面，分别是：职业性格探索、职业兴趣探索、能力倾向探索、职业价值观探索。

1. 职业价值观探索——职业价值观测量法：职业价值观测量表［萨伯（Donald E.Super）］

52个题目观测13种价值观：

人们的职业价值观分为13种类型，每种类型的基本含义如下。

利他主义：总是为他人着想，让自己的追求直接为公众的幸福和利益做出贡献。

唯美主义：我们可以不断追求美的东西，享受美。

智力刺激：持续的智力发展，大脑思考，学习和探索新事物，解决新问题。

成就动机：不断创新，不断取得成就，不断受到领导和同事的赞扬，或不断实现自己的目标。

自主独立：能够充分发挥自己的独立性和主动性，按照自己的方式、想法，不受他人干扰。

社会地位：你所做的工作在人们心目中具有很高的社会地位，因此你受到他人的重视和尊重。

权力控制：控制他人或事务，在一定范围内指挥和调度人员或事务。

经济回报：获得好的回报意味着你有足够的经济资源去得到你想要的，并且你过着更富裕的生活。

社会交往：能够与各种各样的人交往，建立广泛的社会联系和关系，甚至认识知名人士。

安全稳定：无论我的能力如何，我希望我的工作有一个稳定的状态，不会因为奖金、加薪、调职或领导的训斥而经常担心和不安。

轻松舒适：我希望把工作作为一种娱乐、休息或享受，追求更舒适、轻松、自由、优越的工作条件和环境。

人际关系：我希望大多数在一起工作的同事和领导都有好的品质，在一起的时候感到快乐和自然。

追求创新：我希望工作的内容经常变化，让工作和生活丰富多彩，而不是单调乏味。

下面有52道题目，每个题目都有5个备选答案，请根据自己的实际情况或想法，在题目后面圈出相应字母，每题只能选择一个答案。通过测验，你可以大致了解自己的职业价值观倾向。

A——非常重要

B——比较重要

C——一般

D——较不重要

E——很不重要

（1）你的工作必须经常解决新的问题。

（2）你的工作能为社会福利带来看得见的效果。

（3）你的工作奖金很高。

（4）你的工作内容经常变换。

（5）你能在你的工作范围内自由发挥。

（6）工作能使你的同学、朋友非常羡慕你。

（7）工作带有艺术性。

（8）你的工作能使人感觉到你是团体中的一分子。

（9）不论你怎么干，总能和大多数人一样晋级和涨工资。

（10）你的工作使你有可能经常变换工作地点、场所或方式。

（11）在工作中你能接触到各种不同的人。

（12）你的工作上下班时间比较随便、自由。

（13）你的工作使你不断获得成功的感觉。

（14）你的工作赋予你高于别人的权力。

（15）你在工作中能试行一些自己的新想法。

（16）你在工作中不会因为身体或能力等因素，被人瞧不起。

（17）你能从工作的成果中知道自己做得不错。

（18）你的工作经常要外出参加各种集会和活动。

（19）只要你干上这份工作，就不再被调到其他意想不到的单位和工种上去。

（20）你的工作能使世界更美丽。

（21）在工作中，不会有人常来打扰你。

（22）只要努力，你的工资会高于其他同年龄的人，升级或涨工资的可能性比干其他工作大得多。

（23）你的工作是一项对智力的挑战。

（24）你的工作要求你把一些事务管理得井井有条。

（25）你的工作单位有舒适的休息室、更衣室、浴室及其他设备。

（26）你的工作有可能结识各行各业的知名人物。

（27）在你的工作中，能和同事建立良好的关系。

（28）在别人眼中，你的工作是很重要的。

（29）在工作中你经常接触到新鲜的事物。

（30）你的工作使你能常常帮助别人。

（31）你在单位中有可能经常变换工作。

（32）你的作风使你被别人尊重。

（33）同事和领导人品。

（34）你的工作会使许多人认识你。

（35）你的工作场所很好，比如有适度的灯光，安静、清洁的工作环境，甚至恒温、恒湿等优越的条件。

（36）在工作中，你为他人服务，使他人感到很满意，你自己也很高兴。

（37）你的工作需要计划和组织别人的工作。

（38）你的工作需要敏锐的思考。

（39）你的工作可以使你获得较多的额外收入，比如：常发实物、常购买打折扣的商品、常发商品的提货券、有机会购买进口货等。

（40）在工作中你是不受别人差遣的。

（41）你的工作结果应该是一种艺术而不是一般的产品。

（42）在工作中你不必担心会因为所做的事情领导不满意，而受到训斥或经济惩罚。

（43）在你的工作中能和领导有融洽的关系。

（44）你可以看见你努力工作的成果。

（45）在工作中常常要你提出许多新的想法。

（46）由于你的工作，经常有许多人来感谢你。

（47）你的工作成果常常能得到上级、同事或社会的肯定。

（48）在工作中，你可能作一个负责人，虽然可能只领导很少几个人，但你信奉“宁做兵头，不做将尾”的俗语。

（49）你从事的那种工作经常在报刊、电视中被提到，因而在人们的心目中很有地位。

（50）你的工作有数量可观的夜班费、加班费、保健费或营养费等。

（51）你的工作比较轻松，精神上也不紧张。

（52）你的工作需要和影视、戏剧、音乐、美术、文学等艺术打交道。

上面的52道题分别代表13项工作价值观。每圈一个A得5分、B得4分、C得3分、D得2分、E得1分。请你根据表4-2中每一项前面的题号，计算一下每一项的得分总数，并把它填在每一项的得分栏上。然后在表格下面依次列出得分最高和最低的三项。

**表4-2 职业价值观测量评分表**

| 得分 | 题号 | 价值观 | 说明 |
|---|---|---|---|
| | 2，30，36，46 | 利他主义 | 工作的目的和价值在于直接为大众的幸福和利益尽一份力 |
| | 7，20，41，52 | 美感 | 工作的目的和价值在于能不断地追求美的东西，得到美感的享受 |
| | 1，23，38，45 | 智力刺激 | 工作的目的和价值在于不断进行智力的操作，动脑思考，学习以及探索新事物，解决新问题 |
| | 13，17，44，47 | 成就感 | 工作的目的和价值在于不断创新，不断取得成就，不断得到领导与同事的赞扬，不断实现自己想要做的事 |
| | 5，15，21，40 | 独立性 | 工作的目的和价值在于能充分发挥自己的独立性和主动性，按自己的方式、步调或想法去做，不受他人的干扰 |
| | 6，28，32，49 | 社会地位 | 工作的目的和价值在于所从事的工作在人们的心目中有较高的社会地位，从而使自己得到了他人的重视与尊敬 |
| | 14，24，37，48 | 管理 | 工作的目的和价值在于获得对他人或某事物的管理支配权，能指挥和调遣一定范围内的人或事物 |
| | 3，22，39，50 | 经济报酬 | 工作的目的和价值在于获得优厚的报酬，使自己有足够的财力去获得自己想要的东西，使生活过得较为富足 |
| | 11，18，26，34 | 社会交际 | 工作的目的和价值在于能和各种人交往，建立比较广泛的社会联系和关系，甚至能和知名人物结识 |
| | 9，16，19，42 | 安全感 | 不管自己能力怎样，希望在工作中有一个安稳局面，不会因为奖金、涨工资、调动工作或领导训斥等经常提心吊胆、心烦意乱 |
| | 12，25，35，51 | 舒适 | 希望能将工作作为一种消遣、休息或享受的形式，追求比较舒适、轻松、自由、优越的工作条件和环境 |
| | 8，27，33，43 | 人际关系 | 希望一起工作的大多数同事和领导人品较好，相处在一起感到愉快、自然，认为这就是很有价值的事，是一种极大的满足 |
| | 4，10，29，31 | 变异性 | 希望工作的内容应该经常变换，使工作和生活显得丰富多彩，不单调枯燥 |

得分较高的前三项是：

①________________________________________；

②________________________________________；

③______________________________。

得分最低的前三项是：

①______________________________；

②______________________________；

③______________________________。

从得分较高和较低的前三项中，可以大致看出你的价值倾向，在选择职业时就可以加以考虑。

2. 职业性格探索——MBTI 性格理论

3. 职业兴趣探索——霍兰德职业兴趣测验

4. 能力倾向探索

通用能力倾向测试：一般能力倾向测试（GATB）、差异能力倾向测试（DAT）等。特殊能力倾向测试：行政职业能力测试（AAT）、军队服役职业能力倾向测试（ASVAB）。

5. 自我探索的维度

职业自我概念包括了个体对自我各个方面的认识，因此自我探索也需要从多个方面来进行。其中既包括个体的一些人口学特征、外显特征，如性别、年龄、体貌特征等；也包括个体心理特性，如性格、兴趣、价值观等。

（1）生理我：高矮、胖瘦、美丑、力量、体质等。生理我是个体对自己生理属性的意识，是自我中最基本的内容，是其他自我内容的基础，它也是在自我形成过程中最早形成的内容，认知自我最早也是从认识生理我开始的。生理我使一个人把自我和非我区别开来，意识到自己的生存是寄托在自己的躯体上的。随着自我意识的成长，我们对生理我的看法和认识会越发清晰，但由于青年时期的特殊性，有的学生会对生理我产生较高的心理关注。

（2）心理自我：指一个人对自己心理属性的认识，包括自己的感知、记忆、思维、价值观、个性、能力、兴趣、需求等方面。它让人们意识到自己的心理特征和心理倾向。注意观察能力强不强、记忆力好不好、思维敏捷不敏捷、情绪容易激动或相对稳定、性格内向或外向、对什么感兴趣、信仰理想是什么、能力是什么、都是心理自我的内容。心理自我是职业自我的核心内容，也是自我探索的重要领域。它在一个人的职业选择和职业发展中起着至关重要的作用。

（3）社会自我：指个体对自身社会属性的意识。它指的是对自己在社会和集体中的地位的理解，以及他人对自己的期望，包括对自己在各种社会关系中的角色、地位、权利和义务的认识。社会自我是由历史、文化和社会造成的。

6. 自我探索的方法

自我探索的方法有很多，一般来说，我们可以将这些方法分为两类：经验法和职业评估法。

（1）经验法

体验法是指在人际交往中或基于过去活动的结果，由他人或自己对自己进行的主观分析和评价。

①自我反省——回顾过去，发现自己。

春秋时期的曾子说过："我一天要检查三次自己。"伟大的古希腊哲学家苏格拉底说过："没有反思的生活是毫无价值的。"自我反思是一种简单而有效的自我探索方式。只要我们有意向，我们就可以通过正在进行的事件来观察我们的行为、情绪和经历，并通过观察的积累来总结我们的优势、兴趣和职业倾向。

②他人评价——旁观者看得清楚，指出盲点。

"除了你自己，还有谁最了解你？"对于这个问题，你可能会回答：父母、同学、亲戚或老师。总之，和我们生活在一起很长一段时间的人可能会对我们的性格和能力有很大的影响，比如我们的专业倾向、实力和兴趣。此外，别人的反馈和建议可能比自我反思更客观。不是每个人都能对我们有一个全面的评价，但他对我们某方面的评价对我们是有帮助。因此，通过收集尽可能多的反馈，与不同的观点和想法碰撞，我们可以跳出自己的局限，提高我们对自己的探索。

③班级、社团或其他活动——参与活动，亲身体验。

人们对自己有很好的情境理解。只有在实际情况下，我们才能看到我们的行为，我们喜欢什么和不喜欢什么。对于与社会接触较少的大学生，因为很少有机会进入真正的工作场所，所以理解职业自我相对比较困难。然而，在大学里仍然有许多实践活动，如课堂、社团、社会实践等。

这些实践活动为我们了解自己提供了一个很好的平台和机会，通过参加课程、协会或其他活动，可以了解自己的价值观、兴趣、个性、身体素质和人际交往技能等。

（2）职业评估法

职业评估是心理测试在职业心理评估中的具体应用。所有用于测量心理特征的标准化工具都被称为心理测试。心理测试的基本原理是通过一个人对问题情境的反应来推断他的心理特征，也就是说，从个人的外部行为模式中推断出他内在的心理特征。因此，心理测试不是直接测量，而是间接测量人的心理特征。通过专业评估，你可以深入分析和评估你和其他人不知道的一面——潜在的我。

为了最大限度地发挥职业评估的双重作用，目前可以选择一种精度较高的心理测量工具：一是根据内心的具体想法填写答案；二是在测量过程中，避免主观情绪；三是选择一个没有外部干扰的安静环境。

7. 自我探索在职业生涯规划中的必要性及意义

（1）自我探索是大学生职业生涯规划的基础

苏格拉底说："没有思想的生活就是没有意义的生活。"自我探索在职业生涯规划中起着基础性的作用和意义。大学生在进行职业生涯规划时，要有清晰、科学的规划，对自己的兴趣、个性、职业技能和价值观进行全面的自我探索，把自我探索作为职业生涯规划的基础。正确的职业选择应该考虑个人利益、未来发展以及国家和社会的主要需求。既要适应政治、经济、文化和社会的需要，又要兼顾自身的发展需要。因此，有针对性的自我探索、充分的自我意识、客观的环境分析、科学的目标设定，同时，了解自己的优缺点，扬长避短、树立自信，将有助于大学生在满足社会需求的前提下全面、创造性地发展。

（2）自我探索有助于大学生的角色转换

角色转换是指大学生从象牙塔进入社会，成为社会人，远离学生的单纯和幻想，实事求是，认清自己的长处和短处，成为现实的社会求职者。如果大学生想做出正确的职业选择，他们应该及时改变自己的角色。他们不能把对亲人、朋友、家人和学校的关爱作为对社会的最终认可。因此，要正确认识和评价自己，正确定位并保持良好的心态，了解社会，用自己的力量适应社会发展和需要，在选择社会职业的同时接受社会选择，正确迈出人生重要的一步。

（3）自我探索有助于大学生形成正确的职业期望

职业期望是指个人对某一职业的渴望和需求。在职业规划中，每个大学生都渴望得到一份能够更好地满足他们物质和精神需求的职业。然而，我们必须认识到，这种职业期望成为现实会受到主观和客观条件的制约。我们知道，一个人的职业目标能否实现，不仅取决于他的个人能力、专业、社会需求和机会，还取决于他的职业期望。因此，要进行科学的自我探索，结合自身条件和社会需求，确定职业目标，不断调整职业期望，实现最佳。

### （二）职业发展

职业发展是人的自然职业发展，个人职业发展是一个复杂、动态、不确定的过程。

1. 个人职业发展的影响和制约因素

（1）环境因素（社会的、家庭的）

①社会环境

社会环境的影响因素主要是指国家法律法规、政策、教育环境、就业环境、社会舆论、文化观念等对个人职业发展的影响。

②家庭环境

个人职业发展与个人成长环境和家庭环境有关。在个人成长的过程中，个体往往会受到个人成长经历和家庭环境的影响。在个人职业发展过程中，个体不断修正、调整，最终确立职业理想和职业目标规划。

（2）素质因素（个人的）

①学历因素

有些职业往往需要员工应该具有一定的学历，具备一定的职业理论知识。在进入职业之前，一般需要达到一定的专业程度，取得一定的成绩，获得一定的荣誉，建立一定的社会关系。

②经验因素

有些职业往往需要就业者具备一定的业界服务经验，具备一定的独立工作技能。而这些个人在工作中，可以通过职业实践、职业培训与职业再教育不断获得和丰富。

在职业发展中，个人当感到所学知识不能适应新的职业环境、职业要求，则应争取和接受多种形式的再教育和培训，通过各种形式的再教育和培训，完善自己各方面的素质，特别是提升和巩固业务素质。

③行业因素

主要是行业的特点、现状、未来趋势、就业竞争状况等，对个人的职业发展的影响和制约。这方面需要个人必须现实面对和认真、谨慎斟酌，再对自己的职业进行有效选择。

2. 个人职业发展的一般历程

个人职业发展阶段是指个人职业生涯中具有不同特征的不同阶段。这些不同的特征主要体现在不同的工作职业、工作单位、工资和工作活动等方面。职业发展阶段根据不同时期个体的特点，一般经历了成长、探索、确定、稳定、衰退、结束六个阶段。

（1）成长期

一般属于萌芽阶段、人格自然发展阶段。指自然人的青年时期，在这个阶段，我们一般会尝试各种行为、言语，同时，模仿他人的欲望非常强烈，模仿的技巧也非常高。这一阶段对个人未来的职业发展起着较为关键的作用。

（2）探索期

受家庭教育、个人教育、个人理想目标、社会需要等各种因素影响。这个时期，我们一般是个人走进真正的社会熔炉，走出自己的舒适区。这个阶段，个人对自己的职业选择被动处在摸索阶段，一般是游移不定的，特别是应届毕业生，他们对自己的职业处在盲目的探索状态。

（3）确定期

在找工作之前，个人一般应该确立自己的职业选择，并朝着一定的职业方向发展。可以说，这是个人职业发展目标的原型。这个阶段的人必须学会如何适应组织生活，学会与同事相处，学会如何工作，学会如何不断提高自己的业务技能和熟练程度，学会逐步提高自己的工作态度，积累经验，吸取教训，学会自己的专业技能，学会摆脱对他人的依赖，在此阶段，人们也在不断地成长，确定好自己的职业目标。

（4）稳定期

在此期间，个人的技能、素质、经验和贡献功劳将得到企业（组织）的认可，从而实现其职业发展与企业发展目标的一致性，个人的表现水平可能会持续提高或保持稳定。成功度过过渡阶段的人可能会得到更多的责任和奖励，为了保持工作中职业发展的准确性，而其他人可能需要重新评估自己的能力，换工作或寻找另一种生活方式。

（5）衰退期

工作活动的进程随着人的体力和脑力的衰退逐渐停止，此阶段对于每个人来说都是很难的，个人必须培养自己的新角色，对处于衰退期的员工，组织有责任引导他们适应新的环境，并给予他们一定的关心帮助与爱护，从而使企业全面发展，迎来蓝图。

（6）没落期

这段时期是个人职业发展的最后阶段，即退休，但我总是担心我服务过的企业（组织）的发展状况和前景。有时，由于自己的经验和知识，受到企业（组织）的青睐，作为企业（组织）顾询小组的成员、专家，不断为企业（组织）的发展做出贡献，充分发挥余热。

3. 个人的职业发展规划要求

（1）保持个人职业发展规划同社会发展规划一致。

（2）保持个人职业发展规划同企业（组织）发展目标一致。

（3）结合自身特点和技能、素质，进行个人职业发展规划。

（4）学会不断学习、不断修正完善自己的职业发展规划。

（5）树立自强不息、不断进取、永不放弃的信念。

（6）保持充沛的精神面貌，果断跳出职业挫折甚至失败的阴影。

（7）及时调整。

总之，个人职业发展规划应及时修正和完善，使其符合社会（企业、组织）、家庭和个人的阶段发展状况，从而实现完善的个人职业发展规划。

## 第二节　人际沟通技巧

**案例导读**

### 成事不说、遂事不谏、既往不咎

成事不说就是公司或领导已经决定的事情就不要评价，不要给出自己的想法和建议，无论你以为这些建议和想法对公司有多大的好处都要坚持不说的原则。但是在公司决定以前一定要把自己的想法说出来，这是你的职责，决定事情是公司领导的事，我们要清楚自己的职位和存在价值，不要给出超越职权的建议和想法，否则受到伤害的是你自己和公司。在生活中也是一样，你太太炒菜，四个菜中只有一个好吃，你吃饭的时候会说那三个不好吃，还是说那一个好吃呢？一定是说那一个好吃，因为你说那三个不好吃也没有用，再说好不好吃她和你一样清楚，为什么要说呢？工作中，这样的事情也经常有，总部任命了一个分公司经理你自以为对他比较了解，他一定会把分公司搞垮。这个时候你要说吗？假如你说了，难道就能改变总部的决定吗？假如改变了，总部的权威何在？说了，反而增加了总部对你的看法：这个小子，总是这么窜，就你厉害，我们都是傻瓜，等着瞧，有你好受的。最后受害的是你自己。所以说要在事前，而不是事情已经决定了以后。

**不要怀疑微笑的力量**

享誉全球的希尔顿酒店在成立初期也仅仅是一家普通的饭店，可是在短短90年的时间里，它却迅速扩张成为在全球119个国家和地区拥有6400多家酒店的大型酒店管理企业。它的成功在很大程度上就得益于公司的服务理念——“微笑服务”。

现年89岁的唐纳·希尔顿是希尔顿集团的董事长，为了保证酒店服务水准，50多年来，他每天至少都会去一家希尔顿酒店考察酒店服务人员，各级员工最常被问到的问题是：“你今天对客人微笑了吗？”

20世纪30年代是美国经济危机中最艰难的时期。全国酒店已经关门80%，希尔顿酒店也相继亏损，债务一度高达50万美元。但是希尔顿并没有气馁，他给每家酒店的员工打电话，特别告诉他们：“请大家记住，希尔顿酒店的礼仪一定不能忘记。无论酒店本身有多么困难，服务员脸上的笑容永远属于顾客。”

经济危机结束后不久，希尔顿酒店就率先进入了新的繁荣期和黄金运营期。希尔顿酒店立即配备了许多现代化设施。此时，当希尔顿给每家酒店的员工开会时，他总会问：“现在我们的酒店增加了一流的设备，你们认为还有哪些方面需要完善，才能给客人更好的入住体验呢？”听到工作人员各种各样的回应后，希尔顿笑着摇摇头说：“请想一想，如果酒店只有一流的设施，而没有面带微笑的一流服务员，这些乘客会不会感到满意？服务员没有美丽的微笑，就像花园失去了阳光和微风。如果我是旅客，我宁愿住在到处残破，但是却洋溢着微笑的旅馆。”

## 一、人际交往基础

### （一）人际交往

1. 人际交往的概念

人际交往，是指一个人通过一定的语言、文字、身体动作、面部表情和其他表达手段向他人传递一定信息的过程。社会学将人际关系定义为人们在生产过程或生活活动中建立的一种社会关系。心理学将人际关系定义为人与人之间在交往中的直接心理联系。在汉语中，它常指人际关系的总称，包括亲属关系、友谊关系、同学关系、师生关系、就业关系等。人是社会性动物，每个人都有自己独特的思想、个性、行为方式和价值观。人际关系对所有人的情绪、生活和工作都有很大的影响，甚至在组织气氛、组织沟通、组织运作、组织效率以及个人与组织的关系中起着举足轻重的作用。

2. 人际交往的重要性

人际交往能促进自我认识的加深。在我们交流活动的过程中，有时自我和他人的评价之间会产生差距。要统一这两个方面的评价，我们需要全面提高我们的综合素质，不断认识自我。在准确的自我认知下，我们可以找到自己的社会定位，发挥自己的社会作用。

人际交往促进了社会化的进程。人际交往既是社会发展的必然产物，也是社会发展的基本前提。没有人际交往过程中产生的各种网络关系和人们扮演的不同社会角色，社会就不会是一个社会，社会发展也会停滞不前。

人际交往紧密联系着我们的生活，它是我们生活的一部分，良好的人际交往能力是青年社会化的必然要求，是社会生存的立身之本，也我们必须掌握的基本能力。

3. 人际交往的四项基本原则

虽然人际关系复杂，每个人的沟通动机、要求和期望都有很大的不同，但社会上仍然有共同的心理原则。心理学家从不同方面总结了以下原则：

（1）诚实信用原则

为了与朋友相处，我们要真诚对待朋友，与朋友建立和保持友好的关系。与朋友之间交往，做到要诚实。诚信是人们相互信任、友好交流的基础，每个人都喜欢与诚实真诚的人打交道，与诚实真诚的人交朋友会给予别人安全感，不必有任何疑虑。所以，在人际交往的过程中，尤其是在与朋友的交往中，我们应该诚实守信，讲真话、做实事，不要耍小聪明，从而失去朋友的信任。

言必信。在与朋友交往的过程中，为了取得朋友的信任，我们应该言行一致，信守承诺。对于朋友的请求，在自己能力范围内的事我们要尽力而为，但如果我们做不到，就要谨慎行事。不要信口开河，随意做出承诺，在做出承诺之后，无论遇到什么困难，都必须要尽全力去完成它。如果实在无法完成承诺，应该根据实际情况给朋友必要的解释以寻求他们的理解。此外，我们还要严格遵守与朋友的约定，遵守约定时间，不遵守约定时间会打乱别人的安排和计划，同样损害了自己的形象和声誉。

行必果。我们做事必须要坚持到底、永不放弃、善始善终。在人际交往的过程中，我们必须到行必果，这样才能成为一个值得信任的人，在朋友中建立良好的声誉，加深感情。

（2）宽容理解的原则

在与朋友相处的过程中，我们难免会发生摩擦，要想避免这些问题发生，我们要学会控制自己的情绪，理解和容忍和朋友相处过程中的不适感。

在相处过程中，我们不能以自己的标准来要求朋友，不同的人有着不同的个性、品味和价值观，对事情和问题的认识也不尽相同。因此，我们不能以我们自己的标准来要求我们的朋友，甚至试图改变别人，要认识到朋友和我们之间的差异，并且接受它们。

要学会宽容理解。每个人都有自己的优点和缺点，在日常沟通中，会有大大小小的摩擦，我们不能因此而生气，更不能怀恨在心，这种情绪可能暂时不会爆发，但是在某种程度上会影响我们的思考和判断。矛盾发生时，我们要试着换位思考，站在朋友的角度思考问题，避免激化矛盾。在与朋友相处时，我们应该认识到他们的长处，在交流中不断学习和吸收他们的优点。

（3）互相尊重的原则

要得到别人的尊重，我们必须先尊重别人。尊重他人是基本的道德，也是建立良好友谊关系的基础。

要对各种朋友一视同仁。不同的朋友可能在家庭、经历、工作、外表、技能等方面有区别，但我们要一视同仁，不要取悦有权势的朋友，不要鄙夷陷入困境的朋友，更不应该把朋友当作我们的“工具”。

要学会尊重和理解。我们不能做任何伤害朋友人格和尊严的事，不能说任何伤害朋友人格和尊严的话，不能散布损害朋友声誉的流言蜚语，不能拿朋友的身体缺陷开玩笑。

尊重朋友的合法权利和意见。不要难为你的朋友做决定，不要干涉你朋友的私事，不要轻易否认朋友的意见，要尊重朋友的爱好和兴趣，不要把自己的观点和想法强加给你的朋友，要保护和隐藏朋友的隐私。

（4）友善、热情的原则

对朋友要友善和热情。我们要注意自己的言行，共情朋友的感受。对于朋友的错误和缺点要给予友好的提示和纠正，真诚地帮助他们，对一些暂时无法解决的问题采取宽容的态度，不能恶意中伤别人，伤害别人的自尊和信心。

另一方面，我们应该全心全意地帮助我们的朋友。心理学研究表明，人们总是希望在互动中从别人那里得到同情和帮助。因此，在与朋友交流时，我们应该尽可能地伸出援助之手，帮助朋友调整心态，解决困难。在受到帮助时，你也应该真诚地感谢你的朋友。

### （二）分析人际关系

1. 人际关系是什么

所谓人际关系，是指人与人之间在物质和精神交流中产生的关系。这种关系具体是指一个人对其他个人形成的一种心理倾向和相应的行为。人际关系的质量反映了人们在交往中物质和精神需求的获得程度。当感到满足时，人们会互相喜欢和接近，相反则会厌恶和疏远。

人际关系的密度也反映在人与人之间的空间距离上。心理学家霍尔指出，不同的人际关系会导致不同的空间距离。一般来说，人际距离有四种类型：

（1）亲密距离：小于0.5米

可以感觉到对方的温度、呼吸和气味，通常是在父母和孩子之间、恋人和恋人之间。

（2）朋友距离

约为0.5~1.2米，便于深入讨论或细节表达。

（3）社交距离

约为1.2~1.7米，即熟人之间的距离，大多数联系人都在这一距离之内。

（4）公共距离

一般在3.7米以上，即陌生人之间的距离。

人际关系是人类社会中最复杂的关系，有些人善于沟通，有些人不善于沟通，有些人阿谀奉承，有些人老实真诚，每个人都有自己人际交往的方式。

2. 人际关系的类型

在现代社会，人际交往和人际关系是复杂的，根据不同的分类标准和方法，人际关系的类型可以分为不同的类型，有的根据人际交往的内容，有的根据交往的主要情况，有的根据人们对人际交往的不同需求。在此，我们将人际关系划分为以下几种类型，包括：

（1）血缘关系：是指血缘关系和婚姻关系所形成的人际关系；

（2）地理关系：是指以地理位置为纽带，在一定地理区域内共同生活并开展活动的人际关系；

（3）利益关系：是指在社会生活中具有相似利益的人所建立的人际关系；

（4）劳资关系：是指以职业、行业、专业或职业为纽带形成的人际关系。

其中，影响最大的是上下级关系、师生关系、同事与同学关系。

3. 人际关系的作用

人际关系是社会关系的一部分，在人们的社会生活中起着非常重要的作用，影响着人们的生产生活方式。人际关系的重要性体现在以下几个方面：

（1）良好的人际关系是人们身心健康的需要

如果一个人处于亲密和谐的人际关系中，他的情绪状态就会是积极向上的，身心健康也会得到保证。轻松稳定的人际关系能够让人保持积极向上的生活状态。相反，不良的人际关系会扰乱人们的情绪，导致焦虑和抑郁，甚至导致心理疾病。医学研究显示，不良情绪是对身心健康的最大危害，不健康的人际关系导致的心理和生理疾病，是再好的膳食补充和健康锻炼也无法治愈的。因此，我们要保持良好的人际关系，促进身心健康发展。

（2）人生事业的成功需要良好的人际关系

人际关系对个人成就有很大影响，是人们成功的重要条件之一。如果你有良好的人际关系和正确的社交技巧，这将有助于你在事业上取得成功。良好的人际关系可以为你的事业成功提供理想的条件。这主要是因为：

①良好的人际关系可以促进人们共同完成任务。如今，许多社会工作任务不再是个人单独完成的，而是需要通过许多人的共同合作来完成。从聚会的筹备到科研项目的研

究，参与者需要加强联系和联合，以取得最佳效果。

②人们可以从友好合作的和谐人际关系中汲取力量、增强信心。在朋友的鼓励和帮助下，人们更有信心面对工作任务，这样我们可以在工作中获得轻松愉快的气氛。即使我们遇到困难，我们也能找到多种方法，得心应手地去解决。

4. 建立良好人际关系的重要性

美国著名教育家戴尔·卡内基（Dale Carnegie）通过大量研究发现：“一个人的职业成功只有11%归功于他的专业技能，其余80%取决于人际关系和社交技能。”这句话较为绝对，但它也表明了良好的人际关系对职业成就的重要性。多年来，在高考的指挥棒下，学生们过于注重追求成就，忽视了人际交往能力等素质的培养。进入高校后，专门系统的课程和培训很少，导致许多大学生智商高、情商低，往往不懂与人相处、沟通和交流。所以，大学生应学习如何建立良好的人际关系。掌握这些方法，无论是对在学校建立良好的学习环境，还是对在毕业后建立良好的工作环境都是非常必要的。

## 二、人际关系的建立与发展

### （一）人际关系的建立

来自西方的“约翰·阿里之窗”理论帮助我们思考人际关系的建立。该理论认为，人与人之间沟通的成败和人际关系的健康发展在很大程度上取决于每个人自我暴露区域的大小。每个人心中都有四个领域：你知道的和别人知道的“开放领域”（你知道我知道）、别人知道而你自己不知道的“盲区”（你知道我不知道，当局者迷）、一个“秘密区域”，只有自己知道，从不向他人透露（我知道你不知道，私密）、你和其他人都不知道的“未知领域”（你和我都不知道，潜在的）。总的来说，为了交流的顺利进行和发展，我们应该努力扩大“开放领域”，缩小“秘密领域”，以便相互表露心声，让别人了解我们自己。心理学研究表明，人际交往是一个互动的过程。我向他人开放的区域越大，我通常可以获得的开放区域水平就越近。因此，要了解别人，首先要让别人了解自己。缩小秘密领域，扩大开放领域，自然会得到他人的良性反馈和良好印象。一般来说，自我开放的领域与人际关系的和谐程度成正比。当我们被人际关系所困扰时，我们不仅不应该盲目抱怨，还不应该过分责怪他人。就像“要赢得别人的尊重，首先要尊重别人”，我们不妨先改变自己。我们经常发现，尽管我们付出了努力，但有些关系仍然不令人满意。事实上，建立良好的人际关系与爱情是一样的，只有建立在“互敬互爱”基础上的人际关系才能和谐持久。

### （二）人际交往的现状

目前人际交往的现状主要有以下几种现象：

（1）交往范围扩大化。表现为向更大范围、更远距离的群体延伸。

（2）交往方式多样化。除了传统的面对面的交流、信件交流之外，电话、短信、网络已经成为人际交往的另一重要途径。

（3）交往目的理性化。随着社会发展变化，交往目的趋于理性化，选择朋友并不纯粹是出于情感的考虑，而越来越多地考虑到自身社会利益，从而呈现出情感型交往与功利型交往并重的趋势。

（4）交往形式虚拟化。网络改变着社会文化的同时也带来人们之间交往方式的深刻变革，QQ、微信等成为人际交往的重要途径，人际关系的虚拟化已成为网络时代一个客观的、普遍的现象。

### （三）人际交往的特点

大学生是当代青年中的一个特殊群体。他们属于青年，交往具有当代青年交往的特点。但由于他们独特的生活和学习环境，他们也有自己独特的特点。

1. 交往的迫切性和主观性

迫切性表现在：由于生理和心理的逐渐成熟，大学生有着强烈的交友欲望。学习和生活环境的变化使他们迫切需要结交新朋友，适应新环境。同时，他们独立的职业选择也使他们渴望与人沟通，并以多种方式获取信息。随着自我意识的增强，他们对周围事物的评价具有很强的主观色彩，这体现在朋友的选择和交流上。他们经常以自己为中心来处理新环境中的人际关系。他们在理解和评价他人时往往主观、极端而简单，从而影响人际和谐。

2. 情感性和非功利性

社会心理学研究表明，人类行为具有某种相互“奖励”。“奖励”包括物质内容以及精神和情感内容。大学生结交朋友往往是因为他们在性格、习惯、观念甚至语言上有相似之处，也就是说，他们有着共同的兴趣，没有特定的目的。他们注重情感价值，注重思想情感交流，功利性较少。

3. 理想性和现实性

大学生正处于求知阶段，他们的想法相对简单，他们崇尚高雅，鄙视庸俗，崇尚真诚，尤其渴望真诚纯洁的友谊。他们希望他们的交易所没有任何杂质。他们经常要求对方有理想的标准。一旦他们发现一些不好的品质，他们就会深感失望，并倾向于理想化。然而，面对就业压力和社会现实，为了毕业后找工作或有利于未来职业发展，他们也会进行一些功利性的交流，从而表现出交流的现实性。

4. 开放性和时代性

随着社会生产和经济生活的变化，大学生的交往也发生了变化，呈现出开放性。沟通对象从同性到异性，从教师到各类社会人员，沟通范围从班级到宿舍到其他院系、班级和学院；传播的内容也丰富多样。随着计算机网络的飞速发展，网络交流已成为一种新的人际交往方式。据中国互联网信息中心统计，目前，中国网民中有21％是中学生，这是网民人数最多的群体。其中，90%是大学生。大学生在网络空间聊天交友，反映了交往的时代性。

5. 不平衡性

由于城乡差距、贫富差距和家庭教育的影响，农村大学生的整体社会状况比城镇大学生差。一些农村学生比较敏感，有很强的自尊心。在经济条件的巨大压力下，他们存在自卑、自闭等心理问题，表现出被动沟通、不敢与人交往、不敢加入学生社团等情况。

### （四）和谐人际关系的建立方法

大学生能够在大学认识一些对自己好的朋友，是非常重要的。很多人可能觉得其实自己已经习惯了一个人的生活了，觉得大学交朋友没有必要，但是毕竟多些朋友，总比没有真心对自己的朋友要强得多。那么大学生和谐人际关系的建立方法有哪些呢？

1. 只有正确认识自己，才能客观认识他人

认识自己比认识他人更重要，很多时候我们都只是站在自己的角度去观察他人，别人出现什么差错，或有什么缺点，我们最清楚，但我们对于自己的认识却并不深刻，事实上我们对于自己的认识应该是超过对他人的认识的。对自己认识不深的人，对他人的认知也是非常肤浅的，这就没办法产生有高度的共鸣，沟通亦是如此，只有和沟通对象产生共鸣，才有可能在思想上达成一致。

2. 学习人际交往的方法、技巧，培养人际交往能力

有的同学之所以人际关系不好，肯定就是人际交往方法欠缺，交往能力不足而导致的。很多同学经常怀着善意的举动想去帮助别人，但是一不小心别人就会把自己的这份善意当成恶意，那么就会让周围人瞬间对自己失去好感，从而也会影响自己的人际关系。因此，要想建立好的人际关系，就需要在大学里积极参加各种集体活动，有目的地锻炼人际交往能力。语言是人际交往的重要工具，人们的言行举止都会传达彼此之间的情意，无论是口语还是姿势，在交往中要是运用好的话，就能给自己的交往带来便利，如果不好好运用的话，那么就会让自己人际关系逐渐变差，也会让自己无法交到好朋友。

3. 保持良好的心态

大学生在交往中情绪化程度很高，他们对人的理解很容易受到情绪波动的影响。他们关心别人的态度和对自己的评价。其实，人与人之间的态度应该是平和的，戒骄戒躁、不卑不亢，以赢得他人的尊重和欣赏。良好的态度比知识更重要。一个态度健康的人会有健康的人际关系、健康的生活态度、健康的工作态度和健康的生活质量。我们应该善于接受他人，宽容他人，允许他人犯错，允许他人指出自己的错误，允许不同于自己的意见、观点和做法。只有加深相互理解，关心他人，控制自己，我们才能知道如何保护彼此不受伤害，从而建立良好的人际关系。

4. 要不断完善自己的个性

每个人都是有属于自己的个性的，要想让自己有和谐的人际关系，就必须要想办法

完善自己的个性，这样不但可以让自己交到真心朋友，也能让自己的交际圈变得越来越大。那些诚实、通情达理、忠诚、热情、外向和乐于助人的人往往具有一种人际吸引力，你会发现有这种性格的人，周围总是会聚集很多人，这样就有利于建立和谐良好的人际关系。在沟通的过程中，我们也要注意把握自己的情绪和行为，冷静理性，才能成就大事。无论你说什么、做什么或表达你的感受，你都应该注意恰到好处。你要把握尺度，把某些场合和你的身份结合起来，既不要故意抬高自己，也不要对某些事情漠不关心。

5. 整理个人形象

一个衣着整洁、大方、漂亮、符合身份、举止文明、待人友好、说话自然、作风得体、信守承诺的人，可以体现出他的文化底蕴和人文素质，这样别人就会愿意与他交往。因此，大学生应注意塑造良好的个人形象。

6. 要热情交往

人际关系是互动的，不要总是消极地等待别人来主动关心自己，而要主动地与周围的同学交往沟通。开放自我是有感染性的，你对别人开放，别人也对你会开放。当对方走出故步自封、自我封闭的死圈子的时候，你不仅会对对方有更深一层的认识，更重要的是对自己也会有新的认识和体验。主动与人交往，广交朋友，交好朋友，不但交与自己相似的人，还要交与自己性格相反的人，求同存异、互学互补，处理好竞争与相容的关系，更好地完善自己。

7. 要理解尊重

每个人都有自己的气质和性格特点，不同的成长背景和生活习惯，所以在与同学交往的过程中，如果能互相理解尊重，大家的关系就容易融洽，也会减少不必要的摩擦。俗话说："人无完人，金无足赤。"我们周围的同学都还处于成长的阶段，处理问题会有很多不妥之处，在许多问题上同学间也会有不同见解，这就要求能够从对方的角度考虑问题，相互谅解，就不会产生敌意。

8. 以诚相待

人与人的交往，最重要的是真诚和善意，这也是做人的根本原则。口是心非，虚伪傲慢的人是很难有朋友的。古人"有一言既出、驷马难追"的格言，现在有以诚实为本的原则。对于朋友之间，言必信、行必果、不卑不亢、端庄而不过于死板，谦虚而不矫饰诈伪，不俯仰讨好位尊者，不轻视位卑者，显示自己的自信心，取得别人的信赖。

## 三、人际交往策略

### （一）人际交往中的问题

一般来说，大多数大学生都能正确处理人际关系，但由于各种主客观原因，一些人不能正确处理与老师和同学的关系，影响了他们的学习和生活，严重的甚至结束了他们年轻的生命。

1. 以自我为中心

如今，许多大学生都是独生子女，在成长过程中被亲人过度宠爱。他们从未遭受过任何打击或挫折。因此，很容易形成以自我为中心的性格：在与他人交流时，他们盲目强调自己的需要和兴趣，忽视他人的感受。在集体生活中，他们不能从每个人的角度来考虑问题。在大学宿舍里，那些总发脾气、无视室友的人并不少见。

2. 自卑胆怯

由于家庭经济状况、优异的学业成绩和个人能力等多种原因，一些大学生容易在心中形成一种各方面都不如别人的心态。这些现象很普遍：小城镇或偏远农村的学生在家庭经济条件相对优越的学生面前感到头晕目眩；有些学生把学习成绩差归咎于智商低，总是自卑；一些大学生因为他们的外表或身高而感到自卑。随着时间的推移，这种自卑感在心理上被压抑得无法得到正确的宣泄，并逐渐形成了自我封闭的状态。他们喜欢独处，不喜欢与他人接触，一切都是自己做的，很难融入大群体。

3. 缺乏人际交往技巧

不仅对大学生来说，而且对那些已经进入社会的人来说，掌握人际交往的技巧并不容易。一些大学生由于其表达能力而不能正确表达自己的想法，因此很容易被误解甚至被拒绝，面对这种情况，他们不知道如何弥补。由此造成的恶性循环也是大学生人际交往和沟通的主要障碍。

### （二）人际交往与沟通问题的根源

1. 自身因素的影响

大学生的心理尚未完全成熟，从高中到大学，他们的社会经验浅薄，思想观念简单，高中阶段大部分学习内容侧重于书本和理论知识，所以初入大学的新生在环境适应、自我认知等方面可能会有困惑，影响大学生的人际交往。

2. 家庭因素的影响

当代大学生中的许多独生子女从小就被父母宠坏了。他们习惯于以自我为中心，缺乏包容、理解和关心他人的意识。他们从小就受到父母太多的保护和控制，导致他们缺乏与他人沟通的原则和个人心理空间，在与他人沟通时，对许多问题感到茫然。社会贫富两极分化和经济状况的差异，导致一些大学生悲观退缩，这也成为大学生交流的障碍。

3. 学校因素的影响

长期以来，在高考的指挥棒下，学校过分追求分数和成绩，忽视了人际交往能力的培养。这导致了大学生智商高、情商低的现象。通常很难处理诸如与他人相处、沟通和交流等问题。高校教学方法相对滞后，导致大学生在人际交往中没有机会得到有效的指导和帮助。

4. 社会因素

在市场经济体制下，竞争日趋激烈，人际间的无私和温暖共存状态被残酷的竞争所取代，导致人际疏远和冷漠，导致人际沟通障碍。中国社会过去仍然提倡正义高于利润的传统观念，但市场经济中追求利润是一条客观规律。金钱和财富在人们观念中的地位得到了提高，人们有着强烈的物欲和功利主义意识，导致了人们无意识地“厌贫爱富”和追逐名利的意识形态。因此，功利主义意识在大学生人际交往中更为明显。“穷学生”和“富学生”之间存在沟通障碍。

5. 网络因素的影响

现代信息技术，特别是互联网的高速发展，打破了人们在时间和空间上交流的限制，虚拟的网络交流已经取代了人与人之间的直接情感交流。网络在快速传递知识和信息、提供娱乐游戏的同时，也为大学生提供了发泄不良情绪、寻求精神寄托、逃避现实生活的场所，导致大学生人际交往的封闭，交往能力的下降。一些学生沉迷于网络交流，忽视了现实生活，在遇到问题时习惯于舍近求远。

### （三）解决人际交往问题的对策

1. 保持积极的生活态度

一个人的人生观和人生态度将极大地影响他的社会交往态度和方式。人生总是成功与挫折、成功与失败、幸运与不幸、得与失的混合体。然而，积极的人和悲观消极的人会对生活做出不同的解释，以不同的态度看待世界和周围的人。这将不可避免地限制他是否对他人开放或封闭，他是否热情、积极或漠不关心拒绝沟通。乐观主义者更多地看到光明和美丽的世界，所以他们积极地生活和奋斗，坦率地与人们交流思想和感情，获得精神上的满足；悲观主义者更清楚生活的阴暗面，似乎他们周围的人都在与自己斗争，总是不幸地与世界隔绝。

正确对待生活，以平等的态度与人沟通，学会正确评价他人的优缺点，善于发现他人的闪光点，坦然敞开心扉，你将实现人与人之间的精神交流、事业的成功、生活的欢乐。

2. 克服人际认知偏差

事实上，每个人都有自己的长处和短处。与他人交流和比较的目的是互相学习，促进自己的进步。在社会交际中，人们的认知可能受到多种因素的影响，认知偏差甚至可能成为交际的障碍。只有努力克服认知偏差，我们才能正确对待他人，激发他们的积极反应，确保人际交往的顺利进行。

克服人际认知偏见的关键在于树立成功沟通的信心，现实地了解自己，并通过实践证明自己的实力。只有当我们充满信心时，我们才能放松精神，保持冷静，自然地与人交往。

同学们，今天的社会是一个信息社会。人际交往的过程实际上就是信息交流和流通的过程。“独学无友，愚昧无知”，一个不善于沟通的人一定知识贫乏，他也只能是井底之蛙。在人际交往中，人们交换思想和经验，互相学习。通过与他人密切友好的沟通，我们可以得到他人真诚的批评和帮助，从而促进自我完善。彼此亲近的学生可以主动与身边优秀的学生进行交流，从而获得更多有价值的信息，发现自己的不足，有利于自身能力的提高和身心的健康发展。

3. 培养良好的沟通心理素质

在社会交往活动中，培养良好的交往心理素质是改善人际关系的重要因素。良好的心理素质主要包括五个方面：真诚、信任、克制、自信和热情。

（1）真诚。诚信是一种务实求实的态度，是对人真诚善良的一种表达。人们彼此很了解，你也很了解对方，一颗真诚的心可以让沟通的双方拥有同样的心，真诚地对待对方。一颗真诚的心可以使双方的友谊长存。相反，虚伪是沟通的大敌。谎言、欺骗、戏弄和自私是破坏友谊的恶魔，必须坚决摒弃。

（2）信任。信任是对人的一种积极评价态度。人们待人态度很好，表现出很好的风度。在社会交往中，信任是相信他人的真诚，从积极的角度理解他人，而不是随意地猜疑和相互防御。信任他人必须真诚，而不是口是心非。

（3）克制。克制是一种可以容忍的意志品质。在与他人沟通时，摩擦和冲突是不可避免的。克制往往会把战斗变成友谊。克制注重团结和大局，即使自尊和利益受损。这种开明谦虚的态度对人际关系的发展具有重要意义。克制不是无条件的，而是合理、有益和克制的。

（4）自信。自信是对自己的积极态度。俗话说，自爱使他爱，自尊使他尊重。自信也是如此。在人际关系中，自信的人总是谦逊、优雅、冷静。自信的人决不会自我欣赏，也不会盲目高傲。相反，他知道自己的缺点，善于听取别人的建议和帮助，有勇气纠正自己的缺点和错误。然而，在实际的社会活动中，一些人往往缺乏这种精神，面对交流往往采取回避的态度，胆小无力。我想和别人交流，但我担心别人会拒绝和讨厌我。所以，我不想在公共场合露面，也不想在公共场合感到尴尬。

（5）热情。热情是一种高级的情感形式，是对事物积极、有力、稳定、深刻的情感反映形式。热情能给人温暖，增进人们的相互理解，融化冰冷的心。因此，热情好客是沟通人们情感、促进社会交往的重要心理素质。

总之，传播者良好的人格和心理素质可以引起被传播者的积极相似反应，使他们随着传播频率和深度的增加，建立越来越亲密和谐的人际关系。

## 问题思考

××年10月份，湛江某学院学生因上学年学习成绩不够理想，感到十分自卑，一度产生休学的念头。经过学院老师和同班同学的规劝，该同学去了校心理咨询中心进行心理咨询。由于同班同学事先已和咨询中心的老师联系过，老师大概了解了该学生的情况，并根据此对该学生进行了心理辅导，给出了十分具建设性的建议。后来，该学生改变了念头，变得很乐观，后来在07—08学年度期末考试中取得了喜人的进步。

良好的人际交往能力以及良好的人际关系是人们生存和发展的必要条件。大学生作为一个特殊群体，面对激烈的竞争和日益强大的社会心理压力，如何认识和正确处理大学生人际交往中存在的问题具有极其重要的意义，通过对大学生在人际交往和沟通中存在的问题以及原因分析，将有利于大学生形成和发展健康的个性品质。

# 第三节　职业心态调整

### 案例导读

一位哲人路过一座山，遇见了两位匠人，他们都在用力地凿石头，试图把那一块块坚硬无比的东西从山上取下来，然后再按照客人的要求把它雕刻成各种造型。哲人看见他们如此卖力地干着，便走上前去问了第一位匠人："你喜欢做这个工作吗？"匠人皱着眉头回答道："谁会喜欢每天面对这些没有感情的石头啊，它们没有感情，什么都不懂，我是为了生活没有办法才做这个工作的！"哲人点了点头，心想：情有可原。于是走到第二个匠人面前问道："你一定对这个工作很厌烦吧？"匠人用手拭去了额头上的汗，笑了笑说："不啊，我喜欢这个工作，我觉得我能将这些普通的石头雕刻成各种美丽的造型，是我在赋予他们生命，而且当那些经过我手雕刻的作品被别人欣赏时，那种自豪的感觉是别人体会不到的，那是我的财富！"哲人很震撼，他没想到，做此工作的匠人，竟然这么有思想。

若干年后，第二位匠人成了远近闻名的雕刻家，而第一位匠人，仍旧满腹牢骚地边抱怨边重复着那些机械的动作。

## 一、职业心态的概述

生活赋予每个人的成功机会是同等的，只是人们的心态不同。有的人满怀苦恼，把手中的工作视为无奈之举，得过且过，整天处于不快乐与抱怨之中，结果就是一事无成；而有的人则采用了一种愉悦的心情、积极的态度来对待工作，用自己的热情来构筑未来，所以生活就把收获给了他们。

如果我们都能在自己的工作中找寻快乐，那岂不是一举两得的事吗？为什么不试着让自己像第二位那样，做一个快乐的上班族呢？

1. 多些计划，少些失落

考虑清楚有关自己理想职业的每一件事——从工作形式到工作环境，然后确定自己所追求职业的标准或目的。具体方法是，把所追求的理想职业划分成尽可能短的各阶段。如果发现自己目前只是一名普通员工，你就必须寻找一条能帮助自己达到另一职位的晋升之路。你可以观察一下是否能调到另一部门，或者先谋求一个较低的职务，然后找机会进修；找出妨碍你日后发展的不利因素。记住，循序渐进是改变不称心工作的最好方法。

2. 承包工作，磨炼自己

想象自己是个独立承包者，你的雇主是位大客户，然后合理分配你的时间，以达到不仅满足客户所需，还达到从各方面发展自己的目的。例如，你的工作是负责起草各种报告式文件，用词的好坏对你上司可能无关紧要，但对于一位独立承包人，你应该认识到，你使用的措辞技巧可能会开辟一个全新的销售市场。这表面上是取悦你的上司，实际是把你推到独立承包人的地位。

3. 改变认知，端正工作态度

“我得在这个位置上待多久？我真的不想做了。”

“我必须有这份工作来养家。”

你是否经常陷入这样的两难境地？你不妨把这两句话改成：“虽然这份工作不是很重要，但是可以帮助我学到很多东西。我应该有一个积累经验的必要阶段，以便在适当的时候升职或跳槽。”这样，你的内心才能逐渐恢复平静，不愉快也会悄悄散去。

4. 减少抱怨

不要像玻璃一样脆弱，要像水晶一样透明，像太阳一样灿烂，像蜡梅一样坚强。既然睁开眼睛享受微风，就不要抱怨风中的细小沙粒。

5. 工作和娱乐

有些人只有上班才努力。一开始晚上工作1~2个小时，后来一整周加班，最后连周末都变成了办公时间。于是，工作占据了他的所有时间。这类人除了工作几乎没有任何社交活动，所以时间长了，难免会对工作产生厌恶感。

6. 努力工作，尽情玩耍

把自己的爱好和业余活动当自己的本职工作认真对待，并以此为荣。如今，许多人只把办公室里取得的成就视为真正的成功。这样一来，这些人只会在事业蒸蒸日上的时候沾沾自喜，在工作上遇到麻烦的时候觉得很丢脸。如果你把自尊和事业捆绑在一起，当你在工作中遇到挫折时，很难保持积极的心态。

7. 不要讨厌别人，喜欢别人

如果你害怕每天早上去上班，部分原因是你和周围的同事相处不好。虽然你不喜欢和他们一起工作，但是你要积极地和他们相处。当你在电梯里对人微笑时，别人也会对你微笑，礼貌是人类的天性。一夜之间和不理你的人建立亲密关系是不现实的，但如果你真心改善关系，你的同事迟早会感受到这一点。

## 二、职业心态的概念

职业心态是指根据职业的需要，应该流露出来的心理感受。即职业活动对自身职业极其成功的各种心理反应。

良好的职业态度是营养，它会滋养我们的人生。积累小自信，成就大志向；积累小成就，成就大事业。有相当一部分人分不清个人心态和职业心态，根据自己的情绪用自己的个人心态对待工作。只有分清个人心态和职业心态，才能更好地胜任个人职位的要求。

## 三、职业心态的分类

无论是第一次进入职场的大学生，还是跳槽到新行业的新员工，面对新的工作、新的职场环境，如何快速融入新的职场，这要看一个人对新环境的适应能力，同时也要调整心态。并不是能力越高，适应新环境的能力就越强。很多时候，我们能否适应一个新的环境，很大程度上取决于我们个人的心态以及性格和习惯，影响着我们每个人的发展。那么，作为职场新人，应该具备哪些良好的工作心态呢？

1. 积极的态度

积极的心态是职业心态的第一位，有两个重要的表现：一是不要轻易放弃；二是不要怨天尤人。塑造积极态度的12条途径：构建正确的价值评价体系；要有觉悟的精神，看透人生而不是看破它；增强对挫折的承受力；树立正确的思维方式；学会享受过程；活在当下，全心全意投入；学会感恩；不要自责，要相信自己；学会管理压力；培养远大志向和宽广胸怀；培养热情的生活和乐观的人生态度；培养坚定的信念。

2. 学习心态

学习是为了给自己补充能量。你必须先输入，然后才能输出。尤其是在知识经济时代，知识更新的周期越来越短，过时的知识等于浪费。只有通过不断的学习，才能不断地吸收能量，适应社会的发展，才能生存下来。要善于思考、善于分析、善于整合，只有这样，我们才能创新。读万卷书不如行万里路，行万里路不如阅无数人，阅人无数不如名师指路。通过学习掌握相关的计算机和互联网操作，参加各种培训，来掌握专业知识，这才是对自己负责的良好心态。

3. 付出的态度

舍得是一种因果关系。舍就是付出，付出的态度就是老板的态度，是为自己做事的心态，要知道付出和得到的关系。你付出的就是你得到的，小舍小得，大舍大得，不舍不得。打工人的心态就是应付的心态，不愿意付出的人，总是希望省钱省力省事，最后成功也省了。

4. 毅力

90%以上的人都无法成功，为什么？因为90%以上的人都坚持不了。毅力体现在坎坷中，而不是在顺境中。遇到瓶颈的时候要坚持，直到突破瓶颈，达到新的高峰。坚持到最后，不要输给自己。

5. 合作心态

合作是一种境界。合作可以打天下，强强联手，合力不只是加法之和。1+1=11，再加1就是111，这就是合力，但有一个1倒下就变成了11。成功就是把积极的人组织在一起做事。

6. 谦虚的心态

去掉缺点，吸收优点。谦虚使人进步，骄傲使人落后。有句话说：“谦虚是人类的伟大成就。”谦虚会让你受人尊敬，麦穗越饱满越会弯腰。

7. 心态活跃

职业员工要学会主动有四点：第一，在自己的工作岗位上要主动；第二，帮助别人主动；第三，在对公司和团队有利的事情上主动出击；第四，要主动提升自己的能力和素质。

8. 双赢的心态

双赢心态就是在与他人的交往沟通中，就是在表达自己的情感与信念的同时，又体谅他人的做法和感受的能力，分析判断对方真正想要的是什么，和别人建立一种合作的状态，而不是仅仅追求自己的利益最大化，需要做到利益均衡。

9. 无为心态

作为职场新人，要有无为的态度，认真学习和领悟职场规则。

什么是无为心态？我不是要你什么都不做，而是要你知道自己在哪里，该做什么，不该做什么。职场规则和学校里的不一样，每个职场规则也不一样，所以我们要懂得观察和学习，遵循这个既定的职场规则，不要代替别人，不要装懂，做好自己的工作，在别人允许的情况下进一步学习和改进自己的工作，明白职场分工的重要性。

10. 冷静做事

作为职场新人，要有一个平和的心态，不要去说别人的是非。

每个职场都有自己的小圈子，更别说八卦了。作为职场新人，不要试图用捷径来讨好自己。踏踏实实做好自己的本分才是真理，尤其是不要和同事谈论别人的对错。第一，初入职场，不认识别人。第二，话多了会给别人留下不好的印象。所以做好就是要有一个多做事少说话的心态，把事情做好、做漂亮比什么都好。

11. 提高情商心态

作为职场新人，要有提高情商的心态，远离愚蠢和盲目。智商高只是一个小方面，情商低才是致命伤。虽然确实大家总会奉承傻甜，但只有当你真正变得傻甜的时候，你才会发现情商低才是硬伤。不要妖魔化情商，认为情商高就是阿谀奉承，这是错误的。情商高实际上是一个积极的词。所以，在职场上，不仅要认真做事，真诚待人，还要不断提高自己的情商。

12. 包容心态

学会严于律己，宽以待人。

13. 自信的态度

培养自信的八种方法：摆脱自卑心理；开始昂首挺胸；微笑面对生活；自信自我暗示；自信始于行动；在公共场合说话，学会大声说话；下定决心；用正确的、发展的、全面的眼光看待自己。

14. 行动的心态

什么都实践，不只是学理论。

15. 方圆的心态

“方”讲的是做人的原则，“圆”讲的是做事的原则。

16. 舍得

付出与收获。

17. 反省心态

反省是成功的加速器。

18. 服务心态

内部和外部服务。

19. 服从心态

比如军校校规校训。

20. 愿做一片绿叶

作为职场新人，要有一种甘当绿叶的心态，帮助领导把事情做好。很多初入职场的人会抱怨，明明是我干的，自己的领导却抢了我的功劳。其实没什么好抱怨的，这就是我们的心态不对。作为职场新人，要做好作配角和绿叶的准备。因为你要相信，只有你的领导不断认可你的能力，你才有机会成为主角，才有自己的光环。所以，作为职场新人，你要摆正心态，更好地衬托你的上级。

21. 竞争心态

作为职场新人，要有接受挑战的心态，不要拿新人当借口。虽然你是职场新人，但领导还是希望你能尽快上手工作，从而为公司创造价值。所以，不要以自己是职场新人为借口，去推卸一些本可以用挑战来完成的事情。有时候，如果你鞭策自己，你会发现自己还有很大的潜力。但如果你每次都不去尝试新的东西，长此以往，你只会被公司和社会淘汰。所以，进入职场一定要有竞争的心态。

22. 专注

作为职场新人，要认真对待这份工作，不忘初心。很多人找工作就像找男女朋友一样。他们有一种“骑驴找马”的心态，总认为如果找不到，我就找下家，这是一种非常不好的心态。一旦这种心态出现在工作中，你就会和现在的工作渐行渐远。不管是什么样的工作，一开始一定要在准备和面试上做好充足的准备。如果推翻这一切，从头再来，那就要耗费人力财力了。所以，不要忘记你的创新精神，让我们认真对待这份工作。

## 四、培养健康积极的职业心态的意义

职场中职业心态的重要性不言而喻。积极的职业心态可以提高工作效率，同时也可以提高自己的专业技能，促进自己的职业规划。

职业心态对员工的影响：积极阳光的职业心态对我们的生活有影响，主要是在职场上，要对自己负责，对工作负责，对公司负责。责任可以改变我们对工作的态度，这种态度决定了我们的工作绩效，明确我们的责任，履行我们的责任，充分发挥我们的主人翁意识，全力以赴地工作。

## 五、良好职业观念的塑造

### （一）什么是正确的职业观？

职业观是求职者对工作的认识、态度和观点，如对工作评价和择业方向的理解，是求职者择业的指导思想。

职业观是人生观的一部分。正确的人生观决定了正确的职业观。在劳动力市场上，每个求职者都不自觉地用就业观引导自己选择职业。由于人们的生活和学习环境不同，外界如老师、家长对职业的理解不同，社会职业指导的层次不同，等等，都影响着求职者，尤其是刚从学校毕业，第一次进入劳动力市场的求职者，形成不同的职业观。比如对为什么要选择职业，选择什么职业，什么是好职业，个人适合什么样的职业劳动等不同的看法。正是因为对这些问题的看法不同，才有了不同的职业选择和不同的职业行为。有的人择业方向正确，有的人走入误区；有的人在专业劳动中成绩斐然，有的人却一事无成，甚至在岗位竞争中屡屡失败。因此，职业的概念对就业者来说意义重大。

从根本上说，正确的职业观是为人民服务的职业观。选择工作应该着眼于国家的需求。追求更好的生活、理想的事业和个人的未来是正常的，但我们应该清醒地认识到，更好的生活来自奋斗，个人的理想和未来根植于国家的未来和人民的事业。因此，在择业时，首先要服从国家和社会的需要，充分考虑国民经济和社会发展的需要，把择业与民族振兴、祖国繁荣联系起来，以此为己任，提倡无私奉献的精神。

但在市场经济条件下，劳动确实是谋生的手段，就业也确实是在劳动力市场上出卖自己的劳动能力。劳动是有代价的，雇佣是需要付出的，也就是说雇佣是私人的。如何才能把这种无私与自私相统一？古人说：“以其无私，故而成其私。”就业首先要考虑的应该是敬业。社会和人民需要什么，我们就做什么。如果你做这件事，你必须做好它，也就是说要树立服务人民、奉献社会、爱岗敬业的精神。同时也要认识到，按照法律，按照按劳分配的原则，你付出了努力，社会一定会对你的付出给予适当的回报。

具体来说，雇佣是指劳动者与用人单位建立劳动关系，明确双方的权利和义务。当你把自己的才能和劳动贡献给工作时，雇主应该给你适当的报酬。

一个有无私奉献精神和才华的人，一定会受到所有雇主的欢迎，而且报酬丰厚。

### （二）如何塑造良好的职业观念

1. 职业选择

人的一生会经历许多岔路口。比如在职业规划的过程中，是选择自己创业还是找公司上班？建议同学们在这个节骨眼上不要盲目跟风，要理性分析自己掌握的资源和自己的能力后再综合决定。当然，工作和创业也是可以交叉的，工作可以为以后的创业打好基础，之前的创业经历可以让人对企业工作有更深入的了解。

2. 职业生涯规划

面对众多的行业类别，你该选择哪个行业？是选择和自己专业接近的工作，还是找到真正符合自己兴趣的工作？从事有意义的工作重要还是追求更高的薪水重要？这些问题的答案都是见仁见智，还是遵从自己内心的需求比较好。

3. 行业前景

现在很多传统行业都在不断走向精细化分化，新的行业也在不断涌现。在职业道路上，要不断对目前从事的行业前景进行深入研究。我们决不能故步自封，一定要跟上时代的步伐，把精力投入到前景广阔的方向上。

4. 公司规模

对于规模较大的公司，尤其是成立时间较长的公司，在员工、资金、项目的组织协调和管理等建设的各个方面都比较成熟。一般来说，在大公司工作比较稳定，收入保障好，但由于人才众多，升职竞争会很激烈。对于刚成立的小公司来说，各种组织的功能还不发达，工作稳定性还不如大公司，但是，所谓风险与机遇并存，如果他们的能力得到了领导的赏识，那么你升职的空间还是很大的。

5. 和谐团队

在这个合作的时代，完成任何一个项目往往都需要团队的共同努力，所以，无论你是在大企业还是小公司工作，身处一个和谐的团队都是非常重要的。构建和谐团队的成功与企业文化和领导力的魅力有关，当然也离不开每个成员的共同努力。

6. 自我实现

自我价值的实现可以说是人的最高层次需求。一个人可以在工作中通过自己的努力不断创造价值，造福更多的人，在做出贡献的同时实现自己的梦想。我觉得这是一个完美的职业规划。

### （三）如何养成良好的职业行为规范

1. 强化良好的职业习惯意识

意识具有控制和调节身体生理功能的作用。大学生正处在从学校过渡到工作的阶段，有些甚至有学生和专业人士的双重身份。我们对大多数未来从事的职业都没有很清楚的认识，因此，在学校应该养成一种良好的职业习惯，为了达到目标，树立职业习惯意识是非常重要的。我们应该加强职业意识，使我们有一个明确的职业发展方向。根据自己的技能和兴趣，尽早根据自己的职业发展方向和目标，及时调整自己的职业习惯，树立职业意识，为将来职业发展提供专业的保障。

2. 塑造自己的良好形象

良好的形象不仅能够使一个人拥有良好的道德修养，而且还有助于事业的成功，但是这一形象不仅仅指外表，也指内心，在这个过程中我们要注重内外兼修。首先要自信，对自己要有自信，遇到事情首先想到的不该是退缩，相信自己一定行。其次保持外表干净整洁，不一定要华丽、时尚，但也要适当地梳理自己，让人看起来轻松而阳光。平时一定要注意睡眠，有良好的作息习惯，保持良好的精神。从生理学的角度来看，行为是身体某些部位的运动，包括脸部，可以是有意识的或无意识的。人们的举手投足，一颦一笑，都会给人持久的印象，也会不自觉地影响到我们在职场的发展。

3. 培养道德情操

良好的人格不能与道德情操的培养相分离，而道德情操的培养则依赖于良好职业习惯的培养。我们正处于特殊年龄阶段的成长中，受家庭环境的影响，基本的生活习惯和学习习惯都没有形成，更谈不上有什么良好的职业行为习惯。因此，要发展良好的职业道德和职业行为，我们需要从自己做起，应该有正确的理想和信念，学会诚实，学会敬业。

4. 把职业道德落实到职业活动中，注重培养职业行为习惯

把职业道德落实到职业活动的过程当中，注重培养职业行为，注重言和行的一致性，从而形成高尚的职业道德素质，为今后的就业、创业打下良好的基础。但是好的职业道德和职业行为不是一蹴而就的，所有的事情都需要从小事做起，通过长期的实践来锻炼。我们应从以下几方面培养良好的职业道德和职业行为：

（1）从日常生活做起

日常生活的每一点对任何人的习惯形成都是十分重要的。有必要在日常生活中有意识地养成良好的职业道德。培养良好的职业道德，必须从自律做起，认真对待自己的一言一行。

（2）从身边小事做起

冰冻三尺，非一日之寒。从自己身边的小事情开始做起，认真对待每一项学习任务、工作任务，严格自律，时刻保持态度积极，妥善解决日常事务，认真做好每件事，认真养成良好的习惯。

（3）在学习中培养职业素养

教师是个常年守在三尺讲台的角色，在学生的行为习惯形成中起着非常重要的作用。我们可以找一些在学习中有领导作用的老师作为榜样，可以向优秀的人学习，激励和鞭

策自己去加强道德修养，努力提高职业道德素质。另外，要重视技能训练，虚心听取建议，获得知识和技能，成功完成职业任务，培养良好的专业技能，提高职业素质。

（4）在社会实践中培养职业道德

社会是培养学生的最好舞台，也是我们最终踏上的旅程，我们必须在那里实践我们现在所拥有的知识。实习是我们从校园向社会转变的关键时期，我们应该珍惜和充分利用夏季和冬季假期实践机会以及大四一年的实习期，积极参与社会实践，不怕苦、不怕累，能够好好地了解社会，适应社会，把在校园里学到的专业知识真正地转化到自己今后将要从事的工作实践中去，活学活用。

总之，强化良好的职业习惯意识、塑造自己的良好形象、培养道德情操、把职业道德彻底落实到职业活动中是培养高校学生良好职业习惯的四个必要步骤。职业道德的培养对个人的职业生涯是非常重要的。在学习生活中，我们应该注意行为规范的培养，养成良好的行为习惯。要加强职业道德修养，提高职业道德素质，我们应该坚持各种实践，在实践过程中培养良好的职业道德，形成高尚的职业道德。我们现在所采取的每一步都可能与职场未来的发展息息相关。

### （四）如何培养良好的职业心理素质

1. 培养积极正向思维

（1）培养乐观心态

世间万事万物，可用两种观念去看它：一种是正面的、积极的；另一种是负面的、消极的。就像钱币一正一反，该怎么看这一正一反就是心态，它完全取决于自己的想法。积极的心态可使人快乐、进取、有朝气、有精神，而消极的心态则使人沮丧、难过、没有主动性。积极使人乐观，消极使人悲观。乐观者在每次危难中都看到了机会，而悲观者在每次机会中都看到了危难。

可见，成功的机会属于那些“永远正向思维”的人。当遇到困难或挫折的时候应该从积极的角度来思考问题，以一种乐观的态度来看待问题，这样才能从困难中看到机会。而消极的人不去寻找解决问题的办法，而是将问题扩大化。他们始终处于悲伤、哀叹之中，不时还传递一些流言蜚语。正如拜伦所说：“悲观的人虽生犹死，乐观的人永生不老。”

（2）培养空杯心态

“空杯心态”最直接的含义是一个装满水的杯子很难再接纳新东西。如果想学到更多学问，先要将心里的杯子倒空，将自己所重视、在乎的东西及自己曾辉煌的过去从心态上彻底清空。这是每一个想在职场发展的人所必须拥有的最重要的心态。员工不仅要能干，还要敢于“归零”。每一天都是一个新起点，每一次工作都从零开始，每天都应以一种崭新的心态去学习新东西并完成新任务。永远不要把过去当回事，永远要从现在开始，来进行全面的超越。

（3）培养感恩心态

俗话讲，滴水之恩，当涌泉相报。“感恩”是因为我们生活在世界上，所有一切包括一草一木都对我们有恩情。古人云：“施人慎勿念，受施慎勿忘。”所以，我们应尽我们所能做到的一切去感谢这个世界，用全部力量来报答一切。

（4）培养宽容心态

张瑞敏在《海尔是海》中描写道：“海尔应像海，唯有海能以博大的胸怀纳百川而不嫌其细流，容污浊且能净化为碧水。正如此，才有滚滚长江、浊浊黄河、涓涓细流，不惜百折千回，争先恐后投奔而来。汇成碧波浩渺、万世不竭、无与伦比的壮观！汇入海的大家庭中，每一分子都紧紧地凝聚在一起，不分彼此形成一个团结的整体，随着海的号令执着而又坚定不移地冲向同一个目标，即使粉身碎骨也在所不辞。因此，才有了大海摧枯拉朽的神奇。”

最近一项新的科学研究结果表明，宽容不仅是人类长期崇尚的一种美德，更重要的是这种平和的生活态度会给健康带来很大的益处。美国科学家所做的一项新研究表明，较之那些不太宽容的人，易于宽容他人的人血压较低。这说明，在日常生活中，对周围的人持一种宽容大度的心态有益于健康。而敌视周围的人群或易于焦躁的人的身体健康则容易出问题，也容易患心脏病。

（5）建立和谐的人际关系

社会支持对于增强抗拒挫折能力具有重要作用。大学生在受挫时可以向亲友、老师和同学倾诉，他们的信任、鼓励、安慰等各方面的支持，能够帮助大学生尽早从挫折中解脱出来，重新振奋精神，战胜困难，为成功做好准备。

2. 培养坚强的意志

意志过程是指人们在社会实践中，为达到既定目的而采取的自觉行动，包括自觉地确定行动的目的、有意识地支配和调节其行动以实现预定目的的心理现象。意志受情感的影响，也是认识过程进一步发展的结果，对人们的社会实践有积极的促进作用。

培养坚强的意志对于毕业生择业来说主要是增强挫折承受力，意志行为的主要特征是勇于克服困难和阻碍。因此，能否经受得起挫折不仅取决于个体经受挫折时的心理状态，对挫折的认识、评价和理解，还取决于个体对待挫折的态度以及应对挫折的方法。

（1）正确对待挫折

要认识到在择业过程中出现挫折是很正常的，挫折是生活的一部分，关键在于怎样认识和对待它。如果意识到挫折是不可避免的，就会对挫折有充分的心理准备，遇到挫折后不灰心、不后退，敢于向挫折挑战，就能把挫折作为前进的阶梯、成功的起点。更重要的是，大学生应该认识到挫折具有双重性，择业受挫并不都是坏事，它能够坚定意志，增强创造能力和智慧。遇到挫折后认真总结经验，尽量避免不必要的择业挫折。

（2）改变挫折情境

挫折情境是产生挫折和挫折感的重要原因，如果挫折情境得到改善和消失，挫折感也就会得到缓解。对挫折情境的改善，首先应预防挫折的发生，即对一件事情的成功或失败做出正确的评估。当挫折发生后，应认真分析引起挫折的原因，设法改变、消除或降低其作用的程度，或者暂时离开挫折环境，到另一个新的环境中去，改变环境气氛，这样可以降低挫折感。

3. 树立正确的职业价值观

职业价值观，即择业观，是个体选择职业时的标准。职业价值观也是价值观在职业选择上的反映，是个人对某一职业的价值判断。职业价值观是职业选择心理的核心因素，对职业选择和职业动机具有导向作用，对职业认识、职业选择和职业生涯发展具有重要的影响。职业价值观支配着人的择业心态、行为、信念和理想等，对择业具有重要的影响。毕业生要树立科学的职业价值观，准确合理定位，把个人需要和社会现实结合起来，到国家需要的地方建功立业，从而实现自己的价值。

4. 调节抱负水平

抱负水平是指在从事活动前，对自己所要达到的目标或成就的标准。它是进行成功活动的动力，而能否成功则取决于抱负水平的高低是否适合于大学生的能力或条件。抱负水平过高或过低都不利于增强个体的自信心和自尊心。在职业发展过程中，抱负水平过低，即使成功了也不会产生成就感；抱负水平过高，在达不到预定目标时则容易产生挫折感。所以，提出适合个人能力水平而且具有挑战性的标准，设定适合自己的择业期望值具有重要意义。

# 第五章

# 职业准备·生涯规划

## 第一节 职业生涯目标

### 案例导读

**失去目标其实是还没确立目标**

新生小婷前来咨询，皱着眉，切着脸，露出无奈的苦笑："现在心情很不好，很茫然、郁闷。上高中时，目标很明确，就是要上大学。可上了大学以后突然就没有目标了，不知道为什么而学。家长说是为了以后找个好工作，可仅仅就为了这个吗？再以后又为了什么呢？看着时间一天天过去，心里着急，但就是不想动，如果学习就为了以后找个好工作，是不是有点没劲哪？"

最近，类似小婷的个案非常多，新生入学三个月了，最初的新鲜劲过去了，突然有种不知所措的茫然，但是多年的学校训练又使他们深知浪费时间的后果，因而十分焦虑、苦闷。

上大学后顿感失落，一是由于社会言论对大学生活的美化与他们高中时的艰苦形成了鲜明对比，使他们对大学有不切实际的幻想。在大学中，主要标准仍然是分数和成绩，仍然需要努力学习，这一发现令很多新生吃惊，因为从前老师、家长鼓励他们时，总是说："上了大学，一切就会好了。"但事实是，只要上学，就要有考试、评分，这是一个游戏规则。二是不少新生在中学时习惯了听从父母、老师的安排，原先把上大学当作了人生目标，因而上大学后突然间就失去了方向和动力，加之缺乏对社会的了解，所以在面临将由自己设计的未来时，显得被动和茫然，但内心成长的需要又是那样强烈，以至于许多大学新生像小婷一样苦恼和焦急。

其实，大学生在刚刚进入大一时感觉没有人生目标是很自然的事。这个世界上，只有极少数人是在很小的时候就确立了人生目标的，而绝大多数人则是在青春期（12~20岁）时开始思考并寻找人生目标，并在青春期结束时才确立它。青少年常把“考上大学”这一阶段性任务或目标当作了人生目标，根本无暇思考人生问题，因而上大学后便失去了方向。

所谓“人生目标”是指一个人对自己一生中所要达到的预期结果的整体规划，其中包括了人生理念和很多阶段性任务或短期目标。阶段性任务或短期目标则包括：考上大学，把大学上好，找一个适合自己的工作，建立社会支持系统，回报父母和社会，创建自己的事业，建立家庭，养育后代等。

中学阶段由父母、老师确立的上大学的目标只是人生目标中的一个阶段性任务，是我们实现人生目标的一个阶梯，而并非人生目标，所以说人生目标迷失在大一的说法不确切。并不是大学使很多人失去了人生目标，而是大家到目前为止还没有确立自己的目标。因此，在大学初始阶段就寻找并确立自己的人生目标，是绝大多数新生上大学的首要任务之一，也是其人生必修课。

寻找目标也是追求人生目标的组成部分之一，这个过程同样能给人动力，因为那将是充满惊喜的发现，将是一次自我探索之旅。这一次，你独自上路，你通过读书、学习、观察、思考、比较，去努力发现“我是谁”“我从哪里来”这类问题的答案，从而为解决“我将往何处去”这一人生目标奠定坚实的基础，也是成长中最激动人心的体验。

人生目标不是靠冥思苦想就能得来的，它需要大量的实践，甚至是错误的尝试，对于新生而言就是要在脚踏实地地进行专业课学习、课外阅读、社团活动以及与老师同学的相处中不断了解、发现自己，并在此基础上做出符合自己情况的人生目标。

有些新生在做未来设计时，把寻找目标和当前的努力对立了起来，认为如果不先确立人生目标，所有的努力就是白费时间，因此只有确立了人生目标，才可以开始为追求目标而努力，这样就造成了时间上的浪费。想到这点，也让他们很着急。但这种看法是片面的，因为任何目标都有相通之处，都需要共同的基本能力。所以，我们在寻找人生目标的同时，要开始为实现目标做大量的准备工作。比如，可以在完成课业任务的前提下，要求自己具备一些任何目标都需要的基本功，如写作、英语、电脑等。另外，要在大学期间具备以下能力：与人合作、解决问题、沟通、学会自我调节等。

如果一个大学新生在寻找人生目标的同时，真能从如上所述的几个方面提升自己，具备真才实学，那么一旦你确立了自己的人生目标，你就可以心无旁骛、直奔主题，一一为实现目标而做各种所需的专业准备，而无须再花时间在基本能力的锻炼上。

德国诗人、戏剧家歌德曾经说过：“人生重要的事情就是确定一个伟大的目标，并决心实现它。”而成功的职业生涯，是从制订合适的目标开始的。

生涯规划的过程就是在人生的旅途中确定一个方向。那么接下来你会如何朝这个方向前进？是走一步看一步，还是每一步都为下一步做好计划？怎样去实现目标？目标达不到怎么办？没有目标就会在旅途中迷失方向，而合理的规划与行动也是非常重要的。本章就和大家一起来看看如何制订目标和行动计划，以及如何管理自己以达到目标。

## 一、职业生涯目标的设定

### （一）职业生涯目标的含义

人们通常有自己的目标，例如生活、学习、娱乐和发展，例如为自己购买奢侈品、考试100分、去拉萨旅游、成为企业家等。职业目标只是个人目标之一，也是十分重要的目标之一。

职业生涯目标是指个人在选定的职业领域内的未来时点上所期望达到的成果。从这个定义中可以看出：第一，职业生涯目标是个人的目标，每个人的兴趣、价值观等个体特质不同，所处环境不同，职业生涯目标也会千差万别，带有明显的个性色彩；第二，职业生涯目标要在选定的职业领域内，比如管理领域，方向、领域确定在先，目标设计在后；第三，未来目标是指五年或十年之后所期望达到的成果，比如小王期望毕业六年后在管理类领域做到财务主管这一职位，这就是一个职业生涯目标。

### （二）职业生涯目标设定的意义

无论是工作、学习、生活、人际关系，人们都应该有一个清晰的目标。为何有些人会如此豁达？因为他有一个清晰的目标，不会妨碍他完成伟大的目标。每个人都有自己的人生目标，98％的人对自己所爱的世界一无所知，他们没有实现自己的目标，也没有实现自己的人生目标，所以他们只能在不知不觉中过着自己的生活。

### （三）职业生涯目标的分类

职业目标可以是特定的方向，也可以是特定的职业。比如李登海，他的理想是：为国家的繁荣昌盛，为国家的荣耀而奋斗，一生都要在玉米的繁荣昌盛中走上人生的道路，而不是当大官。

职业生涯规划的目标不是单一独立的，而是一整套相互联系的系统，这个系统就是建立起有层次的相互联系的目标族。职业生涯目标可以从时间和性质等不同角度加以分类，以便做进一步的分析（表5－1、表5－2）。

**表 5–1　职业生涯目标按时间分类**

| 目标分类 | 含义 | 主要特征 |
| --- | --- | --- |
| 人生目标 | 整个人生的发展目标。明确自己想干什么、想成为什么样的人、想取得什么成就、想成为哪一行业的佼佼者 | ①人生目标应该是其他各个不同时段目标的根本，其他目标都以这一人生目标为基础，一系列目标串在一起就是人生走向光辉顶点的过程。②目标的设定不一定很具体，但一定要清晰，能够成为自己心中的一种景象。③要清楚地知道这一目标对自己职业生涯发展具有什么样的意义，并用简短的话表述清楚。④支撑这一目标实现的具体事件要具体、清晰。⑤要具体描述目标实现后的状态和景象，给自己一个可以时时向往的真实图景 |

续表

| 目标分类 | 含义 | 主要特征 |
| --- | --- | --- |
| 长期目标 | 时间为5年以上的目标，通常比较粗略、不具体，可能随着单位内、外部形势的变化而变化，在设定时以画轮廓为主 | ①目标有可能实现，有挑战性。②对现实充满渴望。③非常符合自己的价值观，为自己的选择感到自豪。④目标是认真选择的，与社会发展需求相结合。⑤没有明确规定具体的实现时间，在一定范围内实现即可，立志改变现状，有所突破 |
| 中期目标 | 一般为3~5年，相对长期目标更具体一些，如参加一些旨在提高技术水平的培训并获得等级证书等 | ①通常与长期目标保持一致。②结合自己的志愿和单位的环境及要求来制订目标。③以明确地语言来定量说明。④对目标实现的可能性做出评估。⑤有比较明确的时间，且可做适当的调整。⑥基本符合自己的价值观，愿意公布于众 |
| 短期目标 | 通常指时间在1~2年内的目标，是中期目标和长期目标的具体化、现实化和可操作化，是最清楚的目标 | ①目标切实可行，具体可操作。②明确具体的完成时间。③对现实目标有把握。④服从于中期目标。⑤目标可能是自己主动设定的，也可能是单位或上级安排、被动接受的。⑥要契合现实环境 |
| 年目标 | 如果把月目标看作职业生涯发展的台阶，年目标就是职业生涯发展的平台。怎样由小的平台上升到更大的平台，这就是设定年度职业生涯发展目标时需要关注的问题。关注职业生涯发展的每一年就是关注自己的一生 | ①年度职业生涯发展目标的设定要在对上年工作进行全面总结和对未来发展环境、条件做深入细致分析的基础上进行。②目标的设定要力求准确切实，弹性不可过大。③每个目标设定后，要有具体工作做支持，以保证所设定目标的实现。④年度目标的设定要以三年乃至中长期目标为依据，保持各阶段目标的相互衔接和延续性。⑤特别关注自己一年内想做的一两件让别人看得到、自己记得住的大事是什么，清楚地知道自己能用哪些具体的工作来实现它，能够恰当地运用极有效的方法来缩短到达目标的距离 |
| 月目标 | 月目标是职业生涯规划的核心时段，如果每个月都能感觉到自己的进步，那么职业生涯发展就是必然的。每个月的职业生涯发展目标必须要切实地分解到每一周、每一天中去，并扎扎实实地落实好，这样才能获得实际的职业生涯发展 | ①每月结束时考虑下月职业生涯发展目标，并填制目标设定表。②目标要尽可能地具体明确，说明达到什么程度。③每项目标都要简短地说明设定这一目标对自己职业生涯发展带来的好处和完成这一目标可能存在的问题和障碍，保证自己在完成任务时做到心中有数。④要具体限定完成时间，同时要强调目标设定的月度概念，明确标注是职业生涯规划的第几个月，强调自己职业生涯发展的阶段意识。⑤月目标要根据年目标设定 |
| 周目标 | 周目标在职业生涯规划中是一个很重要的时间段目标，如果每周都能完成一个与自己的职业生涯密切相关的重要事项，职业生涯发展会更顺利，人生才能走得更扎实 | ①要在每周结束时设定下周的职业生涯发展目标，目标的设定不能拖延，应该先设定周目标，然后再根据周目标设定每日目标。②每项目标都必须按轻重缓急的程度做优先排序，重要而又紧急的排在前面优先完成。③目标必须具体、明确，注重实现目标的细节。④注明确切的完成时间。⑤周目标要根据月目标设定 |
| 日目标 | 每天进步一点点，是职业生涯规划的基本理念。首先要确定每天的目标，知道自己每天该干什么、能干什么，才能切实去做，完成每天的进步计划 | ①认真填写时间，强化职业生涯发展中的时间观念。②每项目标都必须按重要和紧急程度设定，优先完成必须的，努力完成重要的。③每项目标必须具体、详细，比如能力素质提高类中设定的目标是读一本书，就必须要确定读多少页、解决一个什么问题；在兴趣休闲类中设定的是练字，就要确定练什么字、写多少遍、达到什么程度。只有这样，这个目标设定才会有意义。④每日职业生涯发展目标要与周目标相衔接，并努力把周目标细化到每日目标中。⑤每日职业生涯发展目标应于本工作日开始前作出，最好能于晚上每日工作小结时一起完成 |

表 5-2 职业生涯目标按性质分类

| 目标分类 | 含义 | 主要特征 |
| --- | --- | --- |
| 外职业生涯目标 | 侧重于职业过程的外在的、可看得见的标识 | 外职业生涯目标主要包括：工作内容目标、工作环境目标、经济目标、工作地点和职务目标等。其中，职务目标通常需要具体化，如总经理即负责全面工作的管理人员，生产部经理或营销部经理等部门经理则是负责管理一个部门的管理人员。经济目标如计划每年的年薪为 10 万元等 |
| 内职业生涯目标 | 侧重于在职业生涯过程中知识、经验的积累，观念的转变，能力的提高和内心感受。这些因素不是别人赐予的，而是自己通过努力获得和掌握的 | 内职业生涯目标主要包括：①工作能力目标。如能够和上级领导无障碍沟通的能力、组织大型公共关系活动的能力、组织结构设计的能力等。②心理素质目标。主要包括能经受住挫折、经受住成功，能够做到临危不惧、宠辱不惊。心理素质可以通过情绪智力的培训加以提高。③观念目标。观念主要是指对人、对事的态度和价值观。观念目标指自己在工作、学习中逐步形成的一种观念或态度。④工作成果目标。指发现和应用新的管理方法、创造新的业绩等。工作成果本身属于外职业生涯目标，但在取得工作成果的过程中获得的知识、经验等都属于内职业生涯目标，强调取得工作成果后内心的收获和成就感 |

例如小马同学的目标：在六年内成为某公司的财务主管，属于外职业生涯目标中的职务目标；35岁之前要赚50万，年薪达到12万，属于外职业生涯目标中的经济目标；充分发挥自己的优势，在正式场合实现无障碍沟通、有效管理团队，属于内部职业目标中的工作能力目标。

职业目标的建立与实现不是一朝一夕可以完成的。在实施过程中，要将整体目标划分为阶段性目标，并采取相应的措施。

确定人生目标，主要有人生目标、长期目标、中期目标和短期目标，这几个目标分别与人生、长期、中期和短期目标相对应。一般而言，我们要从专业、性格、气质、价值观、社会发展的角度来设定自己的生活与长远的目标，然后再将其分为两大类，分别对应于个体的经历与组织环境。

（1）人生计划：为你的一生制订一个大约40年的职业生涯计划，为你的一生制订一个完整的发展目标。比如打算当一家公司的董事，身家超过一亿。

（2）长期计划：五到十年的计划，以制订更长期的计划为主。比如，计划在35岁时在一个大公司担任部门经理，在45岁时当一个大公司的总经理等。

（3）中期规划：通常是2~5年的时间。比如在各个商业领域担任经理，从小型公司的部门经理到大公司的总经理等。

（4）短期规划：2年之内的计划，2年内需要学习哪些专业知识？掌握哪些专业技能？

设定不同的职业目标后，应该制订适当的行动计划，实现这些目标，并将其转化为具体的计划和行动。最重要的行动计划包括职业选择和适当的教育和培训方案。

## 二、制订目标的意义和原则

### （一）目标设定是生涯规划的核心

职业目标，也就是事业目标，是一个人在特定的工作领域内所期望的成就。职业目标是指在考虑个体内在因素和外在因素的前提下，确定自己将来的职业发展方向。是否有必要制订职业目标？有些人选择与命运同行，而另一些人则必须有计划地做事。尽管这也是一种开放性的选择，但还是建议大学生在大学期间规划自己的学习和生活，为将来的工作做好准备。

### （二）如果人生没有目标

1952年7月4日清晨，加利福尼亚海岸下起了浓雾。在海岸以西21英里的卡塔林纳岛上，一个43岁的女人准备从太平洋游向加州海岸。她叫费罗伦丝查德威克。

那天早晨，雾很大，海水冻得她身体发麻，她几乎看不到护送他的船。时间一个小时又一个小时地过去，千千万万人在电视上看着。有几次，鲨鱼靠近她了，被人开枪吓跑了。15小时之后，她又累，又冻得发麻。她知道自己不能再游了，就叫人拉她上船。她的母亲和教练在另一条船上。他们都告诉她海岸很近了，叫她不要放弃。但她朝加州海岸望去，除了浓雾什么也看不到。人们拉她上船的地点，离加州海岸只有半英里！后来她说，令她半途而废的不是疲劳，也不是寒冷，而是因为她在浓雾中看不到目标。查德威克小姐一生中就只有这一次没有坚持到底。

这个故事讲的是目标要看得见，够得着，才能成为一个有效的目标，才能成为动力，帮助人们获得自己想要的结果。管理者在和下属制订目标的时候，经常会犯一个错误，就是认为目标定得越高越好，认为目标定得高了，即便员工只完成了80%也能超出自己的预期。其实这个想法有问题。有这种观点的管理者认为，过分依赖目标、设定目标，员工就能实现目标。其实设定目标是一件事，实现目标是另一件事，设定目标是为了明确做什么和怎么做。与其给目标高的员工施加压力，不如设定适当的目标，帮助员工制订行动计划，共同探索和消除障碍，形成动力。此外，目标不是唯一的激励手段，只有目标与激励机制相一致，才能形成更有效的动力机制。因此，除了关注目标外，管理者还应关注与其相配合的激励措施。

最后，合适的目标是员工可以跳一跳能够得着的目标，当员工经过努力之后可以达成目标，目标才会对员工有吸引力。否则，员工宁可不做，也不愿意费了很大力气而没有完成目标！

### （三）制订职业生涯目标的原则

一只猫不可能有狮子的梦想，一只瘦小的狮子想要变成一只强壮的狮子，但这并不是不可能的。对于职业生涯发展来说，那就要制订一个适合自己的职业生涯目标。

职业目标设置有五条基本原则，把英文的首字母拼凑起来，就能形成一个英文单词“SMART”，也就是“灵活”。五个基本原理是：

Specific，明确的目的，就是要清楚地说明需要采取哪些措施，比如35岁就能成为一名副教授；

Measurable，目标的可测度，也就是可以被测量的对象，包括数量、质量、时间等数量的数据；

Achievable，可实现性，就是要根据自己的主观和客观的现实情况，根据个人情况，在可以达到的限度内；

Relevant，关联，指的是一个人的事业发展的整体目的；

Time bounded，时间限制，是指在某一特定时期内实现的目的。

## 三、职业生涯目标体系的构建

当我们基于自我探索、外界探索的结果，确立了一个职业生涯目标时，为了更好地实现这一目标，我们可以通过目标分解与目标组合建构一个职业生涯的目标体系。

### 问题思考

1984年，在东京国际马拉松邀请赛中，名不见经传的日本选手山田本一出人意料地夺得了世界冠军。当记者问他凭什么取得如此惊人的成绩时，他说了这么一句话：凭智慧战胜对手。当时许多人都认为这个偶然跑到前面的矮个子选手是在故弄玄虚。马拉松赛是体力和耐力的运动，只要身体素质好又有耐性就有望夺冠，爆发力和速度都还在其次，说用智慧取胜确实有点勉强。

两年后，意大利国际马拉松邀请赛在意大利北部城市米兰举行，山田本一代表日本参加比赛。这一次，他又获得了世界冠军，记者又请他谈经验。山田本一性情木讷，不善言谈，回答的仍是上次那句话：用智慧战胜对手。这回记者在报纸上没再挖苦他，但对他所谓的智慧迷惑不解。

10年后，这个谜终于被解开了，他在他的自传中是这么说的：每次比赛之前，我都要乘车把比赛的线路仔细地看一遍，并把沿途比较醒目的标志画下来，比如第一个标志是银行，第二个标志是一棵大树，第三个标志是一座红房，这样一直画到赛程的终点。比赛开始后，我就以百米的速度奋力地向第一个目标冲去，等到达第一个目标后，我又以同样的速度向第二个目标冲去。40多公里的赛程，就被我分解成这几个小目标轻松地跑完了。起初，我并不懂这样的道理，我把我的目标定在40多公里外终点线上的那面旗帜上，结果我跑到十几公里时就疲惫不堪了，我被前面那段遥远的路程给吓倒了。

在现实中，我们做事之所以会半途而废，往往不是因为目标难度较大，而是觉得成功离我们较远。这个故事告诉我们可以分阶段实现大目标，也就是对职业生涯目标进行分解。

职业生涯目标分解是根据观念、知识、能力差异，将职业生涯的大目标分解为有时间规定的长、中、短期分目标，直至将目标分解为确定日期可以采取的具体步骤。目标分解是将目标清晰化、具体化的过程，是将目标量化成可操作实施方案的有效手段。

## 第二节　职业生涯决策

### 案例导读

#### 小帅的目标阶梯

小帅是我从小到大的朋友。我们20岁分开后，我去北京上大学。在这分开的十年里，我们几乎每隔两三年见一次面。每一次我都喜欢问他同一个问题：你将来的目标是什么？而我得到的答案总是不相同，下面记录的是小帅每次谈及目标的原话：18岁，高中毕业典礼上，我发誓要当李嘉诚第二！我要当中国首富！20岁，春节老同学团聚会上，我想创立自己的公司，30岁前拥有资产1000万。23岁，在某市工厂当技术员，第二职业是炒股，我正在为离开这家工厂而奋斗，因为在这里工作太没前途了；我将全力炒股，3年内用5万元炒到300万元。25岁，炒股失意而情场得意，开始准备结婚，我希望1年后能有10万元，让我风风光光地结婚。27岁，不太风光地结婚，典礼上，我想生一个胖小子，不久的将来当个车间主任就行，别的不想了。28岁，所在工厂效益下滑，偏偏正是妻子怀胎十月的时候，希望这次下岗名单里千万不要有我的名字。

从上面的小故事可以看出，小帅显然没有制订切合自身实际的目标，是很容易失败的。实际上我们要想在未来职业生涯中获得成功，应该确定一个在自己可达到的范围内的职业目标，并且把目标进行分解，然后设计出合理的职业生涯规划图，并且付诸行动。

#### 刘德华的选择

第一次要面对人生抉择是中五毕业那年，左手拿着无线艺员训练班的报名表格，右手拿着应届高等程度教育课程的报名表，顿时觉得自己的前途都掌握在自己手中。要继续学业，还是去读艺员训练班？再念两年中学毕业后又何去何从？是再念大学，然后学士、硕士、博士这样一路念下去？还是选修艺员训练班有一技之长，将来无论条件符合与否，台前幕后也好，总算有门专业技能傍身？一连串的问题此起彼伏在我心中响起，魔鬼、天使各据一方，展开辩论大会。

反反复复地考虑，我把自己的优点和缺点逐一写在纸上，自己给自己理智地分析利弊：这样念书一直下去适合我的性格吗？我喜欢艺术工作吗？我喜欢什么样的人生呢？平稳安定，还是多姿多彩、充满挑战？直到那一天才明白，人才是自己生命最大的主宰，向左走还是向右走都是自己决定的路，与天无忧。我的心作了我的指南针，只有它才会明白我要去的方向，也是它让我选择了左手那张报名表格。

有些人说生活充满了选择，但关键只有几步，就像下围棋一样，你一步可能会输掉整个比赛。生活由一系列的选择组成，在作出选择之前，有一个非常重要的心理决定过程，人生的问题和失望往往是由错误或失败的决定引起的。然而，职业决策不是一朝一夕就能实现的。你通常如何作决定呢？算命？看星座？问上帝？你的父母快乐与否？老师的指示？你自己的决定？

职业决策是一个非常复杂的过程，总是处于进退两难的境地，用简单的方程式推算它是很困难的。人不能完全理性，但要学会在职业决定中引入理性的方法，培养作出理性决定的能力会使你一生受益。

## 一、职业生涯决策的概念

职业生涯决策也被称为生涯决策，我国学者将它直接翻译为职业决策。辛格（Singh）和格林豪斯（Greenhaus）等人认为职业决策是个体一生中必然要面临的重要决策，是指个体对自己将要从事职业作出的选择，是按照劳动力市场上的需要，对现存的职业进行比较，选择其最适合自己所具有的职业劳动力就职条件，实现自己劳动能力与劳动岗位相匹配的形式。在顾明远主编的《教育大辞典》中职业决策被定义为：人们根据自身特点和社会需求作出合理的职业方向抉择过程，内容包括个人的价值探讨和澄清，关于自我和环境的使用、谋划及决定过程。职业生涯决策是职业目标、职业方向确定并实现的过程。要了解职业生涯决策，就要充分理解它所包含的多层含义。

职业决策是一种人生的决策。职业决策是指个人在选择和决定其职业类型时，基于自身的个性做出选择。大学生的生涯选择是由"学生"向"社会人"转变的重要环节，也是他们生命价值得以实现的起点，所以，事业决定是一个重要的生活抉择。职业决策是个体和专业要素的最优结合。我们要面对人生、教育、休闲等方面的抉择，在整合自身信息和职业信息的基础上，我们可以运用自己的专长与技巧，来优化与整合个体与职业因素，作出有效的个人生涯规划。职业选择既是个体在现实中作出的让步，又是个体在"我与职业"之间的调整。每个人都有自己的事业理想，但是理想与现实却是不一样的。在选择时，要在职业理想与现实之间作出适当的折中，在理想与现实之间作出科学、理性的分析与调节，切实处理好“我与职业”的关系，对自己的事业作出高度的认同，为今后的发展创造一个宽广的舞台。

## 二、职业生涯决策理论

### （一）克朗伯兹的社会学习理论

约翰 · 克朗伯兹（John Krumboltz）汲取班杜拉的社会学精华，兼顾心理与社会的影响作用，以帮助面临职业生涯发展困惑的人群，形成了社会学习理论。他强调人们在职业生活中不必固守既定职业，他们可以在不断尝试各种活动的过程中，增加社会经验，扩展专业技术，为扩大职业生活做充分的准备。约翰 · 克朗伯兹认为人的许多选择在很大程度上受外界环境的控制和影响，提出对职业选择的四种影响。

1. 职业选择的四种影响

（1）学习经验。每个人都有独特的学习经验，这在他们的职业生活中起着决定性的作用。成功的职业规划、职业发展和专业或教育表现所需的所有技能都可以通过学习经验获得。

（2）工作定向技能。业务定向功能是指个体通过上述要素的相互作用获得的问题解决功能、工作习惯、认知过程和情绪反应，这些功能将影响其他因素。

（3）遗传素质和特殊能力。这种遗传倾向在一定程度上影响或限制个人的职业选择或学校教育自由，这些因素包括人种、性别、外貌和特征。同时，一些特殊技能也会影响他们在环境中的学习体验，这些与学习经历相关的兴趣和技能与个人未来职业的决定有着密切的关系。个人的特殊功能包括音乐功能、艺术功能、动作协调功能等，这些因素对艺术类学生影响很大。

（4）环境条件变化。环境状况包括：个体教育和他人教育、家庭背景、社会政策、社会变迁、其他个人不能掌控的因素，还有个人的专业选择。家庭背景主要是指父母的工作、社会经济地位、受教育程度、家庭结构、父母期望。除此之外，劳工条例、工业团体及自然灾害（洪水、旱灾、地震、飓风）、自然资源供应、新技术开发等也包含于环境变化之中。

2. 反馈与职业偏好

社会学习理论也认为，个体的偏好反映了个体的反应。当一个人做了一些与工作相关的事情，并得到了积极的反馈，如表扬和认可，他们往往更喜欢这份工作。例如你在完成艺术作品时，你美术得了A，你会比得C的人更有可能想做美术家。如果你相信自己有一个成功的职业生涯，你会被鼓励继续你的职业生涯或为你的职业生涯创造积极的想法和前景。积极的反馈也有助于学习和应用职业规划所需的功能，如果你没有得到任何反馈，或由于你的偏好、功能或行为而被处罚，那么你对职业的偏好就会减少甚至消失。

3. 非理性信念

做决定是有压力的，有时是痛苦的，在压力下，你会变得僵硬或防御。相反，我们可以分析自己，寻求职业建议，决定自己的选择。下面是对职业决定和求职不利的想法。忧郁、负罪感、无聊、脆弱、毫无意义、厌恶和担心可能会陷入消极的思考方式。如果想用更加理性和建设性的方式重建这些想法，那我们就要随时检查可能发生的这些想法。

我不知道我想做什么，这很糟糕。

别人好像都有目标，都知道他们想从事什么职业。

会有一个专家或某种测试告诉我正确的职业（或专业）选择。

我在我向往的职业或专业上会以失败告终。

如果经济滑坡，我会找不到工作。

列出一堆职业来研究和选择完全是在浪费时间。

我必须找到唯一适合我的职业。

一旦做出了职业选择，就要坚持自己的选择。

世界变得太快，根本不可能规划你的职业。

没有女性（或男性）会从事这样的职业。

我不能为男性（女性）老板而工作。

你若有其中的任何想法，都可以换一种思维方式，调整为：适合你的工作远不止一种，你可以找到成千上万种按相关兴趣能力分组的职业。

不知道自己想做什么这很正常：一半以上的大学新生会改变求学目标，而通常人一生中平均要换7~10次工作。事实上，职业咨询师更愿意帮助那些职业目标不确定的人，因为他们更热衷于找出和探索备选的职业。

## （二）认知信息加工理论

信息理论把人看作一个信息处理器，而人的消费行为就是一个信息处理过程，即信息的输入、编码、加工储存、提取和使用的过程。

1991年，盖瑞·彼得森（Gary Peterson）、詹姆斯·桑普森（James Sampson）、罗伯特·里尔登（Robert Reardon）合著了《生涯发展和服务：一种认知的方法》（Career Development and Services：A Cognitive Approach）一书，阐述了这一认知信息加工的方法（简称CIP）。

该理论假设：

生活选择以认知与情感的交互作用为基础；

进行生涯选择是一种问题解决活动；

生涯问题解决者的能力取决于知识和认知操作；

生涯问题解决是项记忆负担繁重的任务；

生涯决策要求有动机；

生涯发展包括知识结构的持续发展和变化；

生涯认同取决于自我知识。

职业生物医学理论是20世纪初以来西方以心理学理论为基础的一系列关于人、职业和职业发展的一系列理论的总称。职业生涯规划理论包括许多重要的生活问题，个人特征和早期成长环境对职业生涯的影响；人在组织中角色的转变、人与组织的一致性，以及社会环境的影响；个人职业选择中的社会文化环境和家庭环境等，所有的理论都有各自的优点和局限性。我们希望学生能从中学习，更充分地考虑自己的职业选择，深入分析，为制订和实施职业规划打下坚实的基础。

## 三、职业生涯决策影响因素

选择职业的过程就是选择你最满意的职业。在这样做的过程中，我们不仅要认真按照决策原则做出决策，还要妥善处理影响职业决策的因素。由于个体在决策过程中的心理状态非常复杂，影响个体决策的因素很多。因此，在选择职业时，我们应该从自己的实际出发，充分考虑以下几个方面。

### （一）个人因素的影响

1. 年龄

对工作的看法、态度、尝试机会的勇气、承担任务的能力和经验随着年龄的不同而不同。一家企业招聘研发人员、销售后技术支持人员一般希望大学毕业生直接录用，招聘高管一般希望招聘具有一定人员处理经验的管理者。因为研究开发和技术支持需要更年轻的团队，管理年龄稍大，就可以得心应手地处理更复杂的事情。

2. 个性特征与兴趣爱好

不同性格和能力的人适合不同类型的工作，了解自己是实现自己决策的前提。我们都有自己独特的天赋和能力，如上所述，兴趣、气质，尤其是价值观，将对一个人的职业决策产生深远的影响。

3. 性别

虽然一个人的性别不应该影响他的职业选择和成功，但在现实生活中，不同性别的人会有不同的职业倾向和优势。例如，在师范类有更多的女生，土木工程类有更多的男生。总的来说，大多数人仍然愿意选择具有性别优势的工作。

4. 健康状况

在现实生活中，几乎所有的职业都需要健康的身体。如果你失去了健康的前提，生命就会枯萎，大学生必须保持良好的心理状态，时刻关注自己的健康。

5. 人生重大事件

一个人的决策水平也会对他的职业选择产生深远的影响。当一个人经历人生的重大变化时，他的决定是不稳定的。生活中的重要事件是控制生活中重要变化的事件，如战争、虐待、严重交通事故、重要亲属死亡、重大自然灾害等。因为每个人的性格类型、压力系统、心态和经历都非常不同，人们对重大变化的反应也非常不同。

### （二）家庭环境因素的影响

在个人的个性特征、价值观、需求和学习能力等方面，家庭环境对个人的职业选择起着决定性的作用。在选择的过程中，家人的态度、观念和行为会产生一定的影响。

1. 父母职业水平和受教育程度影响职业决策

家长的工作第一次变成了对孩子进行观察和模拟，而孩子也要被家长的专业能力所左右。父母的职业经历对子女的职业决策有很大影响，大多数父母都有意识地把自己的生活经历、职业感受和工作价值观带给孩子。孩子们也倾向于将父母的职业发展经历作为职业发展的参考，为了促进有效的职业决策，决策者本身应该深入分析家庭层面的职业价值观。

2. 家庭与社会关系影响职业决策

家庭和社会关系对大学生的职业决定也有很大的影响，它可以为大学生提供就业信息，这通常很有目的性。一般来说，这些信息可以直接提供最全面的行业和职位信息，推荐成功率高。缺乏家庭和社会关系的大学生职业发展压力较大，竞争激烈，往往形成不科学、不合理的职业决策。

3. 家庭经济水平影响职业决策

如果每个家庭的经济状况不同，经济水平也会对职业决策产生重大影响。生活在贫困家庭的学生往往培养出许多良好的品质，如独立工作能力强、工作努力等。然而，由于缺乏物质条件和恶劣的成长环境，在这样的家庭中，科学合理的职业决策机会相对较少。例如，如果有助学贷款的学生毕业后找到工作，他们会选择在工资较高的单位工作，而忽略其他决定因素。富裕家庭的生活容易形成一种性格，使孩子更加依赖他人，盲目地追随职业决定。

简而言之，我们应该看到家庭因素对职业决策的影响。积极学习父母的生活经历，认真听取家人的意见，结合自己的个性特点，综合分析各种信息和影响因素，最终为自己的职业发展做出合理定位。

### （三）社会因素的影响

1. 社会地位

职业的社会地位也会影响职业的选择。对一些人来说，这是影响职业决策的主要因素。虽然高等职业和低等职业之间没有区别，但他们对职业的看法和评估实际上是不同的。

2. 社会政治因素

每个职业都受到社会政策的影响。社会时代的特点影响了许多行业的发展。在许多行业产能过剩的情况下，传统制造业开始出现危机，互联网和物联网等新兴行业开始蓬勃发展。在新时代背景下，人们的消费观念也在发生变化：从实用主义到当前的审美和质量要求，制造业对设计的需求越来越大。

3. 性别角色

性别对个人选择也有很大影响。在传统观念中，人们通常对职业有一种刻板印象，分为男性职业和女性职业。例如，如果一名男性选择成为一个护士，即使他喜欢这个职业并且做得很好，如果他认为这个职业不适合男择，他也可以选择另一个职业。然而，随着社会的发展和进步，这一概念的边界逐渐被打破。

### （四）环境因素的影响

除了个人和家庭因素影响着我们的职业决策，社会因素对于职业生涯决策的影响也是不容忽视的。

1. 政策导向

一个国家的社会政策影响一个行业的兴衰。许多行业的未来发展趋势与国家需求和不同时期人员配置的政治取向密切相关，不同时期的就业政策反映了不同时期的社会需求，不仅是人才配置的具体标准，也是毕业生在就业过程中追求的基本标准。因此，学生应通过查阅新闻媒体、网站和政府工作报告，积极了解各行业的发展趋势和自己的信息平台，了解政府将关注哪个行业，收集必要的政治和行业信息，并建立自己的信息驱动平台。

2. 社会需求因素

总的来说，社会需求不仅是推动产业发展的长期动力，也是大学生择业时需要考虑的重要因素。因此，有必要了解更多关于社会需求的各种因素，包括所选择职业的社会地位、角色和发展，以及它将如何影响求职者的社会生活。如果你选择的职业不仅能得到政策支持，还能满足社会需求和你的偏好，这对求职者和相关行业都是非常有益的。例如，深圳是座花园城市，人文环境非常吸引人，薪资福利待遇高，但工作压力大、工作节奏快、消费水平高。而内地城市，如安徽芜湖环境虽比不上深圳，但工作节奏慢，生活的压力相对都比较小，消费水平相对均衡。

3. 城市环境因素

大学生在择业时也会考虑城市环境的影响，避免在大城市人群中工作。因为工作只是生活的一部分，而不是一切。大学生要充分结合自己的行业和生活需求，尽可能了解自己的意向城市和意向单元体系，作出综合选择。

除了上述因素外，机遇对职业决定也有很大影响。机遇虽然有一定的必然性，但它的存在也有偶然性。

影响职业决定的因素不是孤立存在的，而是经常交织在一起，决定困难复杂。因此，我们要运用职业决策的相关理论和策略，克服影响职业决策的因素，作出科学合理的职业决策。

## 课堂实践

测一测你属于哪种职业决策类型？请根据你对自身的了解，判断下列表述与你是否符合。

（1）我会仔细检查我的信息来源，以保证在决策之前了解正确的事实。

（2）我用一种逻辑化的、系统化的方式来作出决策。

（3）我会根据我的感觉来作出决策。

（4）我相信直觉会告诉我该作什么选择。

（5）如果没有跟别人商议，我很少作出重要的决策。

（6）在作重要决策时，我采用他人的建议。

（7）除非有很大的压力，否则我尽量不作重要决策。

（8）我通常在最后一刻才作出重要决策。

（9）我经常作出冲动的决策。

（10）我经常受某一时刻的刺激而作出决策。

结果说明：（1）（2）题为理智型，（3）（4）题为直觉型，（5）（6）题为依赖型，（7）（8）题为回避型，（9）（10）题为自发型。你与哪个类型的题目最符合，列出符合的序号，序号对应的就是你最倾向于的那个类型（可以是两种类型及以上）。

## 课堂实践

### 考研，就业压力成主因

我家里有个亲戚，今年大学毕业，前两天他给我打电话说，想听听我的意见，他要不要考研究生，这是件大事。我问他："你为什么要考研究生呢？"他说："这个问题我还没有想好，因为周围的同学都考，我看有那么多的人想考，我也想考。"这能叫一个理由吗？如果我们仔细回想一下的话，这些年来报考研究生的人数的确是在逐年攀升，为什么有这么多的人要报考研究生呢？他们报考的目的又是什么呢？

接下来看一个调查，调查结果如下。

（1）你为什么考研究生？

迫于就业压力35%，在学术上深造24%，文凭19%，没有做好心理准备17%，为了爱情5%，如图5-1所示。

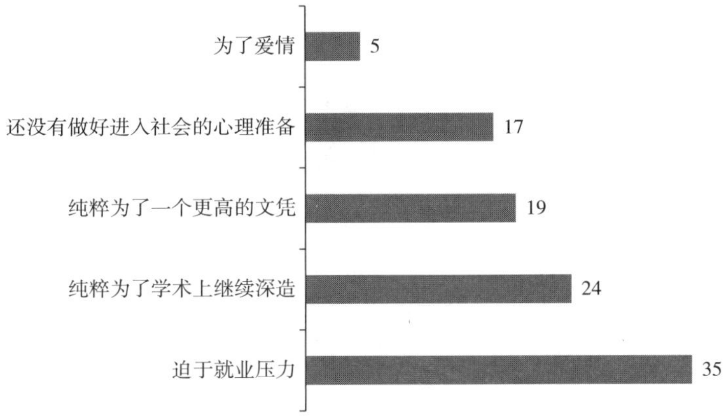


**图5-1　“为什么考研究生”的调查研究**

我们着重说说这35%的人，他们迫于就业压力而考研。这个就业压力到底有多大呢？接下来我们看一个网友的留言：我是学中文的，从去年年底就开始投简历找工作，简历是投了几百份，招聘会跑了几十场，但到现在仍然是一无所获。听说有的同学被逼无奈，愿意“零工资”就业，我还做不到，还是考研吧，总比在家“啃老”要光彩一些，对父母是个交代，自己也不难看。

可能对于所有准备考研的学生来说，一个摆在他们面前重要的问题就是，考上研究生，上完了这两三年的研究生课程之后，就业前景真的就变得明朗了吗？接下来我们看一段采访。

记者：你们两个今年也是大三了，留在学校里现在没有回去是准备考研吗？你们是怎么考虑的？

小朱：考上研究生以后，可能会有更多一点的选择，然后工作可能会比较好找一点，然后大家都考研嘛，所以我也想考。

小楠：大家都是这样的，都是一边找工作，一边在积极准备考研。

记者：如果现在有一个好的工作找到了你，你会不会还继续去考研？

小朱：如果摆在我面前的是我自己理想的工作，我是不会去考研的。

小楠：这是一个“两条腿走路”的过程，很多人一方面准备考研，另一方面也在积极地联系工作单位，这样的话，能为自己找到一份双保险，万一考研坚持不下去了，或者说工作单位不理想，还有另一条路可走。

其实这就形成了一个怪圈，大学毕业之后，因为不好找工作，所以选择上了研究生，而研究生毕业之后，也不见得就能找到一份让自己满意的工作，那么事情既然这样，为什么还有那么多的人报考研究生？其实这里面就有一种孤注一掷、赌上一把的感觉了。明知道结果不一定是好的，但毕竟是给了自己一丝机会吧。

（2）你认为考上研究生之后，能帮助你找到更好的工作吗？

能53%，不一定46%，不能1%，如图5-2所示。

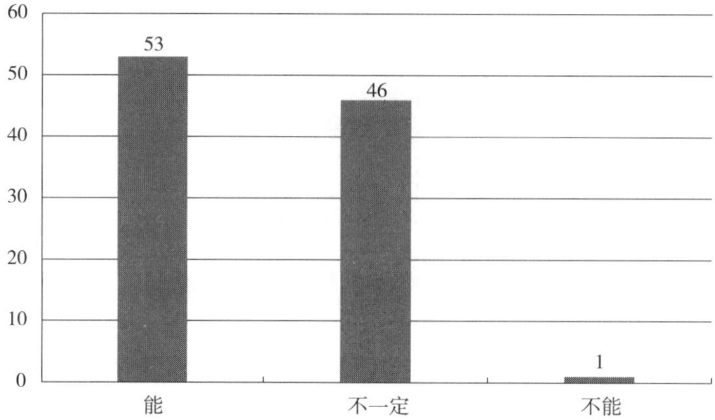


**图 5-2 “是否能找到更好的工作”的调查结果**

这46%的人，应该说是具有风险意识的。如果只是为了一份工作而去考研究生，我们完全可以把它比作一次风险投资。就好像是买了一只股票，你很难预测在未来的两三年内，这只股票到底是涨还是跌，你作为投资一方，到底是赚还是赔。

前一段时间有一条消息说，北大、清华等9所院校或许要开始试点对研究生全面收费，无疑也就增大了投资的风险和成本，因为以前只是搭上了时间，而现在还要搭上金钱。其实三年或者两年的研究生学习，对任何人来说都不是一笔小的投入，也不是一个小的投资，而作为投资一方来说，这笔投资不见得就能够收到预期的回报。

## 第三节　职业生涯决策的原则和方法

### 案例导读

#### 谨慎选择第一份职业

初入职场，人生选择往往是被动的。为了解决就业问题，能够尽快适应社会环境，大多数人会作出这样的选择：接受第一份接纳自己的工作。当我们四处投递个人简历，经历无数次面试，被一次又一次拒绝时，信心和耐心会逐渐丧失，甚至开始怀疑自己的能力。而一旦有一份工作摆在自己面前，就会毫不犹豫地接受它。

大多数求职者都处于一种被选择状态，尤其是在经济不景气时。尽管所获得的并不是自己最满意的工作，但是迫于就业压力还是被动地接受了它。这份工作短期也许能给自己带来一些安全感和稳定感，但会出现“路径依赖”“机会成本”等现象，我们迈出了第一步，惯性使我们不得不迈出第二步，以致一辈子都不得不走下去。

从某种意义上讲，大部分求职者已经丧失了一次选择的机会，那就是上大学时被动选择的专业。其危险性在于这种所谓“专业”往往决定了我们求职的路径，大学毕业后，我们都会不由自主地选择“专业对口”。因为年轻而无法自主，因为幼稚而缺乏主见，所有选择都是被动和盲目的。但是，这并不等于大学毕业后依然要为之承担责任。随着年龄的增长和阅历的丰富，我们已经获得了更多的选择权和机会了。每一项选择都包含太多复杂的因素，时刻都影响着我们选择时作出正确的判断。有时候偏离一下人生既定的轨道也未尝不可。

有这样一则故事：一个出生在山区的印第安年轻人，在他成长的岁月里，面临这样一种人生选择：留在山区采石，还是考大学，相当长的一段时间里他都深深被这个问题所困扰。这个地区的所有人都依靠采石为生，几乎形成了一种子承父业的传统职业。采石并不是什么高尚的工作，但却可以让一家人过得稳定、安逸。

有一天，年轻人的父亲带他来到一所大学校园，他指着大楼的台阶对儿子说：“你现在看到的这些石头，都是我们采来的，我为此骄傲。”儿子点点头，父亲接着说：“但是，我并不认为你也应该成为采石匠。你可以选择做自己喜欢做的事情。”

既定的轨迹是熟悉的，这种轨道也许是前辈留下来，也许是自己正在迈进的。当我们仔细思索一下，发掘出自己内心的真实感受，也未尝不可以偏离一下轨道。除了你自己，没有任何人和任何理由可以要求你一定要沿着既定的轨道前进。

小王曾经是一名大学生，然而他现在所从事的工作也许令人感到意外：在一家蔬菜公司当搬运工。他大学毕业后就去服兵役，退伍后遇到经济不景气，一时也找不到工作，经人介绍到蔬菜公司当了一名临时工，赚点零用钱，没想到一干就是几个月。渐渐地，他开始习惯搬运工的工作环境，也就没有心思积极地去寻找更好的工作了。十多年以来，他一直就是一个蔬菜搬运工，现在已经年近四十，更不想换工作了。他说：“换工作，谁会要我呢？我有什么专长？”人总是有惰性的，即使你不喜欢某一工作，做了一两个月之后，也许就会习惯，就会被这种天生的惰性套牢，不想再换了。日复一日，年复一年，不知不觉三年五载过去了，即使动了转行的念头，也会变得步履艰难。年纪太大、家庭负担沉重等都会成为我们逃避现实的借口。久而久之，心志磨损，做一天和尚撞一天钟，如果再扯上人情的牵绊、恩怨的纠葛，更会让人深感“人在江湖，身不由己”！

因此，踏入社会的第一项选择十分重要。也许你会说一个行业不想干了，换一份职业还不容易。但是想象的空间很大，而现实却很残酷，大多数人被自己的惯性拖着在走，我们常常会有一种无力感。

## 一、职业生涯决策的原则

### （一）能力胜任和发展原则

在人生的决策过程中，你不仅要找到自己感兴趣的东西，还要找到自己擅长的东西。每一种职业都需要适当的知识和技能，这些知识和技能不仅能满足职业需求，还能让人成功。因此，在职业规划中，我们应该研究和了解我们的技能，根据你的技能评估你是否适合这份工作，并努力提高自己，即使你的技能不足。例如，如果你的沟通和表达能力不足，你可以尝试在大学里训练你的沟通和表达能力，并参加学生协会、社会实践和科技竞赛。

### （二）社会需求原则

每个人都生活在一个大的社会环境中。职业生涯规划的制订必须与社会需求相结合，这是基本原则。在时间的快速发展过程中，社会需求也在快速变化，基于社会需求的职业生涯规划可以切实实施。新的职业层出不穷，学生们应该紧跟时代潮流，在职业决策中不能忽视社会背景和需求。例如，需要人工智能的传统行业正在被人工智能所取代。

### （三）选择范围由多至少原则

在职业生涯规划的过程中，尤其是在早期阶段，如大一和大二，仍处于探索阶段，这个阶段不是直接确定一个目标，而是确定一系列目标，周期越大越好。如果你只有一个选择，那不是选择，而是进退两难。如果有两种可能性，这不是一种选择，而是一种两难选择。如果你做了三个以上的决定，你就能做出真正的选择，这使我们能够在逐步缩小范围后，在早期阶段进行更大的探索和进一步的探寻，在选择职业时，你应该有三个以上的选择。

### （四）利益整合原则

事实上，职业决策是一个非常完整的过程和决策。它不仅包括个人兴趣、专业和个性，还包括职业报酬、发展等。因此，在决定我们的职业生涯时，我们应该考虑到各种利益的整合。例如，我们是否能够满足个人的物质和精神需求，职业发展什么是最好的前景，什么是社会地位，什么是个人成就感，以及个人的努力和花费。最后，这是一个整合的过程，以实现自身利益的最大化。

### （五）动态目标原则

人生的决定是一个动态的过程。你现在做出的决定将与几年前的决定完全不同。动态目标并不意味着随时改变，有时是为了实现。但当今时代发展迅速，人们不得不适应社会的变化，所以动态目标原则更为重要。

### （六）兴趣发展原则

了解社会大背景后，第二个重要原则是利益发展原则。你可以知道兴趣对一个人有多重要，但并不是所有的决定都与对职业决定的兴趣有关。新的研究表明，人们在做自己喜欢的事情时，即使忙碌、辛苦、困难，也不会感到压力，会更多地处于充实、充满动力的状态。即使你对学习或工作不感兴趣，如果你想把它作为职业，你也应该在这个基础上培养你的兴趣，享受你的学习和工作。

## 二、职业生涯决策的方法

无论是个人信息还是专业信息，如果没有正确有效的处理，那只是毫无意义的数据，只有正确全面地解释这些信息，我们才能做出正确的职业决定。常用的职业决策的具体方法有以下几个。

### （一）归零思考模式

归零思考模式即从以下五个方面以头脑风暴的方式一直问下去，并对以下五个问题加以综合，得出自己的选择。

（1）我是谁？

（2）我想做什么？

（3）我会做什么？

（4）环境支持或允许我做什么？

（5）我的职业与生活规划是什么？

首先，拿出五张白纸、一支铅笔和一块橡皮，在一张纸的边缘写下五个问题。此外，找到一个安静而不痛苦的环境，冷静地排除干扰，仔细地、有序地思考所有问题，并尝试全面、完整地思考所有问题。

回答第一个问题“我是谁”的关键是面对自己，写出你认为的所有答案。写完这篇文章后，想想是否有遗漏。如果你认为一切都已经表达完全，接下来请按重要性排序。例如，一名大学生友爱同学，并担任学生会的宣传员，父母是普通工人但身体健康，心态外向乐观，学习能力强，甚至可以幻想现在有女朋友了，你们想在同一个城市工作。

第二个问题是“我想做什么”。回想自己的童年，从有生以来第一次想做什么的第一个想法开始。随着年龄的增长，回想一下你真正想做的事情，一个一个地记录下来，确认在写完这篇文章后是否有遗漏。如果没有，你可以仔细分类。例如，当你还是个孩子的时候，想在歌唱比赛中获奖并成为一名歌手。在中学，你想学好数学，成为一名数学家和统计学家。长大后，你想成为一名具有较强宣传管理能力的公务员，并在宣传部门做好工作；想娶自己的女朋友，每天开我自己的车去上班；如果可能的话，想在自己舒适的家附近多买一套房子，让父母住在里面，方便你们相互照顾。

对于第三个问题“我会做什么”则把确实证明的能力和自认为还可以开发出来的潜能都一一列出来，认为没有遗漏了，就进行认真的排序。比如，做编辑做得很好、唱起歌来很有魅力、宣传板报做得也非常好。

对于第四个问题“环境支持或我能做什么”，我们必须进行微妙的分析。环境包括我们自己的单位、县、市、省、国家和其他国家。从小到现在，我们认为可以利用的环境都应该考虑它，在这种环境下，请仔细考虑你可能获得的支持和许可，然后将其重要性放在排名上。例如，你住在一个小县城里，一家企业招聘了一名助理经理，在家人的推荐下，自己应聘成功。

在清楚地回答了上述四个问题后，仔细比较第一个到第四个问题的答案。将内容相同或相近的答案用一条横线连起来，你会得到几条连线，而不与其他连线相交的又处于最上面的线，这就是你最应该去做的事情。

然后在心里列举了第五个问题“我的职业和生活计划是什么”。确认与比较结果是否一致，如果没有问题，就要按照这个职业方向列出自己的工作日目标、月目标、季度目标、年度目标。如果不是的话，再次反复思考，询问自己内心深处，相信一定会有科学、有效的选择。

### （二）SWOT 分析法

SWOT分析法又称态势分析法，SWOT是英文单词strengths（优势）、weaknesses（劣势）、opportunities（机会）、threats（威胁）的缩写，最早是由哈佛商学院的K.J.安德鲁斯教授于1971年在《公司战略概念》一书中提出的。近年来常常被用于生涯决策方法中，它是检查自己的技能、职业、兴趣，分析个人优点，评估出自己所感兴趣的不同职业道路和职业机会的有用工具，同时是利用内外因素追求目标的决策方案。主要目的是通过分析组织和个人内部的优势与劣势，以及外部环境的机会与威胁制订未来发展的策略。运用SWTO分析方法列出内部和外部环境的优势和劣势，然后用系统分析的方法来匹配和分析每个因素，从而得出相应的对策。

### （三）个体生涯决策中的 SWOT 矩阵及应用

1. 个体生涯决策中 SWOT 矩阵模型

SWOT是一种职业生涯规划的决策分析工具，它是一种对职业生涯规划的分析工具，它可以从个体的技能、能力、偏好、职业等方面进行研究，并对他们的长处和短处进行评估（表5-3）。

**表 5-3　SWOT 矩阵模型**

| 环境因素内部因素 | 优势（S） | 劣势（W） |
|---|---|---|
| 机会（O） | SO：（极大－极大战略）<br>尽可能地增加内部优势，并利用外界机会 | WO：（极小－极大战略）<br>尽可能地减少劣势，并最大限度地增加机会 |
| 威胁（T） | ST：（极大－极小战略）<br>最大限度地增加优势，并尽可能减少威胁 | WT：（极小－极小战略）<br>尽可能地减少劣势和威胁 |

在这个矩阵模型中，我们能清楚地看见自己的竞争优势和发展机遇，设定合适的事业目标，认识自己的弱点和外在的危险，从而为自己的进步打下坚实的基础。

在SWOT分析中，个人可以通过多种方法确定自己的优势、劣势、机会和威胁。现在最常用的是关键问题法，即不断地向自己提问，从答案中获取更多关于自己的信息。例如，个人可以问自己一系列问题，并逐渐确定他们所面临的外部环境和机会。我最有希望的前景在哪里？我的专业领域中最先进的知识和技术是什么？我是否尽了一切努力去接近它？什么样的教育和再教育可以增加我的机会？MBA或其他学位能增加我的优势吗？在目前的工作中，我需要多长时间才能得到提升？技术和市场、政府政策和社会形势、人口状况和人们生活方式的变化能给我带来机会吗？

2. 个体运用 SWOT 分析的实例

下面通过一个具体的案例来了解和学习SWOT分析法在职业决策中的运用。

比如，某化工大学化学工程与工艺专业的一位男性研究生，在学校取得了优异的专业成绩，获得了许多奖学金，发表了几篇文章，并作为一名学生干部，取得了优异的成绩。不过，他性格暴躁、冲动，没有工作经验，只有大四的时候在一家大的化学公司做过半年的实习生。他现在要找一份与化学有关的工作。通过SWOT分析，我们可以分析这个案例的利弊，分析环境的机会、威胁，然后在这些分析结果的基础上制订出各种相关策略，整合后最终确定此个案应该谋取一份大中型国有企业化工产业的工作。

运用SWOT分析方法，可以从自身的优势、劣势和环境中的机会、威胁等方面对该案例进行分析。然后，根据这一点，制订出相应的战略（表5-4）。

**表 5-4　SWOT 分析法在大学生职业决策中的应用举例**

| 内部环境分析（SW）<br>外部环境分析（OT） | 机会 | 威胁 |
|---|---|---|
| | ①化学化工专业口径宽，覆盖面广，研究领域诸多，服务对象遍及各行各业。②工程特色显著，知识的可迁移性强，技术创新快，发展潜力大 | ①我国化学工业生产技术和生产规模小而分散，存在威胁环境生态的隐患。②国内科研开发体制改革进展缓慢、精细化率相对低、企业规模小、资源配置效率不高等严重制约了行业的进一步发展和品质的提高 |
| 优势：化学工程与工艺，学习了一些化学类课程，专业成绩优秀，有学生干部经历，具有管理能力，策划的学生活动非常受同学们欢迎；化工公司见习过，有大型活动策划管理经验 | 优势机会策略（SO） | 优势威胁策略（ST） |
| | 继续将专业知识与行政管理结合，发挥自己策划能力优势；继续寻求机会，行政管理兼职工作 | 没有任何工作经验，短暂做过实习生，对行业了解不深，缺乏理论联系实践能力，加强技术学习 |
| 劣势：工作阅历简单；性格急躁，容易冲动 | 劣势机会策略（WO） | 劣势威胁策略（WT） |
| | 继续努力学习，提高自己的专业技能；加强英语学习和文案写作能力；提升自己的文化活动策划能力 | 自己冲动急躁的个性需要克制和改进 |

采用SWOT分析方法，对自身的优势、劣势以及周围的机遇和威胁进行了分析，根据分析结果，制订出相应的对策（表5-5）。

表 5–5　SWOT 分析后相关策略

| 我的职业目标： | | |
|---|---|---|
| 内部环境分析（SW）<br>外部环境分析（OT） | 机会 | 威胁 |
| | | |
| 优势： | 优势机会策略（SO） | 优势威胁策略（ST） |
| | | |
| 劣势： | 劣势机会策略（WO） | 劣势威胁策略（WT） |
| | | |
| 我的选择方向： | | |

归零思考模式、SWOT分析法在职业决策的初期作用非常明显，可以通过反复的沟通确认，帮助学生顺利明确自己的职业选择方向。但当大学生已经有几个可供选择的方案时，仅用上述的方法，就会感到决策困难，难以作出评估。而这时可能采用职业决策平衡单、卡茨决策分析模式的技术可能决策效果会更好一些。

## （四）职业决策平衡单

在经过决策的计划后，通常会面临有几个选择的情况，因此会出现另一个问题：“我到底该选哪一个？”在面临众多选择时，人们常常会犹豫不决，难以取舍，这种情况下我们就要对可能的抉择进行平衡了。生涯决策平衡单能帮助我们具体分析每一个可能的方案，把各种想法进行整理，做出最后的选择。职业决策平衡单把重要的事情放在四个方面：个人的物质的得失、他人的物质的得失、自己的精神的得失、别人的精神的得失。每个主题包含的具体内容如表5–6所示。

表 5–6　职业决策平衡单

| 主题 | 具体内容 |
|---|---|
| 自我物质方面的得失 | 1. 经济收入；2. 未来发展；3. 休闲时间；4. 办公条件；5. 对健康的影响；6. 社会资源的获取；7. 其他 |
| 他人物质方面的得失 | 1. 家庭收入；2. 对家庭生活的影响；3. 对家庭社会地位的影响；4. 社会资源的获取；5. 其他 |
| 自我精神方面的得失 | 1. 创造性；2. 多样性和变化性；3. 自由独立；4. 兴趣的一致性；5. 价值观的契合度；6. 被认可；7. 挑战性；8. 应用所长；9. 其他 |
| 他人精神方面的得失 | 1. 父亲；2. 母亲；3. 男 / 女朋友；4. 老师；5. 好朋友；6. 其他 |

在运用平衡表前需要具备前述事业成熟的相关条件，同时已经有了可供选择的多个职业发展方案。

采用“均衡单”方法进行职业选择的具体操作方法有以下几个。

第一，对于职业发展规划，整理你所有重要的想法，从三个方面分析选择的优势。从对自己、对其他重要者、对社会这三个不同的角度，分析选择后会带来什么益处？要付出什么代价？这些益处是否可以接受，原因是什么？这些代价是否可以接受，原因是什么？

第二，同样将其他可供选择的方案一一按照上述步骤进行思考分析。

第三，列出两三个可考虑的职业选择与发展方案。

第四，从个人和他人的物质与精神得失四个角度列出选择职业时应该考虑的要素，如表5-7所示。

**表 5-7　个人和他人的物质与精神得失**

| 个人物质方面的得失 | 他人物质方面的得失 |
|---|---|
| 收入工资的困难、提拔的机会、工作环境的舒适度、生活变化、休闲时间对健康的影响、就业机会、其他 | 家庭、经济、与家人相伴的时间、其他 |
| **个人精神方面的得失** | **他人精神方面的得失** |
| 生活方式的改变、成就感、自我实现的程度、兴趣的满足、挑战性、社会声望的提高 | 父母、配偶、兄弟、姐妹、其他 |

第五，为一切考虑因素设计重量，不同的考虑因素对各个领域的重要性并不完全相同。当你想作出决定时，有些考虑因素比其他因素更重要，请回顾一下你现在考虑的所有因素，哪些最重要，哪些第二重要，哪些不那么重要？当然，所有因素的重要性并不是固定不变的，随着时间的变化，也许你曾经非常重视的几个因素已经不再那么重要了。

第六，考虑每个职业选择中这些因素的得失程度，从-5到+5赋予其分数。

第七，依分数累计，得出每个职业选择的总分。

第八，根据最后得分排除职业选择的优先级，作出合理的选择。要注意的是：为了方便各种方案之间的比较，在上述评价过程中，可以对各项目进行加权和评分。此外，考虑到效果和成本，不仅要有物质上的考虑，还要有精神上的效果和成本（表5-8）。

**表 5-8　项目方案与得失**

| 考虑项目方案与得失 | | 选择方案一 | 选择方案二 | 选择方案三 |
|---|---|---|---|---|
| | | 得失（+）（-） | 得失（+）（-） | 得失（+）（-） |
| 个人物质与精神得失 | 个人成就感 | | | |
| | 适合自己兴趣 | | | |
| | 符合自己的性格偏好 | | | |
| | 社会地位 | | | |
| | 经济报酬 | | | |
| | 未来的发展性 | | | |
| | 工作的压力 | | | |
| | … | | | |

续表

| 考虑项目方案与得失 | | 选择方案一 | 选择方案二 | 选择方案三 |
|---|---|---|---|---|
| | | 得失（+）（-） | 得失（+）（-） | 得失（+）（-） |
| 他人的得失 | 与朋友相处愉快 | | | |
| | 带给家人声望 | | | |
| | 更多时间陪伴家人 | | | |
| | 家人的态度 | | | |
| | … | | | |
| | 合计 | | | |
| | 得失差数 | | | |

## 问题思考

### 我的大学及后大学时代——我求为何

大学期间曾经聆听过一场极为精彩的辩论赛，正反双方的辩题分别为“爱一行，干一行”“干一行，爱一行”。乍一看这两个论点没什么不同，可是中国的语言博大精深，细细思量，却又琢磨出一些特别的意味。前者，貌似体现了一种遵循自我内心诉求的自由；而后者，则在某种程度上体现了一种义无反顾的担当。最终的辩论结果是“爱一行，干一行”胜出，但是就连辩论者自己也说，辩论在于思辨过程的火花灵动，在于慷慨陈词的智慧闪烁，在于坚守观点的誓死捍卫，不代表赢的一方便是真理。比如，参赛者本身也许彼此都更认同对方的辩题，但是因为热爱辩论，他们只能坚守己方论点，也因为他们是专业选手，所以他们更专注立论、旁征博引。迄今为止，能真正把这两个观点区分得清清楚楚的人可能屈指可数，至少我现在还没有弄明白。

但是这次辩论却诱发了我的思考——我们该如何面对人生时时刻刻都在进行的抉择，并且一旦选择以后不后悔、不懊恼。如果说当初选择所学专业是迷茫的，是随缘，那么经过了几个学期的专业学习，你是否对未来的职业发展有了更深入的了解，对专业所属行业更加地热爱，对从事相关工作充满信心？如果是这样，我们或许是因为先选择了所学专业，后产生了热爱，而后因为热爱这个专业，决心在这个领域继续发展。上述辩论中的两个观点也许会在大家的求学和职业选择中得到体现，所以究竟是“爱”在先还是“干”在先，都不是我们最终作出职业选择的理由，下定决心的关键在于对自身性格的理解，对工作职场的调研，对未来生活的渴求。

那么你呢，亲爱的同学们，你是否也做好了进入职场的准备？不盲目、不跟从、不冲动，找个时间坐下来理性客观地思考。好的开始是成功的基石，希望你现在的职业决策能成就你登上事业的巅峰！

# 第四节　职业生涯规划书的撰写技巧

## 案例导读

王洋是林飞的高中同学，她的父母已经在家乡所在的一线城市为她的将来做好了准备——买好了房子，也给她进行了职业规划，她将来毕业后就可以过上很稳定的生活，但王洋却很焦虑，也很犹豫。她从小到大走的都是父母铺好的路，父母为她扫清了很多障碍，但这反而让王洋焦虑不安，不知道离开父母她到底能不能在社会上生存。到底是走父母铺好的路，还是自己去闯一条路？前者一马平川，后者可能铺满荆棘，到底该怎么选择呢？

王洋父母：做父母的肯定是尽可能为孩子提供最好的条件，无论是学习还是找工作，给孩子铺好路，我们也就放心了。

王洋：一直这样依赖父母，我不知道自己将来还能不能在社会上独立生存。我还是希望可以自己去闯一闯，做自己真正感兴趣的事情，如果成功了会特别有成就感，也希望得到父母的支持和理解。

林飞：听父母的安排挺好的，特别省心，自己也不用为未来担忧。

亲子教育专家：引导孩子自己做决定而不是替孩子做决定，支持孩子完成自己的梦想而不是完成父母的梦想，鼓励孩子适当去冒险而不是给他铺一条稳妥的路，这样有助于孩子去探索自己，并且建立自信。

职业规划专家：倾听自己内心的声音而不是只听父母的，为自己的选择负责任而不是依赖于父母，王洋可以对自己有更多的探索和了解，根据自己的兴趣、能力、性格特点等来综合做决定。父母给她提供的也是非常好的资源，也是可能的选择。

企业人力资源：大部分岗位还是希望求职者能够有自己的想法和对职业的规划，更重要的是对所做的工作有动力。通常情况下，人们会对自己主动做出的选择有更多动力，而对被迫的或者是没那么自愿的选择则缺乏动力。

天使投资人：通常情况下，做自己感兴趣的事情，动力会更强，也更有热情，在这条路上走得也更久。我喜欢投资对所做事情有热情的人，这样成功的可能性更大。

确定职业目标和路径后，行动便成了关键的环节。没有达到目标的行动，目标就难以实现，也就谈不上事业的成功。这里所指的行动，在职业生涯中是指落实目标的具体措施，主要包括工作、训练、教育、轮岗等方面的措施。例如，为达到目标，在工作方面，你计划采取什么措施，提高你的工作效率；在业务素质方面，你计划学习哪些知识，掌握哪些技能，提高你的业务能力；在潜能开发方面，采取哪些措施开发你的潜能等。

这些都要有具体的计划与明确地措施，并且这些计划要特别具体，以便于定时检查。

## 一、制订职业生涯规划书的原则

### （一）专业匹配原则

大学生接受了一定的职业教育，有一定的专业知识和技术，这既是全体大学生的优势，也是大学生职业生涯规划的基础。新时代对知识面广、专业能力强、综合素质高的人才提出了更高的要求，企业对毕业生的需求第一选择是学生在某些专业领域的专业化。应该强调的是，学生所学的专业知识应该具有深度和广度，他们不仅要有广泛的基础知识和深厚的专业知识，还要扩大专业知识的范围，掌握或理解与专业相关的一些专业知识和技术。

### （二）阶段性原则

与中国相比，国外职业生涯规划起步较早，在培训和咨询职业生涯规划方面积累了许多成功经验。培训和职业规划贯穿于高等教育的整个过程，这是我们可以学习的经验之一。具体措施包括：针对不同程度，明确目标，突出重点，逐步落实，突破条块分割，逐步形成相对完善的分层衔接、相互衔接的就业指导体系。

一年级学生的重点是适应生活，进行初步的职业规划。通过具体的问卷调查、专业兴趣的测量和主题讲座的参与，系统地了解专业与职业的关系以及大学生专业性质的素养要求，明确他们未来工作和自身的不足，并制订学习目标，确立专业目标。

二年级以职业道德和专业知识教育为主，注重职业前的自我意识和心理准备，建立扎实的基础知识和合理的知识结构，通过实践积累一定的工作经验。例如：工作实习、假期兼职或参加志愿服务活动。

三年级主要是职业适应和职业规划的实施。参与人才市场招聘，收集就业信息，通过简历准备和面试分析专业实践，有计划地学习专业技术，培养创新能力、创新精神和独立思考能力。同时加强自身知识结构，提高个人综合素质，为未来的职业发展做好准备。

四年级时，我们将进行角色转换，以适应社会。通过一些职前技能培训，我们将教育学生更好地了解自己，探索职业选择和职业发展，积极收集信件和材料，并利用所有可能的机会参加面试。同时，要强化毕业生的角色意识，让他们安心开放地学习，勇于负重，适应社会，为更快、更好地实现“校园人”向“社会人”的转变做出贡献。

### （三）与社会发展、时代需要相结合原则

大学生应把个人成长与社会发展紧密结合起来，以适应时代的需要。要从社会理想的角度认识职业生涯规划的重要性，增强历史责任感、良好的道德意识，培养广泛的兴

趣爱好和优秀的职业素质，在服务社会的过程中实现自己的职业理想。

### （四）兴趣与能力匹配原则

职业生涯规划要结合个性、气质、兴趣、能力、专业，充分发挥自己的优势，扬长避短，体现人才的要求。在这里我们关注个人兴趣、能力、专业和职业规划之间的关系。大学生在规划职业生活时要充分考虑自己的爱好。兴趣是探索事物的认知倾向，这种趋势的特点是稳定、主动、坚持不懈。如果一个人对某件事感兴趣，他不仅对工作有很高的觉悟和热情，而且往往容易在工作中取得成功。

相反，如果一个人对工作不感兴趣，不仅不能把精力投入到工作中，而且往往很难在工作中获得成功。当一个人对工作感兴趣时，即使工作本身很无聊，他也会感兴趣。一些专家发现，一个人对自己的职业感兴趣，能够将80%~90%的天赋发挥到最大，并且在长时间内不会感到疲惫，能够维持高的工作效率。如果你对自己的工作不感兴趣，你只能发挥20%~30%的才能，很容易疲劳。许多研究结果反复表明兴趣和成功率之间有着明显的关系。

### （五）可行性原则

职业生涯规划应该有一个现实的基础，并根据个人特点、组织发展需要和社会发展需要制订。在规划职业生涯之前，大学生应该充分认识到职业在个人发展和社会进步中的重要作用。学生在规划职业生涯时，不仅要考虑薪酬、工作条件、工作环境和工作地点等因素，还要考虑学生的综合素质和表现，以及职业对个人个性、态度和发展潜力的适宜性。从发展的角度来看，这个职业是否有助于实现人生观、价值观和个人职业生涯。

## 二、职业生涯规划书的内容

### （一）基本内容

（1）扉页。

（2）引言。

（3）自我认识。

（4）环境分析。

（5）职业目标与路径设计。它包括职业目标的定位、分解与组合以及实现目标的路径设计。可以自己分阶段计划，至少可以分为两个部分。每个部分都可以设定工作目标、经济目标、能力目标、成就目标、健康目标、学习目标和家庭目标。

（6）具体行动计划。

（7）评价和调节。由于社会环境、家庭环境、组织环境、个人成长曲线的变化以及各种不可预测因素的影响，一个人的职业发展往往不顺利。及时评估职业目标、职业道路和行动计划，并根据情况的变化进行调整。

（8）结束语。

### （二）基本格式

扉页：包括题目、姓名、性别、年龄、院校、专业联系方式等个人基本信息。

引言：抒发个人对职业生涯规划的理解。

1. 自我认识

首先，通过职业生涯评价、360° 评价、窗口分析等方法进行认知分析。其次，以相关职业生涯规划评估报告为例，全方位、多角度分析。

（1）性格特点：适合做什么。我的性格特点。

（2）职业能力（技能）：能够干什么。根据我的职业规划评价报告，我的学习风格是××型，我最好的技能是××，我最差的技能是××。

（3）职业兴趣：喜欢干什么。在我的职业规划评估报告中，我的职业生涯中最强和最弱的两个爱好是什么？我的职业兴趣特点，我喜欢的工作和相应的工作，还有我要避免的事情。

（4）职业价值观：最看重什么。我的职业生涯规划测评报告结果显示前三项是××取向、××取向。我的具体情况是××。

自我分析小结：我的职业兴趣、个性特征、职业价值观、学习方法、技能优缺点、相应的岗位特征、不适合的工作等。

2. 环境分析

（1）外部环境分析

外部环境分析是指职业规划评价报告的建议，系统分析影响职业选择的相关外部环境和目标职业。

①家庭环境：如家庭情况、经济状况、家庭期望、家庭文化和个人的影响。

②学校环境：如学校特色、专业学习、专业特色、就业情况、实践经验、毕业生所在地区的就业竞争力、社会实践能力培养等。

③社会环境：如社会发展、政治经济环境、国家政策、就业形势、就业政策、社会需求、竞争对手等。

④目的地理位置的分析：目标城市、城市竞争力、地区的经济发展状况及前景、生活习惯与气候水土、人脉资源等。

（2）目标职业分析

①行业分析：目标行业的发展状况、前景、存在的问题以及机遇等。

②目标职业分析：目标职业名称、工作描述、工作内容、工作要求、人员素质、工作条件、工作类型、工作地区、就业及发展前景、职务分析等。

环境分析小结：通过职业认知，要选择行业、单位、职位、地域等。

3. 职业目标与路径设计

（1）职业目标的设定：根据自我分析和环境分析，得出我的职业生涯目标的三个选项：生涯目标一、生涯目标二、生涯目标三，为了选择自己的职业生涯目标，制订了一个决定平衡表：

①发挥兴趣和能力；

②有成就感；

③改变生活方式：

a.家庭收入；

b.为家人分担家里的事；

c.与家人相处时间；

d.与朋友相处时间。

结论：在“决定平衡表”中，我的职业目标——将来从事（××行业的）××职业。

（2）职业目标的分解和组合：把职业目标分成三个规划期，即近期规划、中期规划和远期规划，并对各个规划期及其要实现的目标进行分解。

①近期目标（本科）：完成××年度的总体目标，2022—20××年。

②短期目标：20××—20××年（5年后），实现××的总体目标。

③长远目标：20××年—20××年计划（毕业后十年或以上计划），达到××总目标（如退休时要达到……）。

（3）职业发展的策略路径：职业发展策略——进入××类型的组织（到××地区发展）。

职业发展路径——走专家路线（管理路线或自主创业等）。

具体路径：××员——初级××——中级××——高级××（专业技术类）。

4. 具体行动计划

（1）短期目标的具体实施计划：它应该分为一年级、二年级、三年级、四年级，包括各年级的策略或措施。如果新生要在专业学习中进行职业技能教育，提高专业素养和专业实践能力，那么一年级、二年级、三年级、四年级应该做什么。一般来说，大一学生要适应大学生活，大二学生要学习专业知识，掌握专业技能。

（2）中期目标的具体实施计划：毕业后或明年或××年目标的实现、工作适应、职务转换和晋升。

（3）长期目标的具体实施计划：如果你想取得二十年的成就，包括职业发展、工作生活关系、身体健康、精神成长、儿童教育、慈善等内容。

5. 评估调整

职业生涯规划是一个动态的过程，必须根据实施结果的情况以及变化情况进行及时的评估与修正。

（1）评价要素：

①其他评估。（身体、家庭、经济状况、机会、意外情况的评估。）

②职业目标评估。（是否需要重新选择职业？）假如一直……那么我将……

③职业路径评估。（是否需要调整发展方向？）当出现……的时候，我就……

④实施策略评估。（是否需要改变行动策略？）如果……我就……

（2）评估的时机：在一般情况下，我定期（半年或一年）评估规划；当出现特殊情况时，我会随时评估并进行相应的调整。

（3）规划调整的原则。

6. 结束语

对全部职业规划加以总结。

## 三、职业规划写作的基本条件

### （一）信息丰富，程序完整

收集数据的方法有很多，你可以考虑使用职业生涯规划评估系统的评估数据，这些资料可以从专业角色访谈、报纸、书籍摘录、网上下载等途径获取。你应该尽量说明这些资料的来源，并且要利用更多的图表资料来说明问题，这样才能增加资料的可信性和说服力。本研究的过程主要包括四个步骤。

第一个步骤：分析需求，分析条件及目标设定；

第二个步骤：分析阻碍和可行性研究；

第三个步骤：设计方案和提升（改变）计划；

第四个步骤：制订详细的实施计划和措施。

### （二）论证有据，分析到位

了解相关评估理论和知识，认真学习和思考自己的评估报告，比较自身与评估结果的异同，分析评估结果的差异，确定自我评估的结果，实现“熟悉”。我们定义了我们的地理环境（我们居住的地方、我们喜欢的地方、亲戚和朋友的意见等）、我们最感兴趣的是什么、我们喜欢的工作者是什么类型、我们最有价值的价值观和目标。此外，我们还应该明确我们喜欢的工作条件，通过当前的环境评估（社会影响、家庭影响、学校因素、就业等）和当前的社会环境分析（组织环境分析、技术发展、经济兴衰、政策法规等），来确定自己的职业方向。

### （三）简明扼要，结构紧凑，重点突出，逻辑严密

语言朴实简洁，用词精练准确，行文流畅，条理清楚，是最基本的写作要求。写作时，你还应该注意整个句子的结构和重点。职业生涯规划一般包括以下几个方面，即对职业生涯规划的理解、对自己的分析、对所学专业的理解、对职业方向的探索、目标的

确定和计划的制订。在分析这些内容时，我们必须着重介绍职业目标，以体现文章的逻辑性和连贯性。我们应该重视自我评估、环境评估和目标实施。职业规划是一个人对未来的规划，只有在充分了解自己和职业的基础上，才能体现方案的科学性和可行性。

### （四）目标明确，合理适中

撰写职业生涯规划书应围绕论述的中心展开，职业生涯目标不能过于理想化，应“择己所爱、择己所长、择世所需、择己所利”。职业生涯规划书撰写是否成功，在很大程度上取决于有无正确适当、切实可行的目标。

### （五）合理的分解，科学的组合，具体的措施

目标分解和实现路径选择应有理论依据，准备路径之间应有内在联系。目标的组合应注意时间的平行和持续进步、功能的因果和互补，综合组合包括职业、家庭生活、个人事务等。

### （六）格式清晰，图文并茂

大学生职业生涯规划的构成应体现整体性和层次性。维度意味着格式清晰，各部分内容安排合理，分析详细合理、逻辑性强。文字和图表结合起来解释问题，可以使内容更具说服力，加强感知，促进理解。

## 问题思考

**小佳的思考**

小佳，某重点高校计算机专业学生，临近毕业，她对自己的职业去向难以选择。就现在情形来说计算机专业属于热门专业，找一份差不多的工作并不难，但由于她是女生，在就业时可能又不如同班的男生机会多，同时她对教师的职业比较喜欢。在这种存在多种矛盾的情况下，我们不妨和她一起进行一次有关职业规划方面的认真思考，并通过对其职业前途的规划确定其就业方向。

1.我是谁

某重点高校计算机专业毕业生：优秀学生干部，毕业成绩优秀；英语过国家六级；辅修过心理学、管理学；参加过高校演讲比赛，拿过名次；家庭状况一般，父母工作稳定，身体健康，暂时还不需要有人特别照顾；自己身体健康；性格上不属于内向，但也不是特别活跃，喜欢安静。

2.我想干什么

很想成为一名老师。这不仅是儿时的梦想，而且比较喜欢这种职业；其次可以成为

公司的一名技术人员；如果出国读管理方面的硕士，回国成为一名企业管理人员也是可以接受的。

3.我能干什么

做过家教，虽然不是自己的专业，但与孩子交流有天生的优势，当自己带的学生成绩进步时很有成就感；当过学生干部，与下属相处比较好，组织过几次有影响的大型活动；实习时在公司做过一些技术开发，虽然没有大的成就，但感觉还行。

4.环境支持或允许我干什么

家里亲戚推荐去一家公司做技术开发；GRE考得还可以，已经申请了国外几所高校的奖学金，但能不能拿到还很难说，而且现在签证比较困难；去年曾有几家学校来系里招聘，但不是当老师，而是要去学校做技术维护，今年不知会不会有学校再来招聘教师；有同学开了一家公司，希望自己能够加盟，但自己不了解这个公司的具体业务，也不知道它有多大的发展前途。

5.我的职业生涯规划是什么

最后可能有四种选择，分别如下：

（1）到一所学校当老师，自己有这方面的兴趣和理想。在知识和能力方面并不欠缺；在素质教育大趋势下，与师范类专业相比，自己有专业方面的优势，讲课时可以让学生了解更多的前沿知识，特别是现在计算机在中学生中有了相当的普及和基础，并且自己有信心成为学生心目中理想的好老师。不足的就是缺乏作为一名教师的基本训练以及技巧，这方面可以逐步提高。

（2）到公司做技术人员，收入上会好一些，但通过这几年的发展来看，这种行业起伏较大，同时由于技术发展较快，需要随时对自己的知识进行更新，压力较大，信心不足，兴趣也不是很大。

（3）去同学的公司，丢掉专业从最底层做起，风险较大，这与自己求稳的心理性格不符，同时家庭也会有阻力。

（4）如愿获得奖学金，出国读书，回国后还是去做一名企业管理人员。不确定因素较多，自己不能完全掌握，始终处于被动状态。

## 第五节　职业生涯规划书的评估与修正

### 案例导读

**就业还是考研**

小吴是2006届毕业生，生物专业。毕业时准备继续考研，因为这个专业本科出来没多少发展前途，搞研发的话，水平根本不够，做销售之类的话，又会觉得很辛苦。但不如人愿，当年他没有考上。总结失败的原因应该是自信不够，临考前太紧张了，所以在家人的支持下，他开始了大五的生活，继续备战考研。

复习的时候他也总结了以前的弱点，算是胸有成竹吧。但意外还是发生了，专业成绩都过线了，最弱的英语成绩也比去年提高了几分，但他报考院校的英语分数线也提高了，而且只有他这个专业英语分数上调得最多。再一次遭遇落榜的小吴，一下子就对未来失去了信心，不知道自己接下来该怎么办。他家境比较富裕，父母也不需要自己出去工作养家糊口，他们一心一意让小吴好好考研。因为父亲的事业就是吃了文凭低的亏，所以他们的观念是趁现在年轻还没有什么拖累，尽可能地拿到高学位。小吴本来也是这么想的，但两次挫折让他对自己产生了怀疑。

看看大学同学虽然生活都不宽裕，但至少是自食其力，小吴就觉得自己很差劲。所以5月份的时候他背起行囊来到了上海，找了一份医疗器械销售的工作，想给自己一个缓冲。如果一直待在家里看书，肯定没有效果，这么长时间都是以看书为中心，每天7点起床、12点睡觉的机械重复，让他整个人都失去了活力。而工作的新鲜感让小吴重新找回了自我。通过一段时间的钻研之后，小吴对销售的器械有了基本的了解，而且他踏实的工作态度也得到了同事的肯定，一些老员工开始找他作为他们的售后服务人员，老板对小吴的态度也非常好，转眼就要7月份了。虽说工作有了一定的起色，但小吴不知道这份工作对于自己未来的职业生涯，究竟意味着什么，现在也不确定这个行业是否就是自己以后一直想做的行业。小吴究竟是应该这样工作下去，还是回去继续考研？

## 一、职业生涯规划书评估的方向

### （一）正确看待评估

成功的职业生涯需要一种叫作“预警”的控制系统，用来检查职业生涯规划是否如所想的那样进行。很多人错误地认为，只要制订一个科学详尽的职业生涯规划就能一劳永逸，其实不然。职业发展如登山，山的高度决定了期望值大小和目标高低，也影响着人们的激情和动力，理想远大者选择有高度的山作为自己的目标，因为海拔2000米的山即使只攀登了一半，也可俯视已爬上500米顶峰的成功者。当然，高山不可能一口气攀登上顶峰，得有个计划和日程，这就是职业生涯规划，包括心理准备和物质准备、道路选择及策略等。因为计划在先，实施在后，所以攀登了一个阶段后你得回顾一下，想一下什么是错的，什么是对的，对计划进行修正，这就是职业生涯评估的含义。在现实生活中不少人或不懂职业生涯评估，或评估不当，还有人因不能正确对待职业生涯评估而导致种种困惑。这些都不同程度地影响了个人的发展。

（1）正确的评估可以检查职业生涯策略是否适当，更真实地了解这一策略是否能够让人更接近目标。

我们制订职业生涯规划时，在客观分析自我的基础上会为自己定下目标，并根据目标制订相应的策略，包括详尽的学习计划、培训计划、工作计划等以保证目标的实现。但是，这些措施的制订都是建立在主观分析和经验的基础上的，实际效果如何，不得而知。这就要求在实施过程中，定期地对措施的实际效果进行检验，必须经常反思下面的问题：

①对于制订的策略和措施，其适当程度如何，它有作用吗？（目标与策略的一致性）

②是否有离目标更近的感觉？

③是否与自己的正常生活相冲突？

④是否能如期完成既定目标？

（2）正确的评估可以检查目标本身是否适当。

恰当的评估可以让人们判断是否能够继续坚持这一职业生涯目标。然而，世事多变，世界每天都在发生变化。远到社会经济结构的发展、科学技术的飞跃、政治形势的突变、国家政策的调整，近到企业组织的制度调整、机构改革、领导人更换，乃至个人家庭、健康水平的变化，我们所处的环境存在太多影响个人目标制订的客观因素。加之，对自我的认识是一个长期、持续、复杂的过程，在校大学生由于心理不成熟和经历的单一性，对自身价值观、兴趣、性格、能力的认识尚不全面，这就造成了很多人在制订职业目标时极度盲目，特别是学校与社会的差异性造成很多大学生就业后才发现自己的职业目标缺乏可操作性。所以，这些实际情况要求我们必须进行阶段性的职业生涯评估，总结经验教训，甚至在必要的时候修正自己的职业目标。有些问题，必须在探索中才能找到答案：

①你正在做的是最想做的事吗？

②你真的适合做这个职业吗？

③你是否将重心放在了最重要的地方？

④你是否仍然相信自己瞄准的工作与职业目标相一致？

（3）经常性地进行评估很容易使我们发现改善的途径。

这些途径包括：确定精确位置，判断实际效果与期望值的偏差；探究失败结果的根本原因；采取及时、适当的纠正措施；调整策略，并相应改变行动计划。

美国职业指导专家林达·A·希尔建议应该至少每年一次地进行职业生涯规划的评估。一般而言，根据自己的职业生涯规划，宜在每一个规划阶段进行一次系统全面的评估，一般每年或每半年进行一次。即在按照计划努力一段时间后，有意识地回顾得失，检查验证前期的策略措施执行效果，纠正分阶段目标中出现的偏差。

进行持续的职业生涯评估最基本但最难的一点是：看清形势，在适当的时间，对目标和策略做出修改。在管理决策领域存在一种“升级效应”，即尽管不可能成功，但人们仍坚持采取行动。这是为什么呢？研究表明，一些人对于“理由越来越不充分的做法”仍坚持不改，无非是为了向自己和别人证明，自己以前的决策没有错。在此，建议大家必要时修改以前的决策，做出正确职业生涯评估。

①不要自欺欺人。如果迈向目标的进程不是很顺利，就要认真思考是自己最初的决策出了问题，还是环境发生了变化。

②不要太过在意别人的评价，更不能一味强求向别人证明自己最初的决策是正确的。

③俗话说"忠言逆耳"，要善于从别人的意见中获取对自己有用的信息。

## （二）评估的类型与步骤

1. 评估的类型

参考职业生涯理论的专家建议，可以把评估活动按照正式程度和密度分为三种类型：每年一次的评估、每3~4年一次的评估以及每7~10年一次的评估。现在分别就它们的具体内容进行介绍。

每年一次的评估。以一年为期，对目标完成情况和生活各个方面的满意度进行评估，看存在什么问题。一般这种短期的评估需要的时间不多，根据自身实际情况即可。最好能够结合工作的年终考核和总结进行，比较容易看出效果。

每3~4年一次的评估。主要针对职业生涯的中期目标，对自己的变化和自己面临的机会进行分析。看看自己是否需要这样的变化。这样的评估最多需要一周的时间，可以分两次完成，也可以在几个月内分散完成。在进行评估的时候要注意尽可能多地收集相关的信息，并判断信息的可信度以及正确性，特别要与自己生活中重要的人进行交谈，从他们那里得到更为客观的认识。一般在评估之后，会结合实际情况对自己的职业生涯规划进行较大的改动。

每7~10年一次的评估。主要针对职业生涯的长期目标，重新进行全面的自我认识和评价，并根据环境的变化对职业机会进行再评估。这种定期的再评估需要的时间相对来说比较长。这样的评估可以求助专业机构，比如职业评价中心或专业的职业生涯顾问。在定期的评估之后可以为自己安排3~4个月的时间来静想和充电，去一所学校进修或者开始一项新的兼职，让自己有更丰富的体验。

职业生涯规划的评估与反馈是一个持续的过程，所以从长远看，短期的非正式的评估活动效果可能会更加持久和显而易见。职业生涯规划评估的重要性在于它的思维方式，有效评估的核心是一种精神状态，“是对自我利益和环境中的机会与约束的意识，是对自身和周围环境变化的敏感性，是做出认真决策和相应修改计划的意愿”。

2. 评估的步骤

在确定了什么时候对自己的职业生涯规划进行评估之后，面临的问题是如何条理清晰地开展评估工作，即职业生涯规划评估的步骤和具体操作问题。很多人对此感到非常迷惑，常常不知道该怎样着手展开。其实，职业生涯规划的评估和其他评估工作有着相同的目的，都是为了检查工作的开展情况和实际效果。因此，在具体操作流程上有类似之处。

（1）确定评估的目的和任务

在每次正式的职业生涯规划评估工作开始时，都应该首先确定下最主要的目的和最重要的任务是什么。一般情况下评估应该围绕着以下三个任务进行：①检查目标的设定是否合理；②检查计划、措施的制订是否科学；③检查实际的执行情况是否顺利。

（2）自我评价

任何评估工作最基础的部分都是自评。因为从某种意义上来讲，自己是最了解自己的人，特别是针对自己制订的职业生涯规划，应该更容易把握一些。自评可以按照以下方面进行。

按照完成时间评估。目标的实现会被分解成很多小步骤，每个小步骤的完成都会有一定的时间限制。可以按照这些规定的时间来检查我们该做的工作是否完成。如果在限定的时间内目标完成比较顺利，说明目标和措施的制订比较合理，计划的执行情况良好，可以进行下一步的工作。如果在限定的时间内无法完成，就应该进一步反思问题出在哪里，原因何在。另外，保证至少每三个月检查一次工作进度。过程监督可以发现问题，可以考察计划的落实情况，可以有针对性地提出解决方案。

按照完成性质评估。按照完成时间评估仅是从时间的限定上来检验目标的完成情况，但到底目标完成是好是坏，并没有做出准确地评价。这就要求必须客观评价目标的完成是很轻松就完成还是很勉强完成，是超额完成还是等额完成，有没有充分利用时间体现效率，或者是否扭曲了自己的生活，这些只有自己最清楚。如果感到工作和生活过于舒适，那就意味着目标定低了，需要进行调整，适时、适度地调高目标。如果感到自己的生活节奏很慢，效率很低，没有实现原计划的职业生涯目标，首先要考虑自己的动机水平是否足够。如果不是职业目标太难，就应该加强紧迫感，使自己不要脱离职业规划的轨道，一旦长期偏离，个人就会放弃原来的计划，使计划成为一纸空文。

（3）对反馈的信息进行综合收集

要做到对信息的全面收集。至少应该抓住两个方面：工作领域与非工作领域。工作与非工作生活构成了一个人生活的全部，并且工作与非工作生活也是相互影响的。因此，要了解全面的反馈信息，必须包括这两个方面。

①工作领域。工作领域包括上级主管、同事、下属、客户等其他存在密切接触的人员。

这实际上就是要人们尽量形成一个网络，来提供相互反馈、相互指导、相互支持和相互鼓励的信息。应该尽量从上级那里了解自己当前的表现，包括自己的优势和劣势以及组织对自己有哪些需要。要把自己的经验和感受讲给信赖的人听，同事之间坦率的讨论对大家都是有益的：首先，别人能看到自己不了解的一面；其次，别人亲口说出来的目标、愿望、意见和战略，能帮助自己清理自己的感受；最后，其他人也可能愿意把自己工作中的成功、失败和启迪讲给你听。

②非工作领域。这是从工作之外寻求信息反馈。

职业目标的实现离不开工作，更离不开社会、家庭、朋友等工作之外的因素。不仅是工作决策会影响家庭生活，而且家庭状况也能够影响人们的工作生活。例如，有的人为了表现自己的勤勉和忠诚，经常会主动加班，可能这是他职业生涯规划举措中的一部分，一开始他假定这样做不会影响家庭关系，然而时间长了，就有必要检验一下那种假设是否还靠得住。因为人们常常容易忽略家人、朋友的感受和态度，从而产生一些误会影响到个人情绪。所以，与家人、朋友沟通，是协调工作与非工作活动的必要手段，也是制订职业生涯目标和措施的前提。

（4）分析反馈信息的精确度和有效性

全面收集到的信息，由于客观原因存在一定的偏差和误差，所以一定要就反馈信息的准确性和可用性进行仔细的甄别与分析，筛选对自己有用的，去除一些负面的影响。在对反馈信息进行分析时，一定要结合自我认识和评价进行，这样得出的结论才会是全面而客观的。

## 二、职业生涯规划书修正的主要内容

### （一）职业生涯规划修正的目的

通过修正应该达到这样的目的：决定放弃或者坚持自己的目标，并进行必要的调整；明确影响实施效果的关键因素，对实施方案的合理性加以认识；对需要改进之处制订调整计划，以确定修正后的实施方案能帮助自己达成生涯目标。

### （二）职业生涯规划修正应考虑的因素

对职业生涯规划进行修正的内容包括：生涯目标的重新选择、生涯发展路线的重新确定、阶段性生涯目标的调整、生涯发展目标的调整、生涯目标实施方案的变更等。

在此过程中，应注意回答以下问题：自己的人生价值是什么？拥有哪些知识、技能和条件？最感兴趣的事情是什么？人格特质是什么？是否好高骛远？是否建立了自己的就业信息网络吗？具体应注意考虑以下因素。

（1）环境因素。包括社会、政治、经济、科技等方面、自然环境、法律环境等。从宏观层面认识到职业生涯发展的局限性和可能性，个人只能适应环境而不可能改变环境。

（2）组织因素。包括组织规模、组织结构、组织文化、组织发展状况、人力资源规划、人力资源管理系统类型、晋升政策、人际关系等一切与职业生涯发展有关的组织因素。要改变组织因素非常困难，但个人可以选择到最适合自己发展的组织中工作。

（3）个人因素。包括年龄、性别、学历、工作经历、家庭背景、人格等。一方面要正确认识自己，另一方面要不断完善自己。

组织和个人只能适应第一因素，正确认识和分析第二、第三因素，寻求个人发展和组织发展的最佳匹配。

### （三）职业生涯规划修正的方法

职业生涯规划的调整，实际是职业生涯规划步骤的再循环，但再循环不是原有设计过程的简单重复，而是根据现实的自身条件、外部环境，对原有职业生涯规划的反思和再创造。

1. 重新剖析自我

掌握个人条件的变化及其在职业实践中检验的结果，加深对自己的认识，检验自己的职业特质是否适合所从事的职业，弄清楚“我能干什么”这一问题。在此基础上，选择一个更合适的方向，调整你的职业规划，为你的长期发展奠定基础。对职业发展条件的第一次分析不同于对职业规划的第一次分析，这主要体现在以下两个方面。

第一，自我条件重新剖析，是在经过职业活动后对原目标有了不满之意。学生时代的发展分析，多半是从理论到理论的分析，对自身条件和外部环境的分析往往带有脱离实际的“非理性”色彩。大学毕业生在求职实践或从业实践中，切身感受到发展目标或发展措施脱离实际，有必要对原有职业生涯规划进行调整。

第二，自我条件重新剖析，是在对原定规划已有调整意向的前提下进行的，即已对新目标有了初步想法。这种调整意向，往往是在有了新的发展目标，至少是对第一阶段目标已经有了调整决心时产生的。在求职或就业实践中，大学毕业生与工作场所“零距离”接触，开阔视野，更好地了解更广阔的职业世界，因而产生了调整发展目标或阶段目标的决心，甚至已对新目标有了初步想法。

在校大学生在初次进行职业生涯规划时，应先分析发展条件，然后确定发展目标，以避免“眼高手低”，而已有求职实践或从业实践的从业者，想进行职业生涯规划调整，则应先确定发展目标，再重新剖析自身条件，以检验初定目标是否符合实际。

2. 重新评估职业生涯机会

在从业过程中，内外环境会给个人的职业生涯带来机遇和挑战。在这方面，个人应仔细重新评估，例如分析当前的经济和社会发展趋势、他们的职业在当前和未来社会中的地位、社会发展对他们自身发展的影响、你自己公司的内部和外部环境以及个人人际关系如何。弄清了这些，就会明白对于自己来说什么是可以干的，什么是不能干的。

在校大学生在进行职业生涯规划时，对外部环境的分析，大多依靠第二手资料，而在调整职业生涯规划并进行职业生涯机会重新评估时，从业者不但已掌握了许多第一手资料，而且已经有了亲自体验的感受。除了对原规划的职业生涯发展机会进行再评估外，更要围绕新的初选目标实现可能性，进行外部环境的分析。

3. 修正职业生涯目标即调整远期目标或阶段目标

在重新剖析自我和重新评估职业生涯的基础上，修正职业生涯发展目标及职业生涯阶段目标，即对远期目标、近期目标进行调整。

对职业生涯目标的修正，除了自我和环境再分析是重要依据外，更侧重于目标的价值取向。与缺乏求职或实践的学生相比，发展目标的价值取向不再是错误的和理论性的，而是一种真实的、务实的价值取向，这对于修正职业发展目标或阶段目标非常有用。在取得求职或从业实践经验的基础上，对原有的价值取向进行深刻的反思，是职业生涯目标修正的重要保证。

选择更合适的发展方向，为他们的长期发展奠定基础，并解决“我为什么要这样做”，只有在求职或实践中获得理解，我们才能使职业规划更加现实，实现目标导向的目标，并取得成功。

4. 修正落实计划

通过“干得怎么样”“应该怎么干”的自我审视，根据修正后的发展目标和阶段目标，制订新的自我提升措施。

规划的设计、制订很重要，规划的贯彻、落实同样重要。反思原规划中发展措施的针对性、实效性，回顾自己对原规划中发展措施的落实情况，既有利于新措施的制订，也有利于新措施的落实。这种反思和回顾，不仅是调整职业生涯规划的需要，也是自我管理能力提高的过程。

科学实用的目标和严谨周到的措施，不仅是职业生涯规划的核心，也是衡量职业生涯规划优劣的主要标准。每过一段时间，职业人要审视内在和外在环境的变化并且及时调整自己原定的职业生涯规划。调整并非放弃，而是与时俱进。当一个人的职业生涯并非一帆风顺时，调整不但会有“山重水复疑无路，柳暗花明又一村”之感，而且调整的过程往往可以使人的多方面能力得到提高。

## 问题思考

作出每年的基本规划，每学年末要总结一学年来的计划执行情况，然后修正、制订新的规划，如表5–9所示。

**表 5–9　基本规划**

| 时期 | 目标 | 措施 | | 时限 |
|---|---|---|---|---|
| 第 × 学年 | 第一学期： | （1） | | |
| | | （2） | | |
| | | （3） | | |
| | 第二学期： | （1） | | |
| | | （2） | | |
| | | （3） | | |

# 参考文献


［1］范金城，王洪梅．职业生涯规划在高校就业指导工作中的运用［J］．华东纸业．2021（05）．

［2］翟雨翔，王佳，杨红娟．高校大学生职业生涯规划体系构建研究［J］．大众标准化．2021（18）．

［3］张玮，王霄．高校辅导员对大学生职业生涯规划指导浅谈［J］．教育现代化．2019（A5）．

［4］赵梓丞，曹迎．大学生职业生涯规划指导存在的问题与对策［J］．高等工程教育研究．2019（06）．

［5］李红霞．以职业生涯规划为核心的大学生全程就业教育体系研究［J］．产业与科技论坛．2021（18）．

［6］刘俊贤．大学生职业规划、就业指导与创业教育［M］．北京：清华大学出版社，2015.

［7］高艳，乔志宏，宋慧婷．职业认同研究现状与展望［J］．北京师范大学学报：社会科学版，2011（4）：47–53.

［8］宗敏．大学生生涯规划与个人成长［M］．北京：知识产权出版社，2018.

［9］吴沙．遇见生涯大师［M］．北京：北京大学出版社，2017.

［10］马丁·塞利格曼．真实的幸福［M］．洪兰，译．沈阳：万卷出版公司，2010.

［11］刘艳杰，姚莹颖．社会认知职业理论对职业发展课程的启示［J］．高教发展与评估，2015（1）：91–97.

［12］郑美群．职业生涯管理［M］．北京：机械工业出版社，2017.

［13］白雪杰．大学生职业生涯规划与就业指导教程［M］．北京：中国传媒大学出版社，2014.

［14］程良越，谢珊．大学生职业生涯发展［M］．广州：广东高等教育出版社，2011.

［15］任芳．大学生职业发展与就业指导教程［M］．北京：北京出版社，2010.

［16］彭聃龄．普通心理学［M］.5 版．北京：北京师范大学出版社，2019.

［17］王忠军，温琳，龙立荣．无边界职业生涯研究：二十年回顾与展望［J］．心理科学，2015（1）：243–248.

［18］蔡红建．大学生就业指导工作研究［M］．北京：北京交通大学出版，2015.

［19］黎云鹏，邓洁琼．基于大数据背景下的大学生个性化就业指导对策分析［J］．老字号品牌营销，2020（11）．

［20］潘艳民．基于职业生涯规划的大学生个性化就业指导的思考［J］．智库时代，2020（06）．

［21］王琳琳．职业生涯规划理念下的大学生个性化就业指导探析［J］．当代旅游（高尔夫旅行），2018（07）．

［22］侯玉波．社会心理学［M］.4 版．北京：北京大学出版社，2018.

［23］尹文芬.MOOCS 背景下的高校就业指导课程教学改革［J］．湖南城市学院学报：自然科学版，2015.24（23）：204–205.

［24］任超群．高校辅导员开展大学生职业生涯规划指导的途径研究［J］．教育现代化，2019（60）．

［25］钟谷兰，杨开．大学生职业生涯发展与规划［M］.2 版．上海：华东师范大学出版社，2016.

［26］郑林科．父母教养方式：对子女个性成长影响的预测［J］．心理科学，2009（5）：1267–1269.

［27］科尔·因克森．理解职业生涯［M］．北京：中国轻工业出版社，2011.

［28］崔冬艳．大学生职业生涯规划指导在终身教育中的作用［J］．文化创新比较研究，2018（24）．

［29］刘丽红．加强大学生职业生涯规划指导实现精准就业［J］．中国高等教育，2018（06）．

[30] 吴芝仪 . 我的生涯手册 [ M ] . 北京：经济日报出版社，2008.
[31] 布朗温・卢埃林，罗宾・霍尔特 . 适合比成功更重要 [ M ] . 古典，译 . 北京：中信出版社，2013.
[32] 李静，毛莹 . 高校毕业生在就业与发展方面存在的问题及对策 [ J ] . 山西青年，2018（21）.
[33] 王丽，傅金芝，国内父母教养方式与儿童发展研究 [ J ] . 心理科学进展，2005，13（3）：298-304.
[34] 郄艳丽 . 大学生职业生涯精准指导思考 [ J ] . 合作经济与科技，2017（09）.
[35] 陈溪月 . 高校思政课教学中大学生职业素养的培育 [ J ] . 新课程研究，2020（33）.
[36] 王爱霞 . 职业生涯规划与就业指导课程建设探索 [ J ] . 轻工科技，2022，38（01）：102-104.
[37] 张静静，萨达凯提・艾买提，吉芳，陈梦洁，张冰 . 我校新生专业认知和职业规划现状调查及对策研究 [ J ] . 新疆医学，2022，52（01）：69-73+39.
[38] 汪磊，吕佳 . 大学生就业能力影响因素探讨 [ J ] . 教育教学论坛，2021（52）：161-164.
[39] 申忠奇 . 大学生职业生涯规划策略分析 [ J ] . 黑龙江人力资源和社会保障，2021（18）：145-147.
[40] 张皓云 . 大学生职业理想现状调查与分析——以贵阳人文科技学院为例 [ C ] //《人文与科技》第七辑，2021：268-274.
[41] 杨斌 . 思政教育在大学生职业发展和就业创业指导中的导向作用 [ C ] // 劳动保障研究会议论文集（十四）. 2021,（04）：8454.
[42] 祖艺华 . 关于大学生职业规划指导策略的研究 [ J ] . 佳木斯职业学院学报，2021，37（09）：159-160.
[43] 何辉 . 大学生职业规划与就业路径研究 [ J ] . 现代职业教育，2021（20）：198-199.
[44] 郝双娉，孙蕾 . 高校辅导员引领大学生职业规划的思考 [ J ] . 时代报告，2021（03）：165-166.
[45] 张正栋 . 高校大学生职业规划教育策略的思考与探讨 [ J ] . 作家天地，2021（09）：98-99.
[46] 彭婷 . 大学生职业规划存在的常见问题及其对策 [ J ] . 文化创新比较研究，2020，4（27）：61-63.
[47] 高帆 . 新形势下大学生职业生涯规划与就业创业探讨 [ J ] . 就业与保障，2020,（15）：65-66.
[48] 刘丽芳 . 高职院校大学生职业规划能力影响因素分析 [ J ] . 人才资源开发，2020,（13）：65-66.
[49] 吴越 . 大学生职业信息素养调查分析及对策研究——以沈阳师范大学国际商学院为例 [ J ] . 辽宁农业职业技术学院学报，2020，22（04）：53-56.
[50] 石宝兰 . 新媒体在大学生职业规划中的应用 [ J ] . 劳动保障世界，2020（18）：54.
[51] 王晓敏 . 基于案例分析的大学生职业规划和就业教育研究 [ J ] . 食品研究与开发，2020，41（10）：236.
[52] 高男 . 大学生职业生涯规划课“探索工作世界”部分实践教学探索 [ J ] . 科教文汇（上旬刊），2019,（07）：53-54.
[53] 闫新华 . 大学生职业生涯规划教学改革与实践——基于职业世界探索部分 [ J ] . 当代教育实践与教学研究，2019（13）：178-179.
[54] 陈磊，张晓敏，黄利梅，陈红芹，张瑛 . 大学生职业发展教育 [ M ] . 重庆大学出版社，2018,（08）：333.
[55] 关顺贤 . 基于职业生涯规划的“1 对 1”个性化就业指导案例分析 [ J ] . 辽宁科技学院学报，2018，20（01）：101-102+96.
[56] 王长青 . 大学生就业创业指导 [ M ] . 南京大学出版社，2017,（08）：259.
[57] 王长青 . 大学生职业生涯规划与发展 [ M ] . 南京大学出版社，2017,（08）：231.
[58] 胡楠，郭冬娥，李群如，石建华，李志光 . 大学生职业规划与就业指导教程 [ M ] . 人民邮电出版

社，2017，(08)：226.
[59] 武林波. 规划自我　启程远航 [M]. 宁夏人民出版社，2017，(05)：347.
[60] 李敏. 基于 SWOT 分析的大学生职业生涯规划的研究 [D]. 广西师范大学，2016.
[61] 姜莉. 大学生生涯适应力现状及对生涯发展教育启示 [J]. 学理论，2015，(35)：50-52.
[62] 陈静. 职业认知对高校人才培养和大学生就业的意义 [J]. 学校党建与思想教育，2011，(20)：68-69.